Die Entwicklung des Kindes als Inkarnationsprozess

Felix Zimmermann

Die Entwicklung des Kindes als Inkarnationsprozess

Felix Zimmermann

Verlag am Goetheanum

www.goetheanum-verlag.ch

Umschlaggestaltung: Wolfram Schildt, Berlin
Satz: Sven Baumann, Rheinfelden
Druck: Majuskel Medienproduktion GmbH, Wetzlar
ISBN 978-3-7235-1677-5

Inhaltsverzeichnis

Einleitung

Man findet in der anthroposophisch-pädagogischen und allgemein pädagogischen Literatur eine gewaltige Fülle von Hinweisen auf die Entwicklung des Kindes; es ist jedoch sehr schwierig, einen zusammenhängenden Überblick über die gesamte Entwicklung zu erhalten. Ziel dieser Schrift ist, die kindliche Entwicklung aus pädagogisch unterrichtlicher Erfahrung in möglichst kompakter Form darzustellen, als Grundlage für eine menschengemäße Pädagogik. Es existieren verschiedene Möglichkeiten und Standpunkte, unter welchen die kindliche Entwicklung betrachtet werden kann, und es gibt wohl keine erschöpfende Auseinandersetzung, die alle Aspekte berücksichtigt, außer man geht das Risiko ein, sich in Details so zu verlieren, dass die Übersichtlichkeit des Entwicklungsbildes verwischt wird. Bei dieser Darstellung geht es nicht um die physische Entwicklung, sondern um die geistig-seelische Wandlung in Beziehung zu ihrem Leib und der Umwelt. Sie soll eine Hilfe sein für Lehrpersonen und interessierte Eltern. Die hier gewählte Fokussierung ist die Frucht von 38 Jahren Waldorf-Unterrichtstätigkeit in allen Altersstufen des zweiten und dritten Jahrsiebts, in den meisten Unterrichtsinhalten. Die Entwicklung des 1. Jahrsiebts entstand in Zusammenarbeit mit meiner Frau, die auf 40 Jahre Erfahrung als Waldorf-Kindergärtnerin zurückblicken kann. Das Entwicklungsbild wurde auch durch 20-jährige Lehrerbildungstätigkeit an einem von mir angeregten Seminar in Mexiko und vor allem durch unzählige Unterrichtsbesuche in mexikanischen und spanischen Waldorfschulen ergänzt und in unterschiedlichen Kulturen bestätigt.

Diese Schrift will also nicht grundlegende menschenkundliche respektive entwicklungspsychologische Theorien darstellen, sondern der eigenen Wahrnehmung und Erfahrung folgen. Die sorgfältige Begleitung des aus der geistigen Welt stammenden Menschen in diese irdische Welt wurde mir zunehmend zum Leitbild. In der Auseinandersetzung mit den Wandlungen entstand eine Grafik, welche die Entwicklung klar und übersichtlich aufzeigt. In dieser Grafik entdeckt man fließende Kontinuität in der Entwicklung und zugleich Wiederholungen von Entwicklungsschritten unter neuen Voraussetzungen. Ziel dieser Darstellung ist es, die LeserInnen zur Entstehung dieser Grafik hinzuführen und die Grafik Schritt für Schritt entstehen zu lassen. Der Text hat nicht den Anspruch, die Grafik voll auszuschöpfen, sondern er will die Lesenden anregen, selber zu beobachten und zu forschen. Es ist mir bewusst, dass mit einer solchen Grafik auch ein enges Korsett entstehen kann, und man wird sicher auch bestimmte Aspekte vermissen. Diese Darstellung möchte keinesfalls als Dogma verstanden werden, sondern als Anregung, selber mögliche andere Zusammenhänge darin zu finden, oder auch Abweichungen und Widersprüche. Vielleicht entsteht dabei eine andere, eigene Grafik, denn Bewusstsein erwacht oft am Widerspruch. Auch Altersangaben sollen nicht als fixe Stufen verstanden werden, sondern als allgemeine Tendenzen, und individuelle Abweichungen sind selbstverständlich. Diese Darstellung will nicht die Problematik der Einflüsse der heutigen Zivilisation und der medialen Welt bearbeiten, sondern sie folgt den naturgegebenen Vorgängen, also denjenigen des gesunden Kindes.

Seit dem 20. Jahrhundert wird viel über das Thema der Frühreife gesprochen und geschrieben. Da taucht berechtigterweise die Frage auf, ob die hier vor allem zeitliche Darstellung der Entwicklungsetappen nicht überholt sei, da doch seit längerer Zeit Beschleunigung stattfinde. Dass sich heute Kinder und Jugendliche deutlich früher mit gewissen Dingen beschäftigen als noch vor einigen Jahrzehnten, soll nicht bezweifelt werden. Die Frage stellt sich, ob es sich um innere Reife handelt oder um Einflüsse, Gewohnheiten und Forderungen der Zivilisation. Da die Kinder nachahmend und nachfolgend lernen, ist es nicht mehr als selbstverständlich, dass sie ein Spiegel der Erwachsenenwelt sind. Unsere Interessen haben sich gewandelt, unsere Umgebung hat sich technisch sehr verändert, und zwar in rasendem Tempo. Als der Computer als Arbeitsinstrument die Schreibmaschine zu ersetzen begann, sagte man, Menschen über 50 Jahren könnten nicht mehr eingeführt werden. Diese arbeiteten in alter Manier in der Administration weiter. Heute erscheint das lächerlich, und man erwartet auch noch von viel älteren

Menschen, mit der Anwendung der digitalen Werkzeuge umgehen zu lernen. Deswegen sind die Menschen nicht klüger und reifer als vor einigen Jahrzehnten. Es sind Veränderungen der Gesellschaft und nicht grundlegende Wandlungen des Menschenwesens. Hier soll nicht bezweifelt werden, dass eine Menschheitsentwicklung existiert, diese verläuft jedoch in viel längeren Zeiträumen. Im Kapitel des Geschichtsunterrichts wird darauf eingegangen, Parallelen zur Kindheitsentwicklung aufzeigend.

Zweifellos kann eine «Frühreife» beobachtet werden, die jedoch weitgehend auf körperlicher Beschleunigung basiert. Die physische Pubertät tritt heute in den Industrieländern früher ein als in der ersten Hälfte des 20. Jahrhunderts. Interessanterweise hat dies vor allem mit der frühen Intellektualisierung einen Zusammenhang. Wie gezeigt wird, ist die klare logische Denkfähigkeit nur durch die Inkarnation der Seele in den Körper möglich, hängt also mit der Reifung des Körpers zusammen, oder das Denken ist unter anderem ein Resultat der körperlichen Reifung. Umgekehrt ist jedoch die körperliche Reifung eine Auswirkung des intellektuellen Unterrichts, der mechanistischen Belehrung. Dass diese Verfrühung nicht wünschenswert ist, wird im Folgenden aufgezeigt. Es wäre eine Illusion, zu glauben, dass körperliche und intellektuelle Verfrühung wirkliche Frühreifung zur Folge habe. Man versucht mit der Beschleunigung, um die Pflanze zum Vergleich zu benutzen, die Blüte früher zu öffnen, bevor das Blattwerk fertig gebildet ist, und erwartet, dass die Blätter nachreifen, was aber nur bedingt geschieht.

In den Zwanziger- und Dreißigerjahren des 20. Jahrhunderts existierte in Gymnasien in Deutschland eine Art Wettbewerb unter Jugendlichen, die versuchten, Aufsätze bei Zeitschriften unterzubringen. Liest man solche Aufsätze von 13- bis 15-Jährigen, kann man sich eine solche seelische Reife heute nicht mehr vorstellen. Diese waren physisch noch auffallend kindhaft. Seelisch waren sie eventuell reifer als Gleichaltrige heute. Ältere Lehrpersonen kommen heute eher zum Eindruck, dass innere Fähigkeiten und Reife abgenommen haben. Ich konnte in meiner langjährigen Tätigkeit als Lehrer nie beobachten, dass Entwicklungsschritte, z. B. willkürliches Erinnern oder echt räumliches Vorstellen, in früherem Alter eintreten als vor einigen Jahrzehnten. Ich kann auch den verbreiteten Kulturpessimismus nicht bestätigen, dass die Kinder immer schwieriger werden. Sie verhalten sich anders, und die Frage ist, ob die Erziehenden mit diesen Veränderungen umgehen lernen. Ich kann beobachten, dass die Kinder allgemein wacher sind als früher, aber nicht reifer.

Gerade diese Beobachtung, dass die heutigen Kinder wacher sind, erfordert entsprechende Anpassung in der Erziehung und im Unterricht. Die Kinder fordern früher, dass ihre Persönlichkeit erkannt und individuelle Bedürfnisse ausgelebt werden können. Ihr Schaffensdrang möchte in der Welt zur Wirkung kommen, ein Bedürfnis, welches vor einigen Jahrzehnten noch aus einer naturgegebenen höheren Reifungsstufe entsprang. Diese Tatsache erfordert neue Unterrichtsformen. Die Kinderrechte, von der UNO verabschiedet, sind eine Antwort auf die neue Situation. Dort geht es um echtes Anhören, Mitsprache, sogar Mitbestimmung. Der alte, belehrende Frontalunterricht hat zwar nicht vollständig ausgedient, muss jedoch durch individualisierende Formen ergänzt werden. Die Kinder fordern deutlich früher die Möglichkeit, selbständig handeln zu dürfen. Diesem Bedürfnis kann z. B. entgegengekommen werden, indem die Kinder vermehrt selber forschen und entdecken sollen, auch im Gruppengespräch. Dadurch entwickeln sie neue Kompetenzen, welche die im Text dargestellte spätere Selbsterziehung unterstützen. Sucht man neue Formen, besteht jedoch eine Gefahr, nämlich die Kinder als kleine Erwachsene zu behandeln. Interessant ist dabei, dass die Kinder schon in früheren Zeiten als kleine Erwachsene behandelt wurden, aber nur als Arbeitskraft (siehe Anfang des Kapitels 3.1.3).

Die «Reformpädagogik» des 20. Jahrhunderts ist eine Reaktion auf die bewusst gewordenen Beobachtungen der heutigen Kinder. In diesem Zusammenhang stehen viele Heilslehren, wie Kinder heute aufwachsen sollten, so z. B. die Welle der «Antiautoritären Theorie» der 50er-Jahre, der Hippiebewegung der 70er-Jahre, der «Methode Gordon», dass Kinder bei Konflikten mit Erwachsenen nie verlieren dürfen, usw. Heute kann man eine neue Welle beobachten, dass die Kinder selber am besten wüssten, was sie tun und lernen, und dabei möglichst in Ruhe gelassen werden sollen, was im Ansatz schon vor mehr als hundert Jahren bei Maria Montessori realisiert wurde. Mit der neuen Maxime ist man auf gewisse Weise wieder nah an der Antiautoritären Theorie. Wissenschaftlich begründete Experimente haben oft kurze Lebensdauer, werden beendet und machen neuen Versuchen Platz. Bei den allermeisten Vorstellungen und Methoden fehlt allerdings grundlegende Kenntnis der naturgegebenen Entwicklung des Kindes. Man bildet «Ausnahmen», ohne die allgemeine «Regel» zu kennen. Das Motto «Die Ausnahme bestätigt die Regel» sollte zur Anwendung kommen, denn ohne Kenntnis der Regel respektive der naturgegebenen Entwicklung des Kindes entstehen schnell Methoden, die am Wesen des Kindes vorbeigehen oder sogar Schaden anrichten. Dieses Buch möchte nicht Erziehungsvorschläge machen oder eine Heilslehre sein, sondern es möchte zum Verständnis der Basis beitragen, welche als Grundlage dient.

Ein methodischer Hinweis zum Lesen dieses Buches: Die Darstellung der Entwicklungsetappen ist komplex und anspruchsvoll. Es könnte hilfreich sein, als erstes das Kapitel 7.1 Geschichte zu lesen, da dieses ein praxisbezogenes Gesamtbild der Entwicklung beinhaltet.

1. Grafik

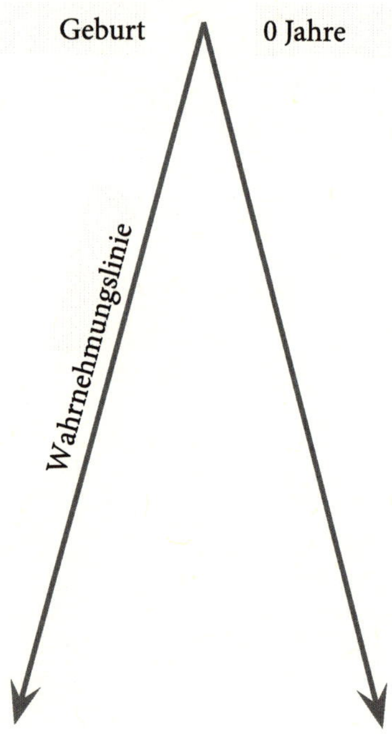

1. Wahrnehmung der irdischen Welt, Entwicklung des Vorstellungsvermögens

Mit der Geburt des Kindes ist erst ein Teil des Menschenwesens auf der Erde angekommen. Es ist der physische Leib in die irdische Freiheit entlassen worden, der sich entwickeln und vorbereiten soll, um Schritt für Schritt höhere menschliche Wesensglieder aufnehmen zu können. Diese höheren Wesensglieder und ihre Entwicklung respektive ihre Inkarnation in den physischen Leib werden in den nächsten Grafiken dargestellt. Diese 1. Grafik zeigt, dass die irdische Welt des Neugeborenen noch sehr klein ist, etwa so groß wie der eigene Leib. Selbst dieser muss zuerst «ergriffen» werden und wird dadurch zum «Begriff», zur Selbstwahrnehmung, zur Eigenbenennung. Dies geschieht anfänglich durch den Tastsinn, der den eigenen Leib wie etwas Fremdes zu erforschen beginnt, denn das Eigene, das Selbständige, kann das Baby noch nicht empfinden. Dieser eigene Leib wird im Erlebnis erweitert durch den Leib der Mutter und bleibt auf gewisse Weise eine Einheit mit diesem.

Die materielle Welt ist etwas völlig Fremdes, denn das Kind kommt aus einer rein geistigen, materielosen Welt außerhalb von Raum und Zeit. Um sich in dieser fremden materiellen Welt zurechtzufinden, braucht es Jahre der Sinnestätigkeit und der Übung. Die Orientierung im Zeitlichen und die Entwicklung des räumlichen Vorstellens dauern noch viel länger.

Die physische Welt erweitert sich bald bis zu den Grenzen des Kinderbettes, dann wird eventuell das Laufgitter kriechend erforscht, und mit der Anstrengung des Aufstehens wird auch die dritte Dimension des Raumes erobert. Dies geschieht allerdings nur in Tätigkeit und Bewegung und beinhaltet noch keine innere Vorstellung und wenig Bewusstsein. Die irdische Welt wächst mit dem Bewegungsraum des Kindes: die Wohnung wird erobert, dann der Garten. Die Natur wird für viele Kinder ein ganz neuer Bereich sein, für andere bleibt es lange etwas Unbekanntes, wenn sie ohne natürliche Umgebung in der Stadt aufwachsen. Bereits diese ersten irdischen Entdeckungen haben für das Kind einen dramatischen Charakter. Bis hierhin entdeckt das Kind noch eine geschützte Familienwelt, mit der es sich identifizieren kann, zu der es selber gehört, mit der es eine Einheit ist.

Die Welt außerhalb des Hauses kann schon eine revolutionäre Note enthalten. Das Kind tritt in einen neuen Bereich ein, den es nicht mehr wie bisher nur selber erforschen kann; es erfordert Begleitung. Wird es in eine Spielgruppe oder in den Kindergarten geschickt, hat sich die Erfahrungswelt sehr erweitert, vor allem in sozialer Hinsicht, weniger in materieller Erfahrung. Das Kind wird in eine neue soziale Gemeinschaft gestellt; es hat sich eine neue größere Familie gebildet.

Ein völlig neuer, erweiterter Schritt ist der Eintritt in die Volksschule. Der Name sagt es, dass das Kind in den Strom einer Volksaktivität eingetreten ist. Was aber wesentlich neu ist, dass nicht mehr vor allem Welteroberung durch Eigenentdeckung stattfindet, sondern ab jetzt wird die Welt als Unterrichtsinhalt zum Thema. Das Kind wird zur Weltaufnahme angeleitet. Ab jetzt wird die Welt bewusst erweitert. Dies ist dadurch möglich, dass am Ende des ersten Jahrsiebts die Fähigkeit des freien Vorstellens in der Kinderseele erwacht. Es beginnt die Bildung, das heißt das Kind erfährt die Welt im Bilde, im Vorstellungsbild. Dadurch baut es sich eine eigene innere Welt auf. Die vermittelten Bilder sollten noch altersentsprechend seelisch-mythologisch durchsetzt und wesenhaft sein und nicht eine nüchterne materielle Welt vermitteln. Das wäre Anleitung zu leblosem, materialistischem Denken, das die Welt als etwas Totes, Erstarrtes lehren würde. Heute ist es üblich, dass dieser Schritt immer früher vollzogen wird, und sehr oft in erklärender Weise. Man peilt also die frühe Bildung der «Blüte» an.

Erst mit ca. 12 Jahren tritt das Kind mit der Vorpubertät in die rein materielle, wissenschaftlich betrachtete Welt ein. Ab jetzt ist der Prozess der Welterweiterung nicht nur bildlich, sondern aktiv welterobernd durch abenteuerliche Aktivitäten. Ein wirklich wissenschaftlicher Unterricht führt die Jugendlichen gedanklich forschend in die Welt. Physisch hat sich die Welt bis an die Grenzen des räumlich Vorstellbaren endgültig geöffnet durch einen Astronomie-Unterricht.

Der vielleicht letzte Schritt in die Welt erfolgt durch die Berufswahl und die entsprechende Ausbildung, um sich damit aktiv in die Welt einzubringen.

2. Grafik

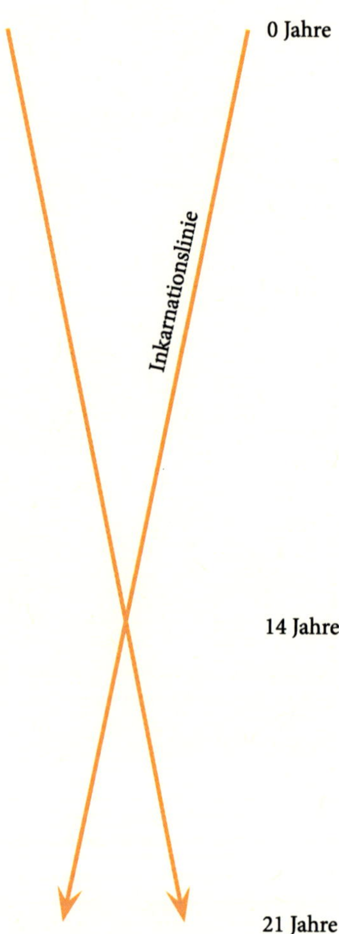

2. Inkarnation der seelisch-geistigen Wesenheit in den physischen Leib

Dieses Kapitel ist eine allgemeine Betrachtung in groben Zügen. Die Grafik stellt zum Zeitpunkt der Geburt eine unendlich weite Welt dar, nämlich die geistige Welt, mit welcher das Kind noch weitgehend verbunden ist und aus welcher es als geistiges Wesen stammt. Mit geistig ist eine reale, übersinnliche Welt gemeint, die im Bild des Paradieses erscheint. Damit ist nicht der Intellekt gemeint, was oft unter Geist verstanden wird. Welche Individualität sich da wirklich anschickt, sich in einen physischen Leib zu inkarnieren, ist für die direkte Umwelt des Kindes noch lange nicht erlebbar. Je kleiner die physische Welt für das Kind noch ist, desto umfassender und für die Umgebung nicht wahrnehmbar ist die geistige Welt, aus welcher das Kind stammt. Die geistige Individualität verbindet sich nur sehr langsam mit dem physischen Leib und somit mit den Organen, die die materielle Welt wahrnehmen.

Bis zum 3. Lebensjahr sind die Wahrnehmungen noch nicht sehr bewusst, und das Kind erscheint noch als ein Teil der Umwelt und nicht als Eigenwesen. Sobald es, meistens im 3. Jahr (heute oft früher), Selbstbewusstsein entdeckt und damit Wahrnehmung in Beziehung zu sich selbst in der irdischen Welt entwickelt, hat ein Inkarnationsschub stattgefunden. Dies bedeutet, dass die geistig-seelische Individualität räumlich zu schrumpfen beginnt, das heißt etwas mehr in den eigenen physischen Leib einzieht. Aber es ist noch eine lockere Verbindung, denn das Kind bleibt noch stark mit der Umgebung verbunden, bleibt ein Teil einer sozialen Einheit, sei es die Familie oder eine andere Gruppierung, z. B. Kindertagesstätte, Spielgruppe oder später Kindergarten. Das zeigt sich sehr deutlich in der nachahmenden Aktivität, die von außen impulsiert ist. Ab dem 3. Lebensjahr beginnt zusätzlich auch die Innenwelt wirksam zu werden und äußert sich im freien Spiel. Jeder Gegenstand hat für uns Erwachsene eine praktische oder ideelle Funktion und ist für eine bestimmte Tätigkeit konzipiert. Die kindliche «Fantasie» hält sich nicht an die gegebene Funktion, sondern lässt die Dinge zu dem werden, was das Spiel erfordert. Die reale irdische Welt öffnet sich, wie im 1. Kapitel erwähnt, nur langsam. Die Welt des Spiels ist eine geheimnisvolle, lebendige, hintergründige Welt, eine märchenartige Welt voller Lebewesen. Ich nenne sie eine mythologische Welt, in der die Dinge jederzeit wandelbar sind und nie materiell erstarren. Auf gewisse Weise ist es eine geistige Welt, in irdischen Bildern gemalt. Auch die Gegenstände um das Kind herum haben einen lebendigen Charakter und können zu geliebten oder gefürchteten Wesen werden. Materiell wertlose Dinge können für Kinder im ersten Jahrsiebt einen riesigen Wert erlangen, der eben nicht in der materiellen Funktion steckt, sondern ideell ist und aus der Fantasiewelt entsteht. Das Wort Fantasie wird im Kapitel 3.2 genauer unter die Lupe genommen, denn eigentliche Fantasie beginnt erst im 2. Jahrsiebt wirksam zu werden.

Mit dem Eintritt in die Primarschule, meistens im 7. Lebensjahr, mit der zunehmenden Öffnung der real-irdischen Welt durch den Unterricht, halten sich die mythologische und die reale Raumeswelt die Waage, das heißt die Seele ist schon mehr in den Leib eingezogen. Somit ist die geistig-seelische Welt im Erleben der Kinder weiter geschrumpft. Die Waage zwischen realem und mythologischem Weltbild, welche sich in der 3. Grafik aus der Kreuzung der Wahrnehmungs- und Inkarnationslinie lesen lässt, verschiebt sich zunehmend Richtung real-materieller Welt, und das Erleben der mythologischen Welt dämmert langsam ab. St. Nikolaus wird angezweifelt und auch für das Kind von einem realen, irdischen Menschen verkörpert. Dieser Vorgang kann mit der Götterdämmerung der germanischen Mythologie in Beziehung gebracht werden.

Mit dem 12. Lebensjahr, mit dem Eintritt in den naturwissenschaftlichen Unterricht, findet ein verstärkter Inkarnationsprozess statt. Das Kind fällt schließlich aus dem Paradies auf die Erde respektive in den physischen Leib. Das Kind steigt mit dem, was die Vorpubertät genannt wird, langsam aus den geistigen Zusammenhängen heraus, um sich selber in der eigenen Innenwelt zu finden. In der Pubertät verstärkt sich dieser Inkarnationsvorgang, wodurch sich der Jugendliche ausgestoßen fühlt aus der bisher bekannten Geborgenheit. Damit ist die geistig-seelische Individualität im eigenen Organismus angekommen und dadurch die geistige Welt sehr klein geworden, eigentlich noch so groß wie der eigene Brustkorb, wo der Jugendliche sich selbst empfindet respektive wo er sein selbst erworbenes Weltbild erlebt. Es ist der Moment der vollsten Inkarnation; man kann es sogar ein Versinken in den eigenen Organismus nennen. Dies kann aus der Grafik an der Kreuzung der Inkarnationslinien gelesen werden. Man könnte den Jugendlichen eine Hinweistafel um den Hals hängen mit der Aufschrift «Wegen Umbau geschlossen». Diese Tafel ist zugleich eine Verbotstafel zum Zutritt während des Umbaus. Die jugendliche Seele ist wie ein rohes Ei und ist als solches zu behandeln. Das Denken ist irdisch materialistisch geworden und dadurch in der irdischen Welt gelandet.

Aus der Grafik ist ersichtlich, dass nach der Verpuppung in die Pubertät wieder eine Öffnung stattfindet, dass sich die Jugendlichen wieder vermehrt der Welt zuwenden können. Sie müssen wieder auftauchen aus der überaus starken Inkarnation. An dieser Stelle befinden wir uns an einem sehr wichtigen Punkt, der auch Parallelen zur Menschheitsentwicklung zeigt: Die Menschheit hatte in vorchristlichen Kulturen noch ein Bewusstsein, das demjenigen des Kindes im 1. Jahrsiebt entspricht. Die Beziehung zur geistigen Welt war noch stärker als diejenige zur Sinneswelt. Geschichten wie z. B. die indischen Veden oder auch Märchen entstanden als Sinnbilder für übersinnliche Erlebnisse. Den Abstieg aus einer mythologisch-geistigen Welt hat die Menschheit in den letzten Jahrtausenden durchgemacht und in den letzten Jahrhunderten und Jahrzehnten eine sehr tiefgründige Naturwissenschaft entwickelt, die sich weitgehend auf die Erforschung der Materie beschränkt. Viele große Naturwissenschaftler des 20. Jahrhunderts, vor allem Physiker, haben im reifen Alter in Aufsätzen darauf hingewiesen, dass wir uns in der Zukunft mit geistigen Hintergründen der Naturphänomene beschäftigen müssen; bisher blieb es aber weitgehend bei der Aufforderung. (Hier ein Hinweis auf eine Sammlung solcher Aufsätze im Buch «Physik und Transzendenz», erschienen 1984.) Wir stecken noch immer tief im rein materialistischen Denken. An dieser problematischen Weiche stehen die

Jugendlichen mit ca. 17 Jahren. Sie sind in einer materialistisch denkenden und handelnden Kultur aufgewachsen, und die Wahrscheinlichkeit ist groß, dass nach der Kreuzung der Linien ein Abbruch der konsequenten naturgemäßen Entwicklung stattfindet. Sie bleiben im materialistischen Denken stecken. Eigentlich wäre die Menschenseele bereit, durch Eigenaktivität wieder eine geistige Wirksamkeit in der Welt zu entdecken. Was Voraussetzungen dafür wären, wird im nächsten Kapitel 3.1, 2.Jahrsiebt, am Ende behandelt. Dass sich die Schere wieder auftut, kann man daran erleben, dass die jungen Menschen nach der Pubertät vermehrt nach außen treten und Wahrnehmung für Seelisches im anderen Menschen entwickeln. Die Wahrnehmung ist nicht mehr nur nach innen auf die eigene Seele gerichtet. Sie suchen sich ihr soziales Wirkungsfeld.

3. Grafik

Organgebundene Fantasie
Bildung des Moralmaßstabs
Die Welt ist gut
Lernen durch Wille

Lernen durch fühlendes Erleben
Bilderwelt
Bildung der Ästhetik, Schönheit
Die Welt ist schön
Bildhafte Fantasie

Lernen durch Denken
Die Welt ist wahr
Fantasie wird Kreativität
Karmafragen

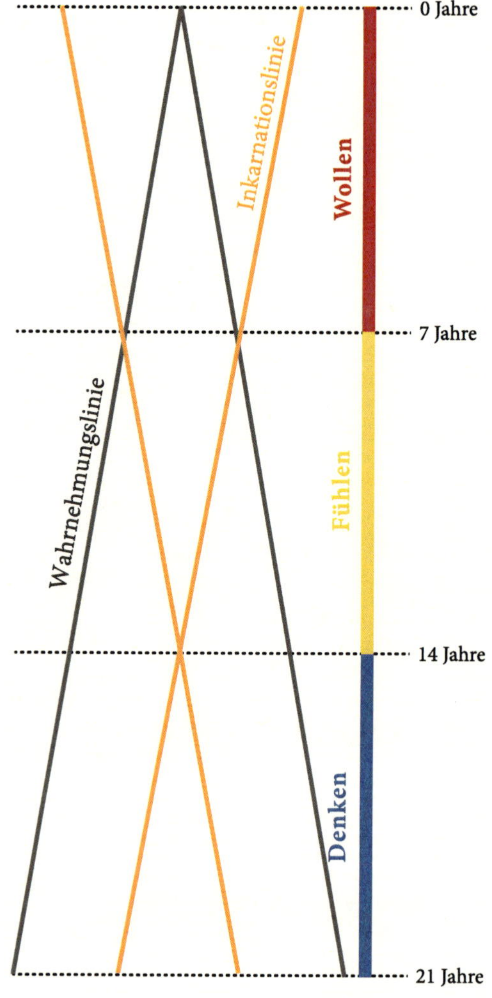

3. Entwicklungsetappen

3.1 Die drei Jahrsiebte

Wenn man von Etappen spricht, besteht die Gefahr, dass man ein Kästchensystem mit festen Zahlen vertritt. Alles was im Folgenden dargestellt wird, somit auch alle Jahresangaben, sind einerseits allgemeine Tendenzen, andererseits handelt es sich meistens um Bereiche des Übergangs von einem Zustand in einen nächsten. Die obige Grafik ist eine Zusammenfügung der ersten zwei Grafiken und zeigt die zwei besprochenen Entwicklungsstandpunkte im Zusammengang. Hier werden die Jahrsiebte als Einheiten angeschaut und erst in einem nächsten Kapitel feiner unterteilt und die Entwicklung jeweils innerhalb der entsprechenden Periode untersucht.

3.1.1 1. Jahrsiebt

Es ist die erste lange Zeitspanne der Anpassung der geistig-seelischen Wesenheit an die irdische Welt. Dieser Prozess geschieht unter voller Hingabe, voller Vertrauen in die Umgebung. Eine solche Hingabe ist Glaube und darum religiös. Dies hängt auch damit zusammen, dass das Kind noch mehr mit einer geistig-lebendigen Welt verbunden ist als mit der irdischen. Es ist vollkommen offen für alle möglichen Eindrücke und Einflüsse. Es hinterfragt nicht kritisch, denn das erforderte Urteilsfähigkeit, Misstrauen, wenigstens Bewusstsein. Das Kind hat zwar ab dem 3. Lebensjahr Bewusstsein für seine Tätigkeiten, das vielleicht mit demjenigen des Tieres vergleichbar ist. Es ist aber kein kontrolliertes Wachbewusstsein wie beim Erwachsenen, sein Bewusstsein hat einen schlafenden Charakter. So nimmt es auch die Umgebungssprache schlafwandlerisch auf. Die Hingabe an die Welt und Umgebung ist so unbewusst, dass das Kind die Dinge schlafwandlerisch aufnimmt. Wenn es die Umgebung nachahmt, zeigt sich darin das grenzenlose Vertrauen. Dabei sind es nicht nur Äußerlichkeiten in den Bewegungen und Handlungen, die nachgeahmt werden, sondern dahinter stecken für Kinder, die alles mythologisch wesenhaft empfinden, geistig-seelische

Qualitäten. Hinter der Nachahmung steht die unbewusste Haltung, dass das Nachzuahmende in Ordnung ist, und es gibt für das Kind kein urteilendes Gut oder Schlecht in dem, was es um sich herum aufnimmt. Kein Kind versteht es, wenn es für Nachahmungen gerügt wird. Darum kann man sagen, dass das Kind des 1. Jahrsiebts grundsätzlich das himmlische Vertrauen in die Welt hat, dass alles gut respektive richtig ist. Dies bedeutet, dass das Kind im 1. Jahrsiebt an der nachahmenswerten und nachlebenswerten Welt seinen Maßstab von Gut und Böse respektive seinen Moralmaßstab bildet. Darum sind verantwortungslose, egoistische, sinnlose, unwahrhaftige Handlungen im Beisein von Kindern sehr problematisch, denn diese sind ebenfalls Grundlagen des sich bildenden Moralmaßstabs. Familien- oder Clanfehden wie zum Beispiel zwischen rivalisierenden Mafiafamilien oder Volksstämmen tradieren sich durch diese ethische Hingabe der Kinder und sind darum kaum ausrottbar.

Das Kind wächst durch Tätigkeit in diese irdische Welt hinein, und es lernt durch Tätigsein. Das 1. Jahrsiebt ist geprägt durch Aktivitäten, durch Ausprobieren, durch unbewusstes Experimentieren. Es geht dabei anfänglich um Kennenlernen von Materie verschiedener Art, andererseits um Beherrschung eigener Bewegungsvorgänge. Im Spiel lernt das Kind physikalische Phänomene an der Materie, an der Tätigkeit und an sich kennen, respektive es muss diese beherrschen lernen. Dies ist aber kein bewusstes Erkennen von Gesetzen. Es erlebt beim Üben, mechanische Gesetze zu beherrschen, begleitet von Frustrationen oder Freude, was übrigens zum Memorisieren und Erinnern beiträgt. Oft ist die Reihenfolge der Vorgänge am Beispiel die folgende: Das Kind baut einen Turm, der immer wieder früh stürzt, was Frustration auslöst. Durch Überwindung der Frustration entdeckt das Kind den Grund, warum der Turm nicht hält; es hat ein physikalisches Gesetz richtig anwenden gelernt. Folge ist Freude, gelernt und Erfolg gehabt zu haben. Daran zeigt sich der Vorgang des Lernens: Tätigkeit, Ausprobieren → Gefühl, durch Tätigkeit ausgelöst → Entdeckung des Grundes von Schwierigkeiten → Korrektur. Der Vorgang ist Wille (Tun) → Fühlen → Denken (entdecken, durchschauen). Wir können uns fragen, ob wir Erwachsenen nicht sehr oft auch in dieser Reihenfolge lernen. Gehen wir wirklich beim Erlernen der Handhabung eines neuen technischen Apparates oder einer Maschine zuerst von der Theorie aus, lesen wir wirklich zuerst Schritt für Schritt das beigelegte Handbuch, um es zu verstehen und zu befolgen? Möchten wir nicht zuerst ausprobieren? Wieso erhält man heute beim Kauf eines I-Pads kein Handbuch mehr, sondern wird aufgefordert, zu probieren? Schaut man Lehrbücher, Schulbücher und Unterrichte an, läuft der Weg leider meistens anders. Man leitet zuerst eine Theorie her oder gibt sie direkt an, danach soll diese verstanden und angewandt werden. Der Zwischenschritt des Fühlens wird nicht bewusst eingesetzt oder fehlt ganz.

Das ganze 1. Jahrsiebt ist geprägt durch Lernen über Willenstätigkeit. Der Charakter dieses Willens ist allerdings ein unbewusster. Er ist angestoßen durch organische Bedürfnisse, dann vermehrt durch Bilder von außen, die nachgeahmt werden, später auch durch innere Bilder, Erlebnisse und lebendige «Fantasie», die unbewusst einen schöpferischen Charakter enthalten, und letztlich durch zusammenhängendes Spiel von Lebenssituationen und Lebensvorgängen. Das Kind erlebt seine Tätigkeit zunehmend bewusst, aber der Ursprung des Willens schläft noch völlig. Das Kind steuert seinen Willen noch nicht von der Einsicht, vom Denken her. Es zeigt sich darin, dass das Kind noch ganz Teil seines Organismus sowie seiner Umgebung ist, respektive dass es noch wenig inkarniert ist. Das Kind ist willensgesteuert; dieser Wille ist jedoch ein Natur- und Kulturwille.

Das nachahmende Kind des ersten Jahrsiebts erfährt die physische Welt durch seine Sinne, welche die Tore zur Welt sind. Das Kind hat diese Tore stets offen und lässt jeden Einfluss herein. Als Sinnbild kann man die Spinne in ihrem Netz betrachten. Die Radialfäden zum Zentrum sind die Sinne, die Kreisfäden die Zusammenhänge zwischen den Sinneserfahrungen, denn wie schon erwähnt, erlebt das Kind nicht Wahrnehmungen einzelner Sinne, sondern ein Gesamterlebnis inklusive Moral dahinter. Man kann sagen, dass das Kind ganz Sinnesorganisation ist, wodurch es ein Teil der physischen, lebendigen (ätherischen), seelischen und geistigen Umwelt ist. Auch aus diesem Blickwinkel zeigt sich, dass das Kind noch wenig inkarniert ist.

Was bedeutet ätherische Verbundenheit? Das Kind besitzt zwar einen eigenen Ätherleib, einen eigenen vegetativen Organismus, der nach der Geburt keine feste physische Verbindung mehr zur Umwelt hat (z. B. zur Mutter). In den ersten Monaten bleibt es durch die Muttermilch zeitweise noch angebunden an mütterliche Organe und ist von ihren Lebenskräften abhängig. Nach dem Abstillen, durch Aufnahme irdischer Nahrung, findet ein Inkarnationsschritt statt. Dies heißt aber nicht, dass das Kind nun von den mütterlichen Lebenskräften emanzipiert ist. Die Mütter, SpielgruppenleiterInnen und KindergärtnerInnen können ein Lied davon singen, wie die Beschäftigung mit den Kindern organisch erschöpfend sein kann, das heißt die Kinder «nähren» sich noch von den Ätherkräften der Erwachsenen um sie herum. Man kann auch beobachten, wie sich eine kräftemäßig zu schwache Umgebung (der Erzieher und Eltern) auf das Kind schwächend auswirkt. Auch sehr aktive, überbordende, wuchernde Erzieherkräfte können sich negativ auswirken.

Ähnliches kann über die seelische Verbundenheit gesagt werden. Extreme Charaktere um das Kind herum haben deutliche Wirkungen. Hat z. B. die Mutter ein anhaltendes tiefgreifendes Problem zu wälzen, wird wahrscheinlich eine triste Stimmung im Kind entstehen. Es wird vielleicht nicht genügen, wenn diese Mutter sich sehr gut führt und vor dem Kind fröhlich auftritt. Das Kind übernimmt die Grundstimmung, es lässt sich nicht irreführen. Es gibt bekannte Fälle, dass die Mutter sich in der Küche die Hand verbrennt, ohne sich für das Kind visuell oder akustisch bemerkbar zu machen. Trotzdem beginnt das Kind im Kinderzimmer zu weinen und rennt zur Mutter. Die «Spinnenfäden» sind also auch unsichtbar und nicht nur der Sinnesorganisation zugehörig.

Wie schon erwähnt, nimmt das Kind unbewusst auf und lernt schlafwandlerisch. Es wird eins mit den Wahrnehmungen, verschmilzt mit diesen. Das Wort Wahrnehmung darf eigentlich nicht verwendet werden, denn das Wort «wahr» steckt darin, das heißt es wird Wahrheit im Erleben aufgenommen, aber nicht verstanden. Es sind Eindrücke, die viel tiefer gehen als Wahrnehmungen des Erwachsenen; die Dinge werden im wahrsten Sinn des Wortes in den ganzen ätherischen und geistig-seelischen und sogar physischen Organismus eingeprägt. Das tiefste Unterbewusstsein lebt in unserem Ätherleib, in unserer pflanzenverwandten Vegetation: Wachstum, Heilung, Fortpflanzung usw., wo auch das Gedächtnis seinen Sitz hat. Das 1. Jahrsiebt ist eine Zeit der Gewohnheitsbildung, und Gewohnheiten leben sehr tief im Unterbewusstsein. Wie wichtig sind gute Gewohnheiten im Familienleben des Kindes. Dazu gehört auch ein gleichmäßig rhythmisches Tages- und Wochenleben, das tatsächlich stärkend auf die Lebensorganisation, den Ätherleib des Kindes wirkt. Ebenso wichtig sind im 1. Jahrsiebt Wiederholungen. Kinder fordern diese insistent, wenn man mit ihnen z. B. kurze körperliche Ritualhandlungen vornimmt, z. B. ein Ärmchen zu reiben, begleitet mit einem rhythmischen Sprüchlein. Mit großer Wahrscheinlichkeit kommt die Bitte mehrmals: «noch einmal». Dasselbe gilt für Erzählungen, die immer wieder gehört werden wollen. Die Wiederholungen treffen im Ätherleib auf schon Erlebtes und prägen sich tiefer ein. Sie geben dadurch Boden und Sicherheit.

Viele Eltern möchten verständlicherweise ihren Kindern möglichst früh die Welt zeigen, indem sie an viele verschiedene Orte der Welt reisen. Diese gut gemeinte Lehre der Welt- und Erderfahrung wirkt sich im 1. Jahrsiebt verunsichernd aus; die Eindrücke können nicht geordnet und sinnvoll verarbeitet werden. Die Kinder leben noch weitgehend außerhalb von Raum und Zeit, denn dies sind Eigenschaften der irdisch-materiellen Welt. Geistig-seelisch leben sie noch stark in der unendlichen Welt, physisch-materiell nur in der kleinen, sichtbar-wahrgenommenen Umgebung (was aus der 2. Grafik zu lesen ist). Das Vorstellungsvermögen ist noch gar nicht erwacht, darum können die Kinder keine örtliche Beziehung zwischen erlebten Orten herstellen. Die Welt zerfällt in Zusammenhangslosigkeit, und gerade das Leben in Zusammenhängen, in Ganzheiten, ist charakteristisch für das 1. Jahrsiebt. *Dazu ein erlebtes Beispiel, das zeigt, wie weit die Kinder noch weg sind von der Vorstellungsfähigkeit, dem Raumempfinden: Ein dreijähriger Bub war fasziniert vom Mond. Immer wenn dieser auftauchte, rief er wiederholt «Mond» und griff nach ihm.* In das gleiche Kapitel gehört, wenn Säuglinge von den Eltern im Tragtuch nach vorne getragen werden oder im Kinderwagen von sich weg geführt werden. Dadurch ist das Kind unzähligen, stets wechselnden Eindrücken ausgeliefert. Es entsteht im Unterbewusstsein Chaos und Verunsicherung. Die Sicherheit und Behütung, die diese kleinen Kinder noch benötigen, besteht darin, den Elternkörper zu spüren oder die Eltern sehen zu können. Extrem wird die Situation, wenn die Mutter das Kind im Kinderwagen nach vorne setzt und dabei noch mit dem Handy beschäftigt ist; dann ist der Bezugs- oder Spinnenfaden völlig abgeschnitten. Die wohlgemeinte Weltwahrnehmung gehört in das 2. Jahrsiebt.

Zurückkehrend zur Frage des Bewusstseins: Je unbewusster das Kind aufnimmt, desto mehr verbindet es sich mit den Dingen. Auf diese Weise lernt es z. B. die Muttersprache oder auch Zweitsprachen, in welche es sich schlafwandlerisch versenkt. Dies ist nur ohne Bewusstsein möglich, denn über das Bewusstsein müssten Einzelheiten erfasst werden. Man müsste Einzelnes verstehen, und verstehen erfordert, dass man die Dinge vor sich hinstellt respektive in gewisser Weise auf Distanz geht. Das Kind lernt in den ersten vielleicht vier Lebensjahren mehr als im ganzen übrigen Leben, und das ist nur unbewusst möglich. Bereits Gehen Lernen wäre ein äußerst komplexer Vorgang, müsste es bewusst geschehen. Wer als Ingenieur einen Roboter konstruiert hat, weiß, wie komplex es ist, nur eine einzige kleine Arbeit ausführen zu lassen, um z. B. eine Schraube anzuziehen. Jede der drei Raumesrichtungen muss einzeln kontrolliert und gesteuert werden, und nur in der Kombination der drei Richtungen kann eine einfache Bewegung realisiert werden. Aber damit ist noch längst keine Schraube festgedreht.

Das Kindergedächtnis basiert auf dem tief im Unterbewusstsein Eingeprägten. Dieses ist dadurch nicht frei zugänglich; die Inhalte können nicht willkürlich abgerufen werden. Dazu lebt das Kind noch zu stark in der Umgebung und wird von dieser im Augenblick bestimmt. Denn sich willkürlich erinnern erfordert, sich in sich selbst abzuschließen und nach innen wahrzunehmen. Um sich zu erinnern, braucht das nach außen gerichtete Kind einen Impuls von außen, der wieder direkt tief geht und die Erinnerung anregt. Es ist das «Situationsgedächtnis», das heißt Sinneseindrücke des Moments wecken Erinnerungen. Das kindliche Situationsgedächtnis ist wesentlich sicherer und exakter als dasjenige der

Erwachsenen. Aus diesem Grund sind Kinder des ersten Jahrsiebts sehr gute Memoryspieler. Frägt man jedoch ein Kind, das aus dem Kindergarten nach Hause kommt, welche Geschichte es heute gehört habe, wird es mit großer Wahrscheinlichkeit sagen: «keine» oder «weiß nicht». Es kann aber geschehen, dass es nach einigen Minuten kommt und die ganze Geschichte lückenlos erzählt. Der Anstoß zum Erinnern war vielleicht, dass es die Sirene eines vorbeifahrenden Ambulanzfahrzeuges hört, was während der Erzählung im Kindergarten ebenfalls geschah. Dass das Kind die Geschichte lückenlos und exakt wiedergibt, zeigt, dass es aus den Tiefen des Unterbewusstseins schöpft, wo die Inhalte präzis fixiert sind, und dass die Geschichte ein Teil seiner selbst geworden ist, also dass es damit verbunden ist. Die zu Erinnerungen dienenden Situationen sind wie «Pfähle der Orientierung» in der noch sehr fremden Landschaft des irdischen Lebens, an welchen sich das Kind festhalten kann. Deswegen stellten die Menschen alter Kulturen Merkmale wie Steinhaufen, Stelen, Kreuze, Fahnen usw. in die Landschaft, um Erinnerungen zu wecken. Diese Erinnerungskultur lebt noch heute in Denkmälern weiter. Die Menschen dieser uralten Zeiten besaßen ebenfalls noch nicht das willkürliche Gedächtnis und waren dadurch Teil einer allgemeinen Erinnerung respektive einer Kultur, was ebenfalls Lebenssicherheit zur Folge hatte, ohne welche die Menschen verloren gewesen wären wie Kinder ohne Erziehenden. Ihre FührerInnen waren Weise (oft PriesterInnen), welche RepräsentantInnen der geistvollen Idee der Menschheitsentwicklung waren.

Die vorgängig beschriebene Wichtigkeit der Rhythmen im Leben der Kinder des 1. Jahrsiebts hat ebenfalls mit der Erinnerung zu tun. Erfolgt eine täglich sich wiederholende Handlung jeweils zu gleicher Zeit, taucht der Impuls zur Handlung aus dem Unterbewusstsein auf, da es nach einiger Zeit Gewohnheit im Zeitenorganismus geworden ist. Diese Tatsache kennen wir auch als Erwachsene nach dem Motto «Rhythmus ersetzt Kraft». Wenn z. B. die Kindergärtnerin regelmäßig nach einiger Zeit des Spielens das Aufräumlied singt, beginnen die Kinder ohne Aufforderung aufzuräumen. Worte wie «Zeit zum Aufräumen» erforderte von den Kindern, aus Verständnis respektive Einsicht zu handeln. Es ist nur der Kopf statt das Fühlen und der dadurch impulsierte Wille angesprochen. Die Gefühle leben im rhythmischen System, respektive die rhythmischen Organe wie Herz, Lunge, Nieren usw. sind Träger der Gefühle. Meine Nachbarin pfeift exakt um 18 Uhr sehr laut in die Umgebung, was bewirkt, dass die vier Kinder unaufgefordert zum Essen nach Hause kommen, obwohl diese sonst alles andere als folgsam sind.

Ebenfalls aus dem gefühlsmäßig Seelischen stammt das Bedürfnis der Kinder, bis in die Sprache zu rhythmisieren, indem sie an einzelne Wörter rhythmische Fortsetzungen anhängen, oft blödelnder Art, vor allem gegen Ende des 1. Jahrsiebts. Z. B. «Es bläst ein Sturm, *Peter ist ein Wurm*», «Apfel, Birne, Nuss, *gib ihr einen Kuss*». In sehr alten Zeiten drückten sich die Menschen oft auch in rhythmischen Dichtungen aus. So entstanden z. B. die Veden in Indien und die Bhagavad Gita, im Norden die Edda. Diese Dichtungen weckten Erinnerungen, welche ganze Vorgänge und Zusammenhänge weckten.

Die Notwendigkeit und das kindliche Bedürfnis nach Rhythmus hat auch eine organische Funktion. Kinder des 1. Jahrsiebts können noch keine vorgegebenen Rhythmen nachahmen. Organe wie Herz, Lunge, Nieren usw. sind untereinander noch nicht im Einklang, und auch die einzelnen Organe funktionieren unrhythmisch, so z. B. der Herzschlag. Lebensrhythmen helfen mit, das Organsystem zu harmonisieren. Wirklich abgeschlossen ist der Harmonisierungsprozess erst mit dem Eintritt in die Pubertät, wenn die vollständige Inkarnation erfolgt, wenn der Körper ganz ergriffen wird.

Wird das Kind des 1. Jahrsiebts zu früh eingeschult, verlangen wir von diesem, dass es sich willkürlich erinnert. Man kann dies durchaus trainieren, Folge davon ist aber beschleunigte Intellektualisierung. Die Dinge werden regelmäßig in den Kopf gehoben und bleiben an der Oberfläche. Dadurch, dass die Inhalte in den Kopf respektive ins Bewusstsein gehoben werden, entsteht Distanzierung (ein Merkmal des erkennenden, wissenschaftlichen Prozesses) statt unbewusste erlebnisreiche Verbindung. Es findet nicht mehr genügend Verbindung mit der Welt statt. In den ersten 7 Jahren wird der Organismus aufgebaut, durchgearbeitet und gereift. Diese Arbeit wird durch Natur- und Vererbungskräfte realisiert, die möglichst nicht gestört und beeinflusst werden sollten. Natur und Bewusstsein (Kultur) sind Polaritäten. Fordern wir zu früh funktionierende Bewusstseinskräfte, drängen wir die Arbeit der Naturkräfte am Organismus zurück; der Organismus wird geschwächt. Man kann diese Tatsache an intellektualisierten Kindern beobachten, die oft bleich sind und das Rundliche, den Babyspeck zu früh verlieren. Die Vegetationskräfte erlahmen. Bewusstsein, Verstehen und äußeres Wissen machen Distanz und können bis zur späteren Beziehungslosigkeit führen. Solche Kinder stehen der Welt wissend gegenüber, sind aber von ihr getrennt statt Teil von ihr und wirken dadurch verloren.

Ebenso wenig wie Inhalte kann das Kind Bilder willkürlich erinnern und erzeugen, das heißt, die Vorstellung schläft noch. Um Bilder in der Vorstellung zu erzeugen, braucht man stärkere Inkarnation in den Leib, welcher eigentlich ein Bild ist. So ist unser Körper der Archetypus aller Bilder. Die innerlich vorgestellten Bilder sind wie eine Konkurrenz zur naturhaften «Bild»ung des Leibes und würden diese Bildung behindern. Verfrühungen geschehen allgemein auf Kosten der Ausreifung von Grundlagen.

3.1.2 2. Jahrsiebt

Aus der 3. Grafik ist ersichtlich, dass am Ende des 1. Jahrsiebts die Beziehung zur irdischen Welt schon gewachsen ist und wie schon erwähnt ein Gleichgewicht von mythologischer und realer Erdenwelt vorhanden ist. Dies bedeutet eine schon gesteigerte Verbindung der geistig-seelischen Individualität mit dem physischen Leib. Dieser Prozess setzt sich im 2. Jahrsiebt fort und endet in der Pubertät mit der Inkarnation bis ins Skelett. Dieser ca. siebenjährige Prozess durchläuft sehr unterschiedliche Phasen, welche Wandlungen von Leib, Seele und Geist, von Denken, Fühlen und Wollen und deren Schwerpunkte beinhalten. Auf die einzelnen Phasen wird detaillierter in späteren Kapiteln eingegangen.

Das allgemein Charakteristische für das 2. Jahrsiebt ist der bewusste Eintritt in die vom Menschen gemachte Kultur. Ist im 1. Jahrsiebt die Natur und die Ausstrahlung der direkten Umgebung selbstverständlich erziehend tätig, ob bewusst oder unbewusst, ob die Umgebung will oder nicht, so können die Erziehenden jetzt direkt auf die Kinderseele einwirken, z. B. durch Einführung in die Kulturtechniken wie Lesen und Schreiben, bewusstes Kennenlernen menschlicher Tätigkeiten, Zahl- und Zeitbegriff, Musik usw. War das Kind vorher noch Teil der Welt, beginnt es sich von dieser, wenn auch langsam, zu emanzipieren und zum Mikrokosmos im Makrokosmos des Universums zu werden. Um sich als Individualität von der Umwelt zu trennen, muss man sich der Welt entgegenstellen; man muss sich als wahrnehmender Beobachter erleben. Die entstehende individualisierende Kinderwelt ist ein David, der dem Goliath, genannt Universum, noch staunend und ratlos gegenübersteht. Das Kind des 2. Jahrsiebts baut sich nun eine innere Welt auf, die allerdings nachhaltig sein muss, um bestehen zu können. Es muss nach und nach den Goliath «besiegen» und ihn sich untertan machen. Verstehen wir die Welt und haben wir eine klare Vorstellung von ihr, ist sie die unsere geworden, und wir stehen der äußeren Welt nicht ratlos gegenüber, sondern es gibt uns Sicherheit, uns in ihr zu bewegen und in ihr tätig zu sein. Aus zusammenhängender Kenntnis freudig und verantwortlich in der Welt tätig zu sein, ist ein Sieg über Goliath, denn die selbsterbaute Innenwelt ist selbständig und kräftig geworden.

Unter Verstehen ist jedoch nicht einfach intellektuelles Verständnis gemeint, sondern im Sinne des Wortes Ver«Stehen», in der Welt stehen. Eine eigene Innenwelt, bestehend aus reinen Kenntnissen, kann allerdings nicht nachhaltig sein, wenn die Dinge nur wissenschaftlich intellektuell verstanden werden. Intellektuelle Erkenntnis fordert eine Denkanstrengung, die distanzierend und als Prozess antipathisch ist. Man darf dabei nicht sympathisch mit den zu erforschenden Dingen verschmelzen, wenn man zum wissenschaftlichen Verständnis kommen will. Diese Art des Verständnisses ist charakteristisch für das 3. Jahrsiebt. Eigene Innenwelt kann im 2. Jahrsiebt nur entstehen, wenn man sich mit den Dingen verbindet, und das erfordert sympathische Grundhaltung, das heißt gefühlsmäßige Beziehung mit den Wahrnehmungen und Lerninhalten. Die eigene Innenwelt ist also nicht eine Sammlung von Fakten, sondern ein Netz von Erlebnissen. Inhalte und neue Wörter werden nur zu Begriffen, wenn sie in Sinnbildern oder Gleichnissen erlebt werden.

Und genau das ist die Stärke des Kindes im 2. Jahrsiebt. Beobachtungen und Wahrnehmungen haben einen dramatischen Anteil und werden gerne zu Erlebnissen. Eine Felswand wird bedrohlich empfunden, und die Bedrohung ist in den ersten Jahren des 2. Jahrsiebts wichtiger als die physikalische Beschaffenheit und die geologische Erkenntnis. Der Schwerpunkt der Wahrnehmung verschiebt sich im Laufe dieses Jahrsiebts immer mehr zur physikalisch-wissenschaftlichen Seite. Springt ein Kind des 1. Jahrsiebts hemmungslos und voller Vertrauen von zu großer Höhe in die Arme des Vaters, empfindet dasjenige des 2. Jahrsiebts die Gefahr klarer und ist vorsichtig, vielleicht übervorsichtig, ängstlich; es hat eine klare Empfindung für die Verhältnisse der physischen Welt. Aber es ist eben eine Empfindung, ein Gefühl, und nicht das Resultat eines Denkprozesses. Das Kind verbindet sich also im Wesentlichen mit der Welt über das Fühlen. Das bedeutet nicht, dass Denken und Wille nicht beteiligt sind, aber das Fühlen ist das Leitelement, das in der kindlichen Seele allgegenwärtig ist und Denken und Wille durchdringt und weitgehend bestimmt.

Mit der Schulreife, mit dem Eintritt ins 2. Jahrsiebt, hat das vegetative System (der Ätherleib) einen großen Teil seiner Aufgabe erfüllt, nämlich die Organe bis zur Funktionsreife auszuformen, wenn auch in der weiteren Entwicklungszeit noch Wachstum und Anpassung stattfinden. Der Ätherleib besitzt für die Bewältigung seiner Aufgabe unter anderem zwei wesentliche Eigenschaften. Er kann mit dem Samen einer Pflanze verglichen werden; in ihm stecken so etwas wie Gedächtnis und Bilder. Es ist das Gedächtnis, wie eine bestimmte Pflanze zeitlich und strukturell heranwächst und wie sie bildlich gestaltet ist. Am Beginn des 2. Jahrsiebts ist gerade in diesen zwei Hinsichten die Aufgabe grundlegend erfüllt. Folge davon ist, dass diese zwei Fähigkeiten von ihrer Aufgabe befreit und in die Hand des Kindes gelegt werden. Es erwachen die Fähigkeiten des willkürlichen Erinnerns und des freien Vorstellens. Um uns zu erinnern, benötigen auch wir Erwachsenen als Erinnerungshilfe zum Wecken des Erinnerungsinhaltes den Gefühlsanteil. Wenn wir uns erinnern wollen, was wir vor einiger Zeit gegessen haben, tauchen unmittelbar mit dem Inhalt der dazugehörige Geschmack und Geruch auf, erinnern wir uns an ein Musikstück, erleben wir gleich die entsprechende Stimmung. Durch das bewusste Erleben von Gefühlen wird das Kind nun bewusst erinnerungsfähig.

Diese Fähigkeit, selber innere Bilder zu erzeugen, entwickelt und verwandelt sich im Laufe des 2. Jahrsiebts (siehe spätere Kapitel). Bilder haben bei den Kindern einen wesenhaft-subjektiven Gefühlsanteil und entstehen aus inneren empfindungsmäßigen Bedürfnissen. Auch Begriffe möchten die Kinder bildhaft, gefühlsmäßig erleben, um sich mit ihnen verbinden zu können und dadurch nach und nach zum wahren Wesen eines Begriffes vorzudringen. Ein Begriff setzt sich schließlich aus vielen Facetten und Erlebnissen zusammen und reduziert sich auf seine klare Funktion. *Hier vier Beispiele, wie vereinzelte Wortbegriffe verlebendigt werden, aber noch nicht zum wirklichen Begriff geworden sind: 1. Ein Schulvater, der Arzt war, berichtete ein typisches Beispiel von seinen zwei Kindern von sieben und neun Jahren, die ein ihnen unverständliches Fachwort gehört hatten. Sie liefen im Garten hintereinander um einen dicken Baum herum, wobei sich eines von Zeit zu Zeit umdrehte und die beiden jeweils unter Geschrei zusammenstießen. Auf die besorgte Frage der Mutter, was sie denn da Verrücktes tun, war die Antwort: «Wir spielen Kreislaufstörungen.» 2. Ein Kind im Kindergarten steht auf einer Kiste und schaut durch eine Kartonröhre = Fernrohr in die Weite. Es ruft plötzlich aus: «Achtung, es kommt eine riesige Dauerwelle.» 3. Kinder spielen im Kindergarten Krankenhaus. Ein toter Patient wird aufgeweckt, indem sie ihm «Lebensmittel» verabreichen. (Dies zeigt übrigens sehr schön, dass Ernährung wirklich durch Mittel des Lebensvollen geschehen sollte und das Leben dadurch anregt.) 4. Wörter treffen oft nicht den wirklichen Begriff. So erzählte man mir, dass ich als 2–3-jähriges Kind zwar den Begriff Nahrungsmittel hatte, jedoch nicht das entsprechende Wort. So nannte ich jede Essware «Suppe», und ich wollte zu Tisch von dieser oder jener Suppe essen.* Als Lehrerpersonen können wir daraus ersehen, dass die gelehrten Inhalte dringend das Fühlen ansprechen müssen, dass es erlebnishaft sein muss, damit das Gelernte zum echten, nachhaltigen Teil der Innenwelt werden kann.

Der erlebte Gefühlsreichtum, kombiniert mit der Fähigkeit, Bilder zu schöpfen, regt die lebendige Fantasie des Kindes des 2. Jahrsiebts an. Entspringt die «schöpferische Fantasie» des Kindes des 1. Jahrsiebts (siehe später) noch aus bewusstseinsmäßig schlafenden Untergründen, so wird die neue, echte Fantasie bewusster erlebt und hat nun einen traumhaften Charakter. Sie sprudelt zwar noch aus versteckten Quellen, die für uns oft rätselhaft sind. Das Kind empfängt die Bilder und Impulse seiner Schöpfungen geschenkt respektive «geträumt» und benötigt keine innere Anstrengung dafür. Generell darf gesagt werden, dass es im 2. Jahrsiebt träumend in der Welt steht, was damit zusammenhängt, dass es, wenn auch abnehmend, noch teilweise ein mythologisches Welterleben hat. Die Ideen der Fantasieschöpfungen fließen dem Kinde zu. Mit der «Götterdämmerung», durch stärkere Inkarnation in den Leib und die physische Welt, mit dem Verschwinden der lebendigen, beseelten Wahrnehmung verschwindet auch die geschenkte, träumende Fantasie.

Um eine eigene Innenwelt aufzubauen, die der Umwelt und den anderen Menschen gegenübersteht, muss die eigene Individualität bewusster erlebt werden als im 1. Jahrsiebt, was mit der Inkarnationstiefe zusammenhängt. In dieser Hinsicht findet im 2. Jahrsiebt eine starke Veränderung statt. Die deutlich bewusster wahrgenommene eigene Individualität trennt sich noch nicht vollständig von anderen Individualitäten, das heißt das Kind erlebt sich noch teilweise im anderen Menschen. Sofort findet ein unbewusster Vergleich statt, wobei das noch unsichere und betreffs Kenntnissen und Fähigkeiten nicht weit fortgeschrittene Kind die Erwachsenen und ihre Fähigkeiten bewundert. Es entsteht eine gesunde Verehrung für fähige Menschen in seiner Umgebung. Diese Verehrung ist eine wichtige Erziehungskraft. Die verehrten Personen können in der Vorstellung der Kinder ins Unermessliche idealisiert werden. *Noch ein 14-jähriger, relativ naiver Junge meiner 8. Klasse drückte zuhause den Eltern gegenüber die Überzeugung aus: «Mein Lehrer weiß alles.» Anlässlich eines Physikunterrichts stand ich vor einer 15-jährigen Schülerin, um ihr bei der Lösung einer Aufgabe Tipps zu geben, wie sie Lösungswege entwickeln könnte. Plötzlich schaute sie auf und sagte aus tiefstem Herzen:*

«Sie kommen mir vor wie Dumbledore» (weiser Zauberer bei Harry Potter). Wichtig für die SchülerInnen ist nicht die irdisch-realistische Person, sondern das erlebte Ideal, dem man nachfolgen möchte; seinen in der Vorstellung lebenden Fähigkeiten möchte nachgeeifert werden. Die Verehrung für Autoritäten kann die SchülerInnen zu überdurchschnittlichen Leistungen ermuntern. Eine 12-jährige Schülerin, die über Jahre als schulisch schwach galt und keinen Antrieb mehr hatte, schrieb eines Tages einen Aufsatz, der die ganze Klasse in den Schatten stellte. Was war geschehen? Kind und Lehrerin hatten sich vorher schon mit der eingespielten, etwas hoffnungslosen Situation abgefunden. Nun kam für drei Wochen eine Vertretung in die Klasse, die beim Mädchen Begeisterung auslöste. Sie schrieb ihren Aufsatz eigentlich für den Lehrer. Dies war ein erster Schritt Richtung Selbsterziehung, jedoch mit der Stütze des verehrten Lehrer-Ich, die das eigene noch verhüllte Ich stützt und weckt. *Hier ein Beispiel für beginnende Selbsterziehung: In der 2. Klasse erzählte ich den Kindern Heiligenlegenden von Franz von Assisi. Eine Mutter eines 8-jährigen Jungen sagte mir, dass ihr Bub von Zeit zu Zeit, wenn er etwas angestellt hatte, ausdrücke: «Jetzt habe ich es wieder nicht geschafft, wie Franziskus zu sein.»* Man kann das 2. Jahrsiebt unter das Motto stellen: Autorität und Nachfolge. Damit will nicht ausgedrückt werden, dass Kinder des 2. Jahrsiebts nur gutgläubig und unkritisch seien. Kritik und Ablehnung gehören zur Entwicklung (siehe nächste Kapitel). Wahre Autoritäten wirken durch Ausstrahlung und nicht durch autoritäres Gehabe. Die Kinder urteilen nicht sachlich real, sondern mehr gefühlsmäßig, auf Stimmungen ansprechend. Die Verehrung von Autoritäten zeigt sich gegen das Ende des 2. Jahrsiebts im Leben mit Idolen.

Durch das fühlende Erleben der Welt entstehen dieser und allen Wahrnehmungen gegenüber Sympathien und Antipathien. Auch bei uns Erwachsenen sind alle Wahrnehmungen von Sympathien und Antipathien begleitet, was uns jedoch meistens nicht bewusst ist, die uns aber mehr beeinflussen, als wir wissen. Wir können die Dominanz dieser Gefühle mit Vorstellungen, Vorsätzen, Ideen, also mit dem Denken beherrschen oder zurückdrängen. Viel weniger gelingt dies Kindern des 2. Jahrsiebts, gar nicht denjenigen des 1. Jahrsiebts, da das ichgeführte Denken noch nicht genügend zur Verfügung steht (siehe Kapitel 4.3: Stufen der Ich-Inkarnation). Die Sympathie und Antipathie ist in diesem Sinne nicht etwas Negatives, das überwunden werden muss, sondern ein Instrument, das unser Wahrnehmen bereichert. Sympathie und Antipathie sind nicht nur Akzeptanz oder Ablehnung, sondern auch hell und dunkel, lebendig und langweilig, offen und verschlossen, überschäumend und griesgrämig, weit und eng usw. Kinder des 2. Jahrsiebts erleben die Welt im ganzen Reichtum der menschlichen Gefühle und können sich sehr gut in Adjektiven und Adverbien ausdrücken, mit welchen sie ihre persönliche Beziehung zu einer Sache mitteilen. Sie zeigen damit, welcher Art ihre Innenwelt ist, die sie am Aufbauen sind, nämlich eine von Gefühlen durchsetzte Welt. Die Beurteilung der Welt ist weniger eine sachliche als vielmehr eine ästhetische, eine künstlerisch empfundene. So wie das Kind des 1. Jahrsiebts den Moralmaßstab ausbildet, bildet es im 2. Jahrsiebt den Maßstab der Schönheit (und Hässlichkeit), der Ästhetik. Ein gutes Moralempfinden zu besitzen, kann wohl jedermann als wichtig akzeptieren; aber dass das ästhetische Empfinden für das Leben wichtig sein soll, ist nicht so selbstverständlich und kaum im pädagogischen Bewusstsein unserer Zeit. In Wirklichkeit ist es wesentliche Grundlage erstens des Urteilsvermögens und zweitens des Handelns. Erstens: Wir beurteilen Situationen und Vorkommnisse nicht in erster Linie mit dem Denken, sondern gefühlsmäßig, Zusammenhänge erahnend, unbewusst Vergleiche mit Erfahrungen vornehmend. Hinterher durchdringt das Denken die Sache. Dieser Ablauf kann «Intuitives Denken» (siehe 3. Jahrsiebt) genannt werden, deren Grundlage das ästhetische Empfinden ist. Zweitens: Das Fühlen steht zwischen dem Denken und dem Willen. Ein nüchterner Gedanke, mag er noch so geistreich sein, hat keinen direkten Zugang zur Handlung. Was wird nicht alles theoretisiert betreffs Umweltschutz, und es bleibt beim Reden oder Schreiben. Wo ist die Realität, wenn in der westlichen Welt von der 2-kW-Gesellschaft gesprochen wird, und in Wirklichkeit konsumieren wir in der Schweiz 6 kW pro Einwohner. Was hindert uns daran, die Erkenntnis in die Tat umzusetzen? Es ist die Bequemlichkeit, das Wohlfühlen, eben das Fühlen. Aber es ist auch das Fühlen, das den Impuls zum Tun gibt, z. B. das

Mitfühlen mit der Natur. Ohne Liebe zur Natur empfinden wir kein Bedürfnis, auf Annehmlichkeiten zu verzichten, um die Natur zu schützen. Darum hat z. B. ein Naturkundeunterricht keinen nachhaltigen Sinn, wenn totes Faktenwissen gelehrt wird, anstatt Fakten in Erlebnisse zu gießen, so dass die Natur als Lebewesen erscheint. Hätten Menschen in Entwicklungsländern eine ästhetische Bildung, würden sie selber aktiver ihre Situation verbessern, denn der Drang zur Verbesserung, zur Tat kommt aus dem unguten, unbefriedigenden Gefühl. Die Kinder des 2. Jahrsiebts sind ihrer Entwicklungsstufe entsprechend bereit für die Ausbildung der Ästhetik, was wesentliche Aufgabe der schulischen Erziehung sein sollte. Wichtiges Mittel zur Bildung des ästhetischen Empfindens ist Kunstunterricht. Das beschränkt sich aber nicht nur auf direkte Kunst, sondern jeglicher Unterricht sollte künstlerisch sein. Reine Wissensvermittlung ist nicht künstlerisch, sondern nur für den Kopf, nicht aber für das seelische Erleben bestimmt. Künstlerischer Unterricht bedeutet eben, dass Zusammenhänge zwischen Fakten und Empfindung für Qualitäten, für das seelisch Wesenhafte erscheinen. Die ästhetische Bildung ist auch Grundlage der Fantasie, welche wiederum Grundlage der Kreativität ist (siehe spätere Kapitel). Die ästhetische Bildung ist die am Ende des Kapitels 2 erwähnte Voraussetzung für die Öffnung der Schere, um nicht im Dogma des Materialismus zu versinken.

3.1.3 3. Jahrsiebt

Noch vor rund 100 Jahren hätte es dieses Kapitel nicht gegeben. Bis mindestens 1920, nach dem 1. Weltkrieg, hatte man kaum ein Bewusstsein für das Jugendalter, für das 3. Jahrsiebt. Man sah vorher den Menschen dieses Alters als minderbemittelten Erwachsenen und forderte von ihm dieselben Pflichten, gab ihm aber keine alters- und entwicklungsgemäßen Rechte. Es gab noch keinen Schonraum für Jugendliche. Sie wurden unmittelbar in den Arbeitsprozess gesteckt, meistens ohne ihre Bedürfnisse und Neigungen zu respektieren. Das Bewusstsein, dass das Jugendalter noch einen Schon- und Entwicklungsraum benötigt, erwachte zum kleineren Teil durch die Erkenntnisse, gewonnen aus der Katastrophe des 1. Weltkriegs, in welchem Jugendliche verheizt wurden. Doch die Jugend selber forderte diesen Raum und realisierte ihn. Erst nach der Kriegskatastrophe trennten sich Jugendliche von der Erwachsenenwelt, der sie tief misstrauten. Erst jetzt entstanden Jugendgruppen, Sportvereine usw., und die Wandervogelzeit war die wohl deutlichste Demonstration, eine eigene Gesellschaft sein zu wollen mit anderen Werten als die verkrustete politische und wirtschaftliche Welt. Wenn man in noch frühere Zeiten schaut, erwachte selbst das Bewusstsein für das 2. Jahrsiebt erst im Laufe des 18. und 19. Jahrhunderts, was man z. B. an den Fabrik- und Arbeitsgesetzen ablesen kann. Mussten noch im 18. Jahrhundert Kinder ab 6 Jahren in der Fabrik arbeiten, so wurde Kinderarbeit erst endgültig im 19. Jahrhundert verboten. Man muss sich allerdings fragen, wie es heute um den Jugendschutz steht, was am Ende des 20. Jahrhunderts durch die Kulturkritik von Neill Postman «Das Verschwinden der Kindheit» heftig diskutiert wurde.

Was sind nun Entwicklungsvorgänge im 3. Jahrsiebt? Die ersten zwei Jahre dieses Jahrsiebts stehen noch im Zeichen der Pubertät, des Umwandlungsprozesses. In diesem Prozess muss die eigene Persönlichkeit gefunden werden, die bisher noch von außen getragen wurde, wenn auch abnehmend. Das persönliche Ich, die unverwechselbare Individualität, macht die ganze Kindheit hindurch einen sehr langsamen Inkarnationsprozess und kommt endgültig mit ca. 21 Jahren in der menschlichen Seele an. Ab der Pubertät erleben Jugendliche ihr Ich respektive sich selbst sehr intensiv, wenn sie auch noch nicht frei mit dem Seelenkern, dem Ich, umgehen können. Sie erleben ihre Innenwelt in starken Gefühlen. Diese hatten vorher noch mehr mit der Umwelt Beziehung und konnten von außen beeinflusst werden. Damit ist nun Schluss, und die Beeinflussung kann nicht mehr direkt, sondern nur über das Gespräch geschehen, welches zuerst das Denken ansprechen muss. Hat das Gespräch im 2. Jahrsiebt noch unmittelbar das Fühlen angeregt, so müssen Jugendliche über die Einsicht ihre Gefühlswelt selber steuern und dadurch den Willen in Betrieb setzen lernen. Jugendliche des 3. Jahrsiebts sind nicht mehr bereit, Vorstellungen und Anregungen der Erwachsenen kritiklos auszuführen, ohne die Gründe zu verstehen. Die menschlichen Autoritäten sind nicht mehr maßgebend, sondern die verstandene Sache wird zur Autorität. Wollen die Erziehenden Regeln durchsetzen, geht es nicht mehr über die Autorität. Solche Regeln werden übertreten, da die Jugendlichen sich nicht ernstgenommen fühlen; ihre Individualität wird nicht respektiert. Das soll nicht heißen, dass Regeln nicht durchgesetzt werden dürfen, denn Jugendliche sind ja erst am Lernen, aus Einsicht zu handeln und nicht nur aus Bedürfnissen.

Wenn die verstandene Sache Autorität ist, bedeutet dies, dass das eigene Denken die Autorität ersetzen muss. Das Denken ist noch nicht dominierend, sollte es aber im Laufe des 3. Jahrsiebts werden. Dieses Jahrsiebt ist geprägt durch denkendes Erfassen der Welt, so wie das 2. Jahrsiebt durch fühlendes und das 1. Jahrsiebt durch willentliches. Ist das sich ausbildende und übende Denken des 3. Jahrsiebts bis ca. 16 Jahren ein rein logisch-mechanisches, so sollte es danach ein Intuitives Denken werden, das die Gefühle einbezieht (siehe nächstes Kapitel). Hier zeigt sich eine schwierige Stufe der Entwicklung und Selbsterziehung. Der Einbezug der Gefühle in die Gedanken wird sehr leicht zum nur noch Fühlen, um nur noch Gefühlsurteile abzugeben, mit der Überzeugung, unfehlbare Meinungen zu haben. Menschen, die solche rein subjektive Urteile mit sich tragen, stoßen an und sind nicht mehr gemeinschaftsfähig. Darum ist es sehr wichtig, dass durch künstlerisches Üben gelernt wird, die Gefühle und Empfindungen bewusst distanziert von sich zu beobachten und damit die Seele wie ein Instrument zu benützen. Dies ist auch eine Bedingung, dass sich die Schere im 3. Jahrsiebt wieder öffnet (siehe Grafik). Dass es möglich wird, frei mit den Gefühlen umgehen zu können, bedeutet, dass die sich in Gefühlen äußernde Seele, der Astralleib, frei wird. Man kann es wie eine Geburt betrachten, so wie die Befreiung der Bilderwelt die Geburt des Ätherleibes am Anfang des 2. Jahrsiebts bedeutet und die Geburt des physischen Leibes beim Eintritt in das irdische Leben (siehe 5. Grafik). Geburt des physischen Leibes mit 0 Jahren, Geburt des Ätherleibes mit 7 Jahren, Geburt des Astralleibes mit 14 Jahren.

Jugendliche haben mit dieser Befreiung eine neue, schöpferische Seelenkraft in die Hand bekommen, nämlich die Kreativität. Waren das mythologische Erleben des 1. Jahrsiebts und die Fantasie des 2. Jahrsiebts noch etwas wie ein Geschenk, das den Kindern zufloss, so verwandelt sich die Fantasie in der Pubertät in Kreativität. Die Kreativität ist im Gegensatz zur Fantasie ein innerer Prozess, eine innere Anstrengung, ein Prozess, der unter vollem Bewusstsein errungen werden muss. Grundlage der Kreativität ist aber auch wieder ein Rucksack voller lebendiger Erlebnisse und fantasievoller, schöpferischer Tätigkeit der ersten zwei Jahrsiebte, wo alle Erlebnisse als vielschichtige Einheiten erschienen und nicht als nüchterne, tote Kenntnisse. In der Grafik der geistig-seelischen Inkarnation ist die Fantasie als parallele Linien (orange) außerhalb der Inkarnationslinien gezeichnet. Dies ist Bild dafür, dass die Fantasie von außen, von der Umwelt, der Erfahrung oder der Natur geschenkt wird. Durch die Kreuzung dieser Fantasielinien im Pubertätsalter geraten sie nach innen. Dies ist ein Bild dafür, dass sich die Fantasiekräfte in Kreativität verwandeln, welche aus dem individuell Innern entspringt (siehe 5. Grafik).

Die Pubertät ist ein Verpuppungsprozess. Die Raupe kurz vor der Verpuppung ist dick und schwerfällig, ein sehr irdisches Wesen. Die Schmetterlingspuppe sowie der im verschlossenen Zustand sich befindende Jugendliche muss in seinem innersten Wesen in Ruhe gelassen und darf nicht gestört werden. Was innerlich als Umwandlung geschieht, ist äußerst geheimnisvoll. Das soll nicht heißen, dass Pubertierende sich selber überlassen sein sollen, sondern dass nicht direkt in ihre Seele eingegriffen werden darf, z. B. moralisierend oder bloßstellend. Befreit sich dann der Schmetterling aus dieser engen Hülle, erscheint ein neues, sich öffnendes Wesen, das sich in die Lüfte erhebt und ein Bild der Gedankenfreiheit wird, aber auch der übersinnlichen Welt. So wie der ausgeschlüpfte Schmetterling sich zuerst entfalten muss, um für das neue Leben bereit zu sein, muss der aus der Pubertät auftauchende Jugendliche die Fähigkeit entwickeln, tiefer, objektiver und subtiler in seine eigene Seele schauen zu können. Die Urteile werden vielschichtiger. Dasselbe bedeutet in der Grafik die Kreuzung der Inkarnationslinien der geistig-seelischen Wesenheit in den physischen Leib und am Ende der Pubertät die Befreiung aus der Puppe. Der ausfliegende Schmetterling Mensch sucht sich in der erweiterten Welt mit der Möglichkeit einer höheren, tiefsinnigeren Wahrnehmung seinen eigenen Weg.

An der Schwelle zum 3. Jahrsiebt ändert sich grundsätzlich die unbewusst innere Haltung, wie die Welt erlebt, erfahren und verarbeitet wird. Das Kind der ersten zwei Jahrsiebte erlebt die Dinge, wie schon mehrmals beschrieben, als komplexe Einheiten, zu welchen das erlebende Kind des 1. Jahrsiebts selber noch dazugehört. Im 2. Jahrsiebt werden die Zugehörigkeiten und Zusammenhänge empfunden; das Kind steht als wahrnehmendes Subjekt schon dem Objekt der Wahrnehmung gegenüber. Das Kind der ersten zwei Jahrsiebte hat ein analytisches Erleben, das heißt die Einzelheiten werden analytisch aus der Einheit heraus betrachtet. Der Fisch im Teich wird als Teil der ganzen lebendigen, stimmungsvollen Einheit inklusive der Kühle des Wassers, der Seerosen und der Mücken empfunden. Jugendliche des 3. Jahrsiebts sehen den Fisch isoliert und machen sich Gedanken über sein Leben und dessen Umstände und Bedingungen. Das Wasser als Lebenselement muss bestimmte Eigenschaften besitzen, um Atmung zu ermöglichen, und die Kiemenatmung macht die Verbindung zwischen dem Wasser und dem Fisch möglich. Der Fisch braucht Nahrung, womit die Mücken in den Zusammenhang eintreten. Der Vorgang der Verarbeitung ist kein analytischer, sondern ein synthetischer. Die Wahrnehmungen werden zur Einheit durch das Denken (siehe 5. Grafik).

Das synthetische Denken beinhaltet wissenschaftliches Interesse. Jugendliche möchten die Welt ver*stehen*, sie möchten in der Welt *stehen.* Sie suchen dabei die Wahrheit in der objektiven Welt, aber auch im Leben zwischen den Menschen. Unwahrhaftigkeit trifft auf große Empfindlichkeit und kann heftige Entrüstung hervorrufen, und dies in zweierlei Hinsicht, nämlich inhaltlich sowie menschlich. Kann sich die Lehrperson des 2. Jahrsiebts noch manchmal leisten, inhaltliche Dinge falsch darzustellen, so wird diese als Person noch nicht in Frage gestellt. Die möglicherweise für die Kinder noch allwissende Autorität bleibt meistens auf dem Sockel, und Eltern könnten es schwer haben, den Fehler richtigzustellen. Hingegen Lehrpersonen des dritten Jahrsiebts können sich dies nicht mehr leisten. Sie verlieren das Vertrauen der Jugendlichen, denn das Vertrauen ist nicht mehr ein grundsätzlich persönliches, sondern ein sachliches. Sachliche Unwahrhaftigkeit hat unsachliche

Ablehnung des Menschen zur Folge. Noch schlimmer ist menschliche Unwahrhaftigkeit. Empfinden sich Schüler ungerecht behandelt, schlägt dem Erwachsenen Empörung, Wut oder sogar Verachtung entgegen. Dieselbe Wirkung hat es, wenn Erwachsene von Jugendlichen Dinge verlangen, die sie selber nicht einhalten. Für die Jugendlichen sind die Erkenntnisse ihres Denkens das Höchste und Heiligste. Darum können sie ihre Vorstellungen zur absoluten Wahrheit erheben und mit solchen Resultaten in Sturheit verfallen. Sie stehen für ihre Ideen vollständig ein. Dies ist auch die Grundlage für den Idealismus, der in diesem Alter große Kraft entwickeln und zum Lebensmotto werden kann. Die Idole des 2. Jahrsiebts reifen zu Idealen; nicht mehr Menschen, sondern Ideen sind maßgebend. Dies zeigt sich sehr deutlich in der großen Jugendbewegung betreffs Klimaschutz. Den unwahrhaftigen, aus egoistischen Interessen handelnden Politikern und Wirtschaftsleuten schlägt idealistische Empörung entgegen.

Die Grafik zeigt, dass die Entwicklungslinien von Wahrnehmung und Inkarnation nach der Kreuzung bei 14 Jahren parallel verlaufen. Das lässt die Interpretation zu, dass die sich erweiternden Kenntnisse der irdischen Welt, die nun viel bewusster durch das Denken erfasst werden können, auch eine Erweiterung im geistig-seelischen Sinne zulassen, dies unter der Voraussetzung, dass das Denken wirklich intuitiv ist, gesteigert durch erhöhte Sensibilität. Dies zeigt wiederum auf, wie nach der Abdämmerung der mythologischen Kinderwelt wieder eine geistvolle Welt durch die eigene Anstrengung, durch ästhetische Kreativität im Denken errungen werden kann.

Jugendliche des 3. Jahrsiebts suchen ihren sozialen Platz in der Gesellschaft. Um die persönliche Stellung und Aufgabe zu finden, muss zuerst eine Trennung von traditionellen Bindungen stattfinden, sei es von der Einbettung in die Familie, sei es von der Geborgenheit in der kindlichen Seelenwelt. Diese Abnabelung geschieht in der Vereinsamung während der Verpuppungszeit der Pubertät. In den vereinsamten Jugendlichen taucht nun, auf der Suche nach dem individuellen Weg, die Frage des Schicksals, des Karma auf, wenn auch nicht unbedingt bewusst. Das Karma ist der Weg der menschlichen Individualität über mehrere Inkarnationen, frägt nach woher und wohin und erstreckt sich über mehr Zeit als dieses jetzige irdische Leben. Die 2. Grafik kann auch so interpretiert werden, dass die Kreuzung der Inkarnationslinien das momentane irdische Leben bedeutet, die offene Zeit vorher die Herkunft aus einer geistigen Welt und die nachfolgende Zeit das Leben nach dem irdischen Tod. In vielen Jugendlichen tauchen philosophische Interessen auf, die mit Fragen zur Religion verbunden sind. Der traditionelle Hinduismus sieht den Sinn des irdischen Lebens in dieser Art. Das irdische Leben ist nur eine Zwischenstation, das leibfreie Leben ist das Wesentlichere vor und nach der materiellen Inkarnation. Der Vorgang der Abnabelung ist allerdings nicht in allen Kulturen gewünscht und akzeptiert, am allerwenigsten im Islam. Der individuelle Weg wird dann durch feste Verhaltensnormen eingefroren, um Verirrungen zu vermeiden. Man muss aber nicht nur in Entwicklungsländer und andere Kulturen schauen, um die Frage der Abnabelung als unverstandene Kritik der Entwicklung zu erleben. In vielen Gesprächen mit Menschen Südeuropas und Lateinamerikas erlebte ich die Menschen oft als verständnislos für die Tendenz unserer Jugendlichen, die sich aus der Verbundenheit der Familie lösen wollen; man empfindet es nur als negativ. Es ist unbestritten, dass dieser Prozess der Pubertät oft unangenehm, lästig, konfliktiv und rebellisch erlebt wird und eine Krise für die Jugendlichen und die Umwelt bedeutet. Aber ohne die Möglichkeit, sich zu verrennen und Unsinniges zu erfahren, ist eine Selbstfindung und Neuorientierung nicht möglich. Das beratende Gespräch und, bei extremen Situationen, die autoritäre Notbremse sowie unterrichtliche Offerten sind die wirkungsvollsten Hilfsmittel, um neben und nicht vor den Jugendlichen stehend die Erziehungsaufgaben zu erfüllen. Dabei ist es sehr hilfreich, wenn die Jugendlichen aus dem lebendigen Erfahrungsschatz der ersten zwei Jahrsiebte schöpfen können.

4. Grafik

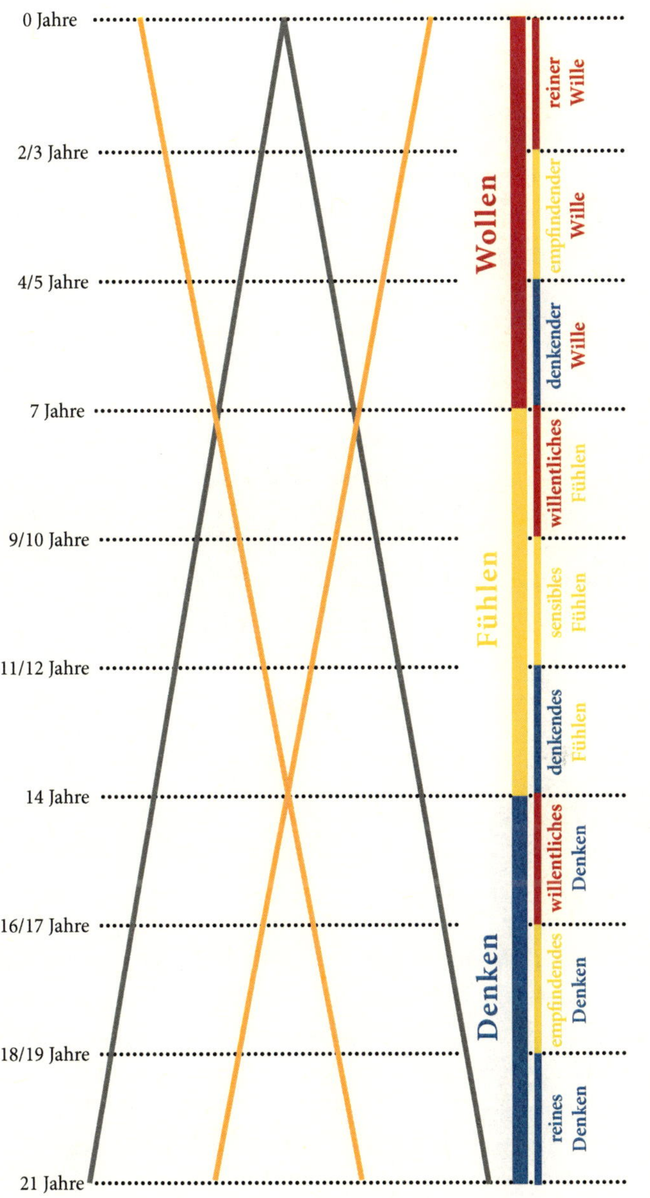

0 Jahre
2/3 Jahre
4/5 Jahre
7 Jahre
9/10 Jahre
11/12 Jahre
14 Jahre
16/17 Jahre
18/19 Jahre
21 Jahre
Wollen
Fühlen
Denken
reiner Wille
empfindender Wille
denkender Wille
willentliches Fühlen
sensibles Fühlen
denkendes Fühlen
willentliches Denken
empfindendes Denken
reines Denken

3.2 Entwicklungsphasen des 1. Jahrsiebts

Stellen wir uns drei Kinder unterschiedlichen Alters vor, die miteinander im Sand spielen. Es seien Kinder von 1–2, 4 und 6 Jahren. Diese drei Kinder sind Repräsentanten von drei Altersgruppen des 1. Jahrsiebts. Ihr Spiel unterscheidet sich grundlegend und zeigt den Charakter der Bedürfnisse, des Ursprungs der Handlungsimpulse, des Entwicklungsstandes und den Zusammenhang mit Denken, Fühlen und Wollen. Versteht man die verschiedene Zielsetzung dieser drei Kinder im Spiel, kann man die unausweichlichen Konflikte vorhersehen.

3.2.1 0–2/3 Jahre

Das Kind dieser Altersstufe wird vor allem damit beschäftigt sein, Eigenschaften des Sandes zu erforschen. Es wird sich hineingraben, aufhäufen, bis es hinunterrieselt, damit werfen, über den Kopf streuen, in den Mund stecken. Das Kind, auf gewisse Weise Teil der umgebenden Materie, macht durch seine Tätigkeit Erfahrungen betreffs Qualitäten der Materie, ohne sich dessen bewusst zu sein. Sein Umgang mit Materialien passt sich den Qualitäten und deren Forderungen an; es wird dadurch eins damit. Dazu sind unzählige Wiederholungen nötig. Es ist rein sinnesimpulsierte, planlose Tätigkeit, rein unbewusster Wille.

Um solche Erfahrungstätigkeiten ausführen zu können, muss es zuerst mit seinem Leib umgehen lernen. Seine Glieder gehorchen ihm anfänglich noch gar nicht, und es kann mit Materie noch wenig anfangen. Wie schon beschrieben, beginnt die völlig schlafende Leibestätigkeit damit, den eigenen Leib zu ertasten, diesen wie etwas Fremdes von außen ergreifend. Mit dem Erfahren des Leibes und dem unermüdlichen Wiederholen entwickelt dieser gleichzeitig Fähigkeiten, lernt sich sinnvoll bewegen. Das Kind kommt mit lebenserhaltenden Reflexen zur Welt, so z. B. der Saug- und Schluckreflex, Greifreflex, Nackenreflex, Mororeflex (bei Lageänderung Arme ausbreiten, was Fallen verhindert). In den ersten Jahren muss das Kind lernen, Reflexe zu überwinden, um ein selbständig tätiges Wesen zu werden. Die Reflexe sind Reste von Überlebensstrategien beim Eintritt in diese fremde physische Welt und schließlich nicht vereinbar mit naturunabhängiger, selbstgesteuerter Bewegung. Nur schon beim Werfen die Hand im richtigen Augenblick zu öffnen, erfordert einerseits die Überwindung des Greifreflexes und Koordination der Arm-Wurfbewegung mit der Handöffnung. Wenn kleine Kinder z. B. in einem Hochstuhl sitzen und Gegenstände, die man ihnen wiederholt gibt, gleich wieder auf den Boden werfen, wollen sie uns nicht ärgern. Sie sind in der Regel daran, entsprechende Koordinationen zu üben. Koordinationsübungen finden vor allem bis zum 9. Lebensjahr statt, enden aber nie ganz. Nicht rückgebildete Reflexe sind im späteren Leben vielfach Ursprung von Ungeschicklichkeit und schulischen Problemen, was oft nicht erkannt wird.

Das Kind hatte in den ersten Lebensmonaten noch kaum echtes Seelenleben und war weitgehend von Organfunktionen bestimmt. Erste Seelenäußerungen sind z. B. im ersten Lächeln erlebbar und dadurch, dass es sich stimmlich bemerkbar macht durch Lallen. Eine deutliche Schwelle ist das «Fremdeln», was sehr unterschiedlich zwischen fünf Monaten und einem Jahr einsetzt, denn dies bedeutet, dass dem Gegenüber eine erwachende Persönlichkeit dazustehen beginnt.

Durch das Erheben in die Vertikale und das anschließende Gehen tritt das Kind in einen neuen Bereich der Entwicklung ein. Mit dem durch Nachahmung impulsierten Aufrichten erscheint eine verstärkte Persönlichkeitskraft. Dass die menschliche Individualität sich nicht in einen Leib inkarnieren kann ohne die Nachahmung am aufrecht stehenden menschlichen Vorbild, zeigen die Wolfskinder von Indien, die ohne Menschen in tierischer Umgebung aufwuchsen und dadurch nie die Anstrengung aufbrachten, sich aufzurichten. Diese Kinder entwickelten auch später keine menschlichen Fähigkeiten mehr. Die geistige Individualität, das Ich, blieb fern, und diese Kinder starben bald. Gerade die Anstrengung ist es, welche die noch außerhalb des Kindes lebende Individualität in der Seele aufleben lässt. Dass schon Seelenregungen stattfinden, lässt sich am Triumph ablesen, wenn der Erfolg eintritt. Die Freude ist dem Kind aufs Gesicht geschrieben und durchzieht den ganzen Leib. Mit dem Gehen beginnt auch nach und nach das Sprechen als Nachahmung. Sprechen und Bewegen sind eine Einheit und haben ihre Grundlage noch nicht im Verstehen respektive Denken, sondern viel mehr im rhythmischen System, welches physische Grundlage des Fühlens ist. Gehen und Sprechen haben viel mit Rhythmus zu tun. Vor dem wirklichen Sprechen erscheint das Lallen, das Empfindungen ausdrückt. Erst mit der Zeit drücken Laute des Kindes Bedürfnisse aus, wie z. B. «mem» essen bedeuten kann. Es ist einerseits eine Empfindungsäußerung, beinhaltet aber schon eine klare Aussage und wird dadurch zu einem Begriff. So bilden sich immer mehr Begriffe, die schon einen Denkanteil beinhalten. Dieses «Denken» hat jedoch noch nichts mit dem prozessualen Denken des reifen Menschen zu tun. Es hat noch einen schlafenden Charakter. Begriffe sind noch vereinzelt, aber sobald Sätze gebildet werden, kommt schon das verbindende zeitliche Element hinzu. Durch den Spracherwerb wird in sehr engem, unbewusstem Rahmen das kausale, Raum und Zeit verbindende Denken, das bewusst viel später erwacht, als Grundlage, als Prinzip, vorgebildet. Das Kind nimmt durch das Sprechen eine allgemeine geistige Struktur auf, einerseits durch die Vorbildung des kausalen, logischen Denkens, andererseits weil es Teil einer Kultur, eines Volksgeistes wird.

Das sich frei im Raum bewegende Kind tritt nun in die Welt der materiellen Erfahrungen ein und entwickelt dabei im freien Tätigsein Fähigkeiten, den eigenen Leib geschickt zu benützen. Körperfähigkeiten und Koordination bilden sich am äußerlich planlosen Spiel, deren Sinn in der Erfahrung und im geschickt Werden steckt. Zusammenfassend darf man sagen, dass diese Zeit des ersten Drittels des 1. Jahrsiebts ganz vom unbewussten Tätigsein bestimmt wird, was naturhafter, «tätiger Wille» ist (siehe 4. Grafik).

Im diesem Alter haben Erzählungen noch keinerlei Sinn. Was schon möglich und bildsam ist, sind rhythmische Sprüchlein, die mit Körperberührungen verbunden sind. Wenn im rhythmischen Sprüchlein ein Bär den Arm hochklettert, geht es nicht um den Bären, sondern um die dynamische Bewegung, das Erleben des eigenen Leibes und ein physisch-seelisches Spannungserlebnis, um Einatmen und Ausatmen. Die meisten Kinder möchten dieses neuartige Leibesempfinden immer wieder erleben und fordern Wiederholungen. Leibliche Zuwendung,

Rhythmus und Wiederholung sind die Zauberworte dieses Lebensabschnittes. Auch schöne, lebendig und klar gesprochene Sprache ist durch den Wohlklang und den Rhythmus bildsam. Glücklich jene Kinder, die nicht ihre eigene Babysprache vorgesetzt bekommen: «Komm, Memem kochen.»

Im dritten Lebensjahr erscheint ein Einschlag, der als Inkarnationsankündigung bezeichnet werden muss. Hat das Kind sich bisher noch von außen als etwas Fremdes erlebt, so beginnt es sich selber zu empfinden. Die meisten Kinder sprechen vor diesem Ereignis von sich selbst noch in der dritten Person, z. B. «Sophie möchte Brot». Jetzt kommt das Wort «Ich» neu ins Vokabular. Die schon in früheren Situationen wirksame Individualität, die geistige Persönlichkeit, das unverwechselbare «Ich», bindet sich an den Leib an, beginnt sich zu inkarnieren. Das bedeutet, dass sich das Kind selber bewusster empfindet, so auch seine eigenen Handlungen und Bedürfnisse. Dies hat meist eine Krise zur Folge, so wie jede Neuorientierung im Bewusstsein, jeder Entwicklungsschritt, Krisen auslösen kann. Diese Krise kommt daher, dass einerseits das Kind nicht mehr so absolut in die Umgebung eingebettet ist, und dass es andererseits seine Handlungen bewusster ausführen muss, dass nun dafür der Impuls zur Handlung auch einen persönlichen Anteil erfordert. Daher kommt oft heftiger Widerstand gegen Forderungen von außen: einerseits möchte man selber, andererseits fehlt noch die Eigenkraft, das Geforderte auszuführen. Will man für ein solches Kind eine Handlung ausführen, verlangt es fordernd «selber machen», und das Wort «NEIN!» kann das wichtigste Wort werden. Die bekannte Trotzphase tritt ein. Man darf diesen Icheinschlag jedoch nicht als Vollinkarnation oder als «Befreiung des Ich» sehen (siehe später), sondern als erste Manifestation des Ich. Im Laufe der weiteren Entwicklung erfolgen neue Schritte der verstärkten Ichwahrnehmung, die immer bewusster erfasst werden. Es ist eine Eigenschaft von Inkarnationsschüben, dass diese wie ein Pendelschlag erst zu tief gehen, um darauf wieder zurückzuschwingen, um sich zu harmonisieren. Es ist notwendig, dass neue Entwicklungsschritte und Inkarnationsschübe zuerst zu tief gehen, damit die neu auftretenden Möglichkeiten zu bleibenden Fähigkeiten und Eigenschaften umgeformt werden.

3.2.2 2/3–4/5 Jahre

Kehren wir zu den drei spielenden Kindern im Sand zurück. Wie ist das typische Spiel des Kindes in der Mitte des 1. Jahrsiebts? Es erscheint nicht mehr so planlos. Spielt das größere Kind von 6 Jahren eine Lebenssituation, baut z. B. eine Burg, könnte das Kind des vorhergehenden Alters nachahmend teilnehmen. Stößt es während dieses Spiels auf eine Kuchenform, vergisst es die Idee und macht aus einem Turm einen Kuchen (und das Kleine wirft den Sand eines Burgteils umher). Der Konflikt ist programmiert. Das mittlere Kind lebt unmittelbar im momentanen Erlebnis, in dem, was Bedürfnisse weckt. Es taucht aus dem Unterbewusstsein die Kuchenerinnerung auf, die sofort mit gefühlsdurchdrungenen Erfahrungen verbunden ist. Die Impulse zur Handlung entstehen in der Gegenwart und stammen aus der Gefühlswelt. Dieses Alter ist das geeignetste, um Kinder aus seelisch schwierigen Situationen zu befreien durch Ablenkung, mit etwas Unerwartetem, mit Worten, Bildern oder Handlungen. Das Kind wird sofort von diesen Eindrücken bestimmt und in die Gegenwart geholt. Das Empfundene geht sofort in die Tat, so auch im Spiel. Die im Moment auftauchende Empfindung beginnt den Willen zu ergreifen.

Die Eindrücke wandeln sich immer mehr zu Wahrnehmungen, die jedoch weniger Wahrnehmungen im erkennenden Sinne sind, sondern im gefühlsmäßigen Bereich leben. Diese im Seelischen wirksamen Wahrnehmungen verändern auch die Nachahmung. Bevor das Ich erwacht, waren die Nachahmungen noch weitgehend unmittelbar physisch impulsiert, das heißt ohne persönlich seelisch mitzuerleben, wie bei an Fäden gezogenen Marionetten, so schwingt nun der Empfindungsanteil mit. Das Kind erlebt seine Nachahmung in träumender Weise; es kann noch nicht von vollem Bewusstsein gesprochen werden.

Das erwachte Ich ermöglicht dem Kind, seelisch sich selbst zu erleben, wenn auch noch träumend. Das Kind trägt bereits einige Erfahrungen in sich, die im noch schlafenden Gedächtnis haften. Eine Wahrnehmung im Spiel weckt eine Erinnerung im Erfahrungsschatz, die ähnlich der aktuellen Wahrnehmung ist. Dadurch wird der wahrgenommene Gegenstand einer neuen Funktion zugeführt, nämlich derjenigen der Erinnerung. Der verwandelte Gegenstand wird wieder zu einer neuen Wahrnehmung, die wieder eine Erinnerung auslöst usw. Ein Beispiel: das Kind sieht jemanden Holz sägen und nimmt fallendes Sägemehl wahr. Das weckt die Erinnerung an Regen. Also verwandelt sich Sägemehl in Regentropfen, und es lässt alles auffindbare Sägemehl regnen. Darauf nimmt es das Sägemehl auf dem Boden verstreut wahr. Dadurch wird die Erfahrung von Mehl auf dem Tisch erinnert. Also verwandelt das Kind das Regentropfen-Sägemehl in Speisemehl und beginnt es ins Wasser zu streuen, um einen Teig zu machen. Die Wahrnehmung der ersten schwimmenden Holzstückchen weckt die Erinnerung an Enten auf dem Teich usw. Wahrnehmung und Erinnerung treten in ein Wechselspiel.

Nach außen erscheint dies wie Fantasie, was jedoch in Frage gestellt werden muss. Echte Fantasie ist ein freierer innerer Prozess, von Vorstellung und Empfindung begleitet. Das Kind dieses Alters hat noch gar keine bewusste Vorstellung und kann sich noch nicht innerlich beobachten. Der Prozess ist noch ein naturhafter, nicht selbstgesteuerter Wechsel von äußeren und inneren «Wahrnehmungen» respektive Eindrücken. Dies geschieht in passiver Form, weshalb ich es «fließendes Erleben» nenne anstatt Fantasie.

Das Kind dieses Alters kann bei Erzählungen in den Momenten des erzählten Geschehens empfindungsmäßig mitleben. Es wird aber den Spannungsbogen einer etwas längeren Geschichte nicht erfassen. Geeignet sind kleine einfache Geschichten mit wiederholenden Sequenzen, mit kleinen Spannungsbögen. Eine große Hilfe ist es, wenn das Geschehen als einfaches Tischpuppenspiel dargestellt wird, denn der visuell-sinnliche Eindruck regt mehr an als das nur Gehörte. Da das Kind dieser Altersphase noch nicht selber innere Bilder erzeugen kann, benötigt es äußere Bilder.

Lernen, Nachahmung, Tätigkeiten sind also nicht mehr wie im ersten Drittel des 1. Jahrsiebts unmittelbar physischer, direkt willenshafter Natur, sondern haben einen schon deutlicheren empfindungsmäßigen

Anteil, weshalb ich diese Zeit unter das Motto «empfindender Wille» setze (siehe 4. Grafik).

3.2.3 4/5–7 Jahre

Sehen wir wieder die drei spielenden Kinder im Sand. Das reifere Kind des 1. Jahrsiebts mit schon deutlich mehr Erfahrungen und Kenntnissen von Lebenssituationen wird schon leichter angestoßen, sich an Dinge zu erinnern. Diese Erinnerungen sind bewusster und wecken Bedürfnisse, die sich zu Ideen auswachsen können. Mit solchen Ideen kann das größere Kind im Sand tätig sein. Während des Spiels kann sich eine ganze Landschaft mit Straßen, Hügeln und Häusern entwickeln. Sie hat einen inneren Zusammenhang; die Dinge haben eine funktionsmäßige, logische Beziehung zueinander. Zu einem Haus entsteht ein Stall, die Landschaft erhält eine landwirtschaftliche Funktion, also gehören Tiere dazu. Die Tätigkeit wird nicht nur durch Wahrnehmung und Erinnerung gesteuert, sondern durch wachsende Zusammenhänge mit einem allerdings noch dumpfen Vorstellungsanteil und enthält einen Denkfaden. Ich nenne dies einen «denkenden Willen», auch wenn es noch kein freies, willkürlich bewegtes Denken ist, sondern ein Denken, das Erfahrungen, Erinnerungen und Wahrnehmungen in eine sinnvolle Verbindung bringt. Kinder dieses Alters kommen manchmal mit einem Vorsatz in den Kindergarten, ein bestimmtes Spiel spielen zu wollen. Man darf jedoch nicht den Schluss ziehen, dass das Bedürfnis zu einem bestimmten Spiel bewusst ausgedacht sei. Es sind vielmehr Anregungen aus dem Unterbewusstsein, Dinge, die das Kind im Moment beschäftigen oder die gestern Lust erzeugt hatten. Das willkürliche Gedächtnis schläft noch weitgehend und ist erst gegen das Ende des 1. Jahrsiebts am Erwachen. Man kann dies an der Tatsache erleben, dass die Kinder noch sehr sanguinisch abgelenkt werden können und durch geschickte Ablenkung in ein anderes Spiel zu bringen sind. Oft wünschen Kinder, die im Kindergartenspiel etwas aufgebaut haben, dass die Installation bis zum nächsten Tag stehenbleibe, um dann weiter zu wirken. Kommen sie dann am nächsten Tag zu ihrer Konstruktion, hat es meistens keine Aktualität mehr. Der Vorsatz hält nicht, denn die momentane Wahrnehmung und Stimmung ist stärker als der Gedanke mit seiner inneren Logik. Das Kind ist immer noch ein Teil der Umgebung und in der Nachahmung, es kann immer noch ausfließen und von einer Stimmung im Raum gefangen genommen werden. Taucht das Bedürfnis zur Realisierung der gestrigen Installation wieder auf, macht es Sinn, diese immer wieder neu zu bauen, denn es geht um die Tätigkeit und nicht um das Produkt.

Auch die Nachahmung erhält einen neuen Charakter. Ist die Nachahmung im ersten Drittel des 1. Jahrsiebts noch unmittelbar physisch und im zweiten Drittel von Empfindungen begleitet, aber noch schlafend, so kann sie nun beim Nachahmen in einem Bewegungsspiel des Kindergartens Sinn und Aussage bekommen. Nur die größeren Kinder sind daran interessiert, komplexe Bewegungen genau nachzubilden, und sie nehmen es selber wahr, ob es stimmt oder nicht. Dieser Beobachtungsvorgang erfordert, nicht mit der Tätigkeit ganz zu verschmelzen, sondern auf Distanz zu gehen, also nicht nur sympathisch, sondern haltungsmäßig leicht antipathisch gestimmt zu sein. Da spielt auch die Vorstellung mit, die sich schließlich erst im 2. Jahrsiebt entwickelt. Hier zeigt sich wieder die Denktendenz im Willen, denn Vorstellung und Antipathiehaltung, d. h. die Dinge vor sich hinstellen respektive distanzieren im Erkenntnisprozess, sind Eigenschaften des Denkens. Die Anregung zur Nachahmung kommt aber immer noch vom unmittelbaren Willen, vom Physischen. Leben die Kinder in Tätigkeiten der Gruppe, ist die Nachahmung noch unbewusst, oft sogar schlafend.

Kinder des 1. Jahrsiebts können noch nicht komplexeren Erzählungen folgen, wenn der Verlauf der Geschichte mehr als einen Bogen der Geborgenheit – Verloren sein – Rettung enthält. Märchen mit mehreren Bögen (z. B. «Der Vogel Gryf» enthält neun Bögen) zerfallen für das hörende Kind in Einzelteile, da das verbindende zeitliche Denkvermögen ungenügend vorhanden ist. Zudem reicht auch das Erinnerungsvermögen nicht aus, denn um den Zusammenhang zu erfassen, müssen Momente der Geschichte im Gedächtnis auftauchen und verbunden werden. Das Kind des dritten Drittels des 1. Jahrsiebts kann einbogige Geschichten verfolgen und erfassen. Das nur Gehörte erfordert allerdings, dass im Kind innerliche Bilder entstehen, um genügend erlebt zu werden. Gerade diese Fähigkeit, innere Bilder zu erzeugen, beginnt erst im dritten Teil des 1. Jahrsiebts zu erwachen, wenn auch noch keimhaft. Stimmungs- und Erlebnisbilder sind jedoch als Erinnerungshilfen schon vor den Vorstellungsbildern vorhanden. Diese können wie beim Spiel in einen Zusammenhang gebracht werden, der einen Denkfaden enthält (siehe Märchenliste im Anhang).

Die «Fantasie», «fließendes Erleben» genannt, gewinnt nun einen etwas bewussteren Charakter. Das kindliche freie Spiel hat noch immer den Wechselcharakter von äußerer und innerer Wahrnehmung, drängt jedoch auch etwas in den Bereich der Zusammenhänge und Logik. Der entstehende Plan eines Spiels ist schon freier, und je stärker das Vorstellungsvermögen schon entwickelt ist, desto näher kommt es der selbst gestaltenden Fantasie. Sehr impulsierend können Erzählungen und Geschichten sein, die zum Leitfaden einer Gestaltung, eines Spiels werden. Interessant ist aber die Tatsache, dass das «fließende Erleben» gegen den Abschluss des 1. Jahrsiebts, gegen die Schulreife hin, abflaut oder sogar für kurze Zeit versiegt. Durch das Erwachen der Vorstellung, durch die Fähigkeit, selber Bilder innerlich erzeugen zu können, drohen die Kinder in ihren Bildern zu erstarren, und es dauert einige Zeit, um zur echten Fantasie zu gelangen, nämlich diese Bilder zu bewegen. Dadurch erscheint eine Zeit der inneren Leere, die sich sehr oft als Momente der Antriebslosigkeit und der Langeweile äußert, was als typisches Schulreifesymptom verstanden werden kann. Die versiegende «Fantasie» hat auch mit physischen Veränderungen zu tun durch einsetzendes Längenwachstum. Der Ätherleib, der auch Träger der Bilder ist (der lebende Organismus bildet, das heißt macht zu Bildern), wird bald den kindlichen Organismus in seinen funktionellen Grundstrukturen fertig gebildet haben. Darauf ist er mindestens teilweise befreit von seiner Bildeaufgabe, so dass das Kind selber Bildner wird, also Bilder vorstellungsmäßig gestalten und verwandeln kann (siehe Kapitel 3.1).

Kinderzeichnungen des 1. Jahrsiebts zeigen die Entwicklung aus einem anderen Blickwinkel. In der ersten Phase sind sie Ausdruck reiner Bewegungsübungen und Spuren der Motorik. Diejenigen der zweiten Phase beginnen durch Kreisformen einen aufkeimenden Innenraum anzukünden, einen Empfindungsraum. Die Zeichnungen der dritten Phase enthalten schon Bilder, die der irdischen Bilderwelt entstammen. Es stecken Begriffe drin, die aus der Erfahrungswelt der Kinder stammen. Es sind aber noch kaum Vorstellungsbilder, und mit Beobachtung haben sie wenig zu tun. Grundsätzlich zeichnen die Kinder noch Funktionen ihres sich entwickelnden Organismus und erst gegen die Schulreife hin Dinge der Außenwelt.

Allgemein darf gesagt werden, dass das dritte Drittel des 1. Jahrsiebts noch nachahmend willentlich ist, jedoch unter einem gewissen Denkeinfluss steht. Das Motto für diesen Lebensabschnitt ist «denkender Wille» (siehe 4. Grafik).

Die Farbgebung in der Grafik der 3 Jahrsiebte und diejenige der drei Phasen des 1. Jahrsiebts zeigen dieselbe Reihenfolge: rot – gelb – blau, Wollen – Fühlen – Denken. Das erste Drittel hat eine Beziehung zum Vorgeburtlichen, zur Vergangenheit, zur reinen vorgegebenen Leibesbildung, die auf neuer Stufe eine Wiederholung bedeutet. Das zweite Drittel repräsentiert die Gegenwart, das Momentane und ist der typischste Zustand des 1. Jahrsiebts. Das dritte Drittel ist wie eine Vorschau in die Zukunft der Entwicklung, indem sich neue Fähigkeiten ankünden, die erst später zur Entfaltung kommen (siehe 4. Grafik).

3.3 Entwicklungsphasen des 2. Jahrsiebts

Stellen wir uns drei Kinder unterschiedlichen Alters von 8, 10, 12 Jahren vor, die einem Schmied bei der Arbeit zuschauen. Vergleichen wir, wie sie seine Arbeit erleben, was sie dabei interessiert. Dies soll als beispielhafte Grundlage dienen, um Schlüsse auf ihren Entwicklungsstand zu ziehen, wie Denken, Fühlen und Wollen dabei beteiligt sind.

3.3.1 7–9/10 Jahre

Beim Schmied werden vor allem alle unmittelbaren Phänomene beeindruckend sein, die äußerlich die Sinne ansprechen. Interesse für den Prozess, wie das Produkt entsteht, ist noch kaum vorhanden. Das Kind wird erfahrungsgemäß die Schlagbewegungen nachahmen und möchte auch auf den Amboss schlagen, denn die Töne sind wohl das Eindrücklichste. Dabei ist der gleichmäßige Rhythmus sehr wichtig und lässt das 8-jährige Kind mitschwingen.

Das Kind im ersten Drittel des 2. Jahrsiebts lebt noch immer in der Nachahmung, es wird durch das Geschehen um es herum noch immer direkt mitgenommen. Es fühlt sich noch wenig individualisiert, sondern noch mehr als Teil einer Gemeinschaft, einer Gruppe, jetzt aber auf einer bewussteren Ebene als im 1. Jahrsiebt. Durch die nun entstehende Bilder-Innenwelt, die sich trennt von den äußeren Bildern, d. h. durch die im Kapitel 3.1 beschriebene wachsende Eigenwelt als Abbild der Sachwelt, beginnt sich das Kind der nachgeahmten Umgebung tagträumend gegenüberzustellen. Werden z. B. Tierwesen zur Nachahmung angeboten, können die Kinder auch innerlich mehr zu diesem Tier werden als im 1. Jahrsiebt. Dort wurde dieses Tier äußerlich nachgeahmt, bis in die genauen Töne, aber das Tier war nicht innerlich empfunden; dazu fehlte der seelische Innenraum. Das 8-jährige Kind empfindet schon etwas Löwenhaftes in sich beim Spiel. Dominierend im 1. Jahrsiebt ist der Ätherleib, die reale Bildekraft, die den Organismus aufbaut. Im 2. Jahrsiebt dominiert der Astralleib, die Empfindungs- und Gefühlsstruktur. Das Kind lebt in dieser Empfindungs- und Gefühlswelt, kann diese aber noch nicht frei handhaben. Der ins Erleben dringende Astralleib ist es, der dem Kind ermöglicht, das Löwenwesen in sich zu empfinden. Um den Löwen jedoch dramatisch gestaltend zu spielen, oder sogar einen Menschencharakter darzustellen, müsste der Astralleib befreit sein, d. h. das Kind müsste frei verwandelnd seine Gefühle lenken können, ein Prozess, der erst gegen das Ende des 2. Jahrsiebts eintritt. Die Kombination, Inhalte gefühlsmäßig zu erleben mit von außen angestoßener Nachahmung, die noch weitgehend physisch-willentlicher Natur ist, weckt im Kind dieser Altersstufe das Bedürfnis, seelisch Erlebtes träumend in die Tat, in den Willen zu bringen. War im 1. Jahrsiebt der Wille dominierend, so ist es jetzt das Fühlen. Das Fühlen, das Erleben impulsiert den Willen.

Im 2. Jahrsiebt erwacht die eigentliche Fantasie. Diese setzt willkürliche Erinnerung und freies Bildervorstellen voraus, was durch die Befreiung des Ätherleibes bewirkt wird (siehe 3.1, 2. Jahrsiebt). Nun kann das Kind diese abgerufenen Bilder, ob von selbst erscheinend oder willkürlich hervorgeholt, selber in Bewegung bringen, verwandeln und entwickeln. Dabei ist es sehr wichtig, dass das Kind in seinem Gedächtnis wesenhaft lebendige Bilder mit hintergründigem Sinnbildcharakter in sich trägt, dass seine Innenwelt märchenhaft-mythologisch durchwest und nicht in der äußerlich materiellen Vorstellung erstarrt ist. Die Fantasie hat ihre Quelle im Wesenhaften, im seelisch Lebendigen, was in steter Bewegung ist. Die physische Welt ist weitgehend von universellen Ätherkräften bewirkt; das Wirkliche, das Wirksame in der lebendig-materiellen Erscheinung ist nicht die sinnlich wahrnehmbare Materie, sondern sind die Kräfte, die diese formen, die diese bewirken. Die von lebendigen Wesenskräften impulsierte Fantasie ist die Grundlage der Schöpferkraft und Kreativität, die erst im 3. Jahrsiebt zur Reifung kommen kann, aber unbedingte Voraussetzung dafür ist (siehe Kapitel 3.4).

Die Kinderzeichnungen dieses Alters zeigen uns, dass das Kind zwar äußerliche Dinge der wahrnehmbar irdischen Welt darstellt, aber in diesen nicht die exakt beobachtete Äußerlichkeit nachbildet. Es geht um deren Funktion, so wie es die Gegenstände erlebt, wie seine Beziehung dazu ist. Fast alle Kinder zeichnen Himmel und Erde getrennt. Der Himmel ist etwas Geheimnisvolles, Überirdisches, ein Sinnbild für höhere Lebensformen, der Ort, wo vielleicht die Urgroßeltern leben. Die Zeichnung drückt nur zum Teil die eigene Wahrnehmung und Beobachtung aus. Dasselbe lässt sich auch aus der Tatsache lesen, dass die Größenverhältnisse auf den Zeichnungen unrealistisch sind. Eine Blume kann problemlos Menschen oder sogar Häuser überragen. Der Grund kann sein, dass diese im Augenblick intensiver in der Kinderseele lebt als das Haus. Zeichnet ein Kind seine Familie, ist es selber oft am größten. Auch ist noch keine räumliche Darstellung in den Zeichnungen vorhanden. Die Räumlichkeit, die drei Dimensionen des Raumes, sind Eigenschaften der rein materiellen Welt. Geistig-seelische Empfindung ist raumfrei. Die 3. Grafik zeigt diesen Umstand dadurch, dass die Linien an der Schwelle vom 1. zum 2. Jahrsiebt der geistig-seelischen Inkarnation sich mit denjenigen der physischen Vorstellung kreuzen, dass das Kind noch in zwei Welten lebt. Man kann in der Kinderzeichnung wieder lesen, dass das Tun, der Wille vom Gefühl impulsiert ist.

Nicht nur die räumliche Vorstellung ist noch nicht entwickelt, sondern auch das Zeitempfinden. Zeitangaben können noch nicht richtig eingeordnet werden. Logisches Denken vergleicht die Zeitpunkte zweier Vorkommnisse miteinander und entscheidet deren Reihenfolge und kommt so zum Schluss von Ursache und Wirkung. Ein fallender Gegenstand ist die Ursache, und das Loch im Boden ist die Wirkung. Ich erinnere mich deutlich, wie für mich bis zum 9. Lebensjahr klar war, dass ein Baum, der sich im Wind bewegt, den Wind erzeugt. Das waren nicht nur physikalische Vorgänge, sondern geheimnisvolle Lebenssituationen. Ich erinnere mich auch an die Enttäuschung, als ich entdeckte, dass ganz einfach der Wind den Baum bewegt. Das Kind dieser Altersstufe erlebt die Dinge nicht vereinzelt, sondern lebendig zusammenhängend. Das zeigt wiederum, dass das Kind noch Teil der Umgebung ist und sich noch nicht stark individualisiert, also getrennt erlebt. Im Gegensatz zum Kind des 1. Jahrsiebts hat es jedoch mehr Bewusstsein für die Vorgänge und empfindet diese deutlich in sich.

Dadurch, dass das Kind noch von der Umgebung geführt ist, hat es auch eine unmittelbare Beziehung zu den Erwachsenen. Diese sind für es die Bindeglieder zur Welt, die noch eine mythologisch-magische ist. Das Vertrauen in die Erwachsenen ist noch grenzenlos, und wenn in diesem Alter Erwachsene nicht nur vereinzelt inhaltlich, sondern generell als Personen kritisiert werden, ist dies ein Zeichen des Vertrauensverlusts. Das Vertrauen ist die beste Grundlage, Lerninhalte vorbehaltslos und freudig aufzunehmen, denn die Kinder lernen nicht nur aus Freude an den Inhalten, sondern viel mehr aus Liebe und Verehrung für die Erwachsenen. Die Kinder schauen ehrfürchtig zu den Erwachsenen auf, die bei gesunden Verhältnissen «allwissend» sind und die geistvolle, mythologische Welt in sich tragen. *Folgendes Erlebnis bestätigt dies: Ich besuchte eine zweite Klasse einer Schule in Mexiko als Begleiter und Berater der Schule. Ich sass hinter der Klasse und schrieb Beobachtungsnotizen. Plötzlich drehte sich das direkt vor mir sitzende Mädchen um und fragte mich mit staunenden Augen: «Tu eres un mago?» (bist du ein Magier/Zauberer?).* Verehrung ist ein wichtiges und typisches Merkmal des 2. Jahrsiebts. Im 1. Jahrsiebt hingegen erleben die Kinder die Erwachsenen nicht mit Verehrung, da sie mit diesen noch verbunden sind, denn die Erwachsenen sind ein Teil ihres Wesens. Sonst würden sie auf gewisse Weise sich selber verehren. Erst dadurch, dass die Kinder im 2. Jahrsiebt im Lernprozess ihre eigene Welt aufbauen und sich damit der Welt gegenüberstellen, nehmen sie auch die Erwachsenen, denen sie gegenüberstehen, bewusster wahr. Die Verehrung ist ein sehr wichtiger Entwicklungshelfer, denn die Kinder wachsen an idealisierten Menschen hoch und möchten ihnen nachfolgen. Die kritische Demontage der Lehrpersonen vor Kinderohren ist katastrophal. Man nimmt auch einen der wichtigsten Entwicklungsaspekte weg, wenn die Kinder einem programmierten Unterricht zu folgen haben, besonders durch elektronische Medien. Die Kinder werden als Gefäße behandelt, die mit Kenntnissen zu füllen sind. Dies ist ein Verrat an den heranwachsenden Menschen, da man ihnen Magie, geistvolles Erlebnis und menschliche Ehrfurcht vorenthält.

Die frei gewordene Erinnerungsfähigkeit, geschenkt vom befreiten Ätherleib, ändert die Möglichkeiten der Kinder erheblich. Sie können Bilder und Kenntnisse abrufen und zueinander in Beziehung bringen. Sie können nun komplexeren Erzählungen folgen und diese gefühlsmäßig zeitlich einordnen. Da nun die willkürliche Erinnerung erwacht, ist es der richtige Zeitpunkt, um das Gedächtnis mit lebendigen, gleichnishaften Erlebnissen und Bildern zu bereichern und den Vorgang des Erinnerns zu stärken durch Abrufung von Inhalten. Dazu eignen sich besonders Geschichten, weil der zeitliche Zusammenhang führend ist. Grundlage der zeitlichen Vorgänge ist das rhythmische System, sind alle Organe, die rhythmisch-zeitlich funktionieren. Es sind die Organe, die im Rumpf leben, wie Herz, Lunge, Leber, Nieren usw. Diese Organe sind es auch, die Träger der Gefühle sind, des Astralleibes. Misst man den Puls oder die Atmung der Kinder dieses Alters, stellt man fest, dass die Rhythmen noch nicht gleichmäßig und harmonisiert sind. Die Erziehung sollte gesundend auf den physischen, ätherischen, astralischen Organismus, auf die rhythmischen Organe, Lebenskräfte und Gefühlswelt wirken. Dies geschieht durch physische Bewegung, Erinnerung, Bildung von Gewohnheiten (was auch schon sehr wichtig ist im 1. Jahrsiebt), Geschichten, Erlebnissen usw. Dabei ist eines der wichtigsten Mittel rhythmische Tätigkeit, sei es durch rhythmische Leibesübungen oder durch regelmäßige, wiederholende Tätigkeiten zu gleichen Tageszeiten, eventuell Wochenzeiten. Das Tun, der Wille, wird in direkten Zusammenhang mit der Gefühlswelt gebracht, der Wille wird durch das Fühlen impulsiert. Man kann diese Altersperiode unter das Motto stellen: «Willentliches Fühlen».

Die irdische Welt steht unter der Schwerkraft. Kinder des 1. Jahrsiebts vermitteln den Eindruck, sie seien dieser nicht ausgesetzt. Sie laufen auf Zehenspitzen, mit den Armen in der Luft, drohen zu fallen, tun es überraschenderweise nicht, und wenn sie fallen, wirkt das sehr leicht. Im besprochenen Zeitabschnitt des 2. Jahrsiebts ist noch immer Leichtigkeit vorhanden, aber die Bewegungen haben schon irdischeren Charakter; es kündet sich leise Athletisches an. Das Athletische ist Ausdruck der Inkarnationstiefe. Auch hier zeigt sich wieder, dass die irdisch materielle Entwicklung und die geistig-seelische Individualität, die noch teilweise außerhalb des Leibes lebt, nebeneinander stehen (siehe Grafik). Das Schwerelose lebt im mythologisch Hintergründigen, das Irdische in den neuen Leibesproportionen, in der Streckung der Glieder und in der inkarnierteren, sichereren Bewegung. Die Kinder leben noch so vertrauensvoll in ihrer Umgebung, dass man von einer schwebenden Stimmung sprechen kann. Die Seele ist noch sehr gelockert, beginnt sich aber der Oberfläche des Leibes anzulehnen und damit diesen äußerlich zu ergreifen.

3.3.2 9/10–11/12 Jahre

Der Übergang vom ersten zum zweiten Drittel des 2. Jahrsiebts wird durch eine einschneidende Wandlung bestimmt. Es findet ein Inkarnationsschub statt, der die seelische Innenwelt weckt und stark ins Bewusstsein hebt. Die direkten Fäden zur Umgebung, welche die Kinder bisher von außen steuerten, werden abgeschnitten. Dadurch wird sich das Kind seiner Individualität sehr bewusst und nimmt auch die Umwelt bewusster wahr. Als Sinnbild kann man diesen Prozess als den ersten Fall aus der Allgemeinheit, aus dem Paradies bezeichnen. Es ist jedoch erst ein seelischer Fall aus dem Paradies, denn die physische Inkarnation ist noch ziemlich locker. In der anthroposophischen Literatur wird dieser Vorgang der «Rubikon» genannt, angelehnt an die römische Geschichte. Es war ein Ich-Entscheid von Julius Cäsar, den Fluss Rubikon mit seinem Heer, mit welchem er von Gallien zurückkehrte, zu überschreiten, gegen den Willen des Senats, um die eigene Hauptstadt einzunehmen. Im Vergleich zum ersten Icherlebnis des dritten Lebensjahres ist dieses erneute Icherlebnis nicht nur eine träumende Empfindung, sondern ein Inkarnationsschub des Ichs, der ureigensten Persönlichkeit. Das Kind erwacht für sich selber und entdeckt seine Eigenheit im Vergleich zu anderen Menschen. Andere Menschen werden kritischer gesehen als vorher, es wachsen eigene Meinungen gegenüber der Umwelt. Die sich aufbauende Innenwelt wird der Außenwelt entgegengesetzt und mit dieser verglichen. Dadurch werden auch Sympathie und Antipathie stärker und individueller. Auch die Erwachsenen und Erzieher werden kritischer wahrgenommen, eventuell auch zurückgewiesen. Diese Zurückweisung gilt jedoch noch weniger der erwachsenen Person an sich, ist weniger gegen den Menschen gerichtet, sondern bezieht sich vielmehr auf einzelne Eigenschaften, Gewohnheiten und Handlungen. Auf der anderen Seite sucht sich das Kind vermehrt und bewusster seine ihm entsprechenden Freundschaften aus, schließt aber auch unliebsame andere aus. Das Sympathie-Antipathie-Prinzip beginnt von innen nach außen zu wirken. Das Kind fängt nun zaghaft an, seine Unabhängigkeit zu demonstrieren und seine Zukunft selbst zu gestalten; es beginnt in sein Schicksal einzugreifen. Die Kinder erleben diese Wandlung sehr unterschiedlich. Für die einen ist es eine Krise, da das ungetrübte Vertrauen in die Welt und Mitmenschen Risse kriegt. Andere blühen dabei auf, da sie wachsende Kraft erleben und ihre Individualität durchaus genießen. Diese Entwicklung ist allerdings nicht mit der Pubertätskrise zu verwechseln, auch nicht mit der Vorpubertät. In gewisser Weise ist diese Wandlung für alle Kinder schmerzhaft, denn das Wesenhafte der erlebten Natur beginnt zu verblassen. *Eine Mutter erzählte von ihrem zehnjährigen Mädchen, dass dieses enttäuscht kommentierte: «Ich finde, dass die Wiesen nicht mehr so schön und farbig sind wie früher, und der Wald ist nicht mehr so spannend.»*

Kehren wir zur Situation beim Schmied zurück. Was spricht das Kind dieser Entwicklungsphase an, was interessiert es? Der Mensch steht im Mittelpunkt, da es den eigenen Menschen, sich selbst, vordergründiger empfindet. Wer ist der Schmied als Mensch an der Arbeit, wie ist er geartet, welche Kräfte und Fähigkeiten besitzt er? Die Beziehung zum Mitmenschen ist nun sehr wichtig. Das Kind möchte den Menschen und seine Tätigkeit sehr nah erleben und empfinden, es möchte erfahren, wie es oder er sich anfühlt. Man möchte auch den schweren Hammer schwingen. Ich habe bei dieser Gelegenheit mit Klassen erlebt, dass die Kinder gemeinsam versuchten, den Amboss zu heben, und Einzelne wollten die Oberarmmuskeln des Schmieds umfassen und schauten bewundernd auf seine Faust, die den Hammer umfasste. Das wirkliche Autoritätsalter in seiner vollsten Wirkung beginnt erst jetzt. Die Kinder können trotz möglicher Kritik grenzenlos verehren, oder gerade wegen der Kritikfähigkeit. Die Fähigkeit, Ungenügendes zu sehen, enthält das Bedürfnis, idealen Charakteren nacheifern zu wollen. Auch die eigenen Grenzen, die eigenen Unfähigkeiten fordern auf, Menschen mit hohen Fähigkeiten zu finden und zu verehren, vereint mit dem Ziel, solchen Fähigkeiten nachzueifern. Die geliebten Autoritäten sind in diesem Alter unendlich wichtig und helfen den Kindern, sich zu entwickeln und zu veredeln. Das Vertrauen in die Autoritäten und ihre Fähigkeiten ist noch sehr groß. *Ein typisches Erlebnis aus meinem Unterricht: Vor einer fünften Klasse stehend, erläuterte ich die Arbeit, die jetzt auszuführen sei. Ein Junge fragte: «Wieso müssen wir das machen?» Bevor ich darauf eingehen konnte, sagte ein Mädchen sehr bestimmt: «Weil der Lehrer es gesagt hat!» Damit war die Sache erledigt.*

Diese Entwicklungsphase ist die Kindheitsmitte, was viel mit der Mitte des menschlichen Wesens zu tun hat. Dabei ist die Mitte von Leib – Seele – Geist beziehungsweise Wollen – Fühlen – Denken gemeint. Kinder dieses Alters können sich sehr leicht in Situationen einfühlen und diese oft treffsicher erfassen. Sie empfinden Zusammenhänge mit großer Sensibilität und schöpfen aus vielseitigem Seelenreichtum. Sie erleben ihre eigene Seele als eine große Fülle von Feinheiten, mit welcher sie die Welt beobachten und erleben. Der Rubikonprozess hat die

Kinder von der Welt mindestens teilweise getrennt, und nun muss wieder eine Verbindung mit dieser stattfinden, was aber eben nicht über urteilendes, nüchtern-abstraktes Belehren geschehen kann. Die Innenwelt, die im 2. Jahrsiebt aufgebaut wird, darf nicht beziehungslos sein, denn der Mensch muss nun Verantwortung für die Welt entwickeln. Verantwortung übernimmt man jedoch nur, wenn eine Sache ein eigenes Anliegen ist, wenn man gefühlsmäßige Beziehung dazu hat. Es geht um Wertschätzung, und Wert besitzt nur dasjenige, was bedeutungsvoll erscheint. Die Wahrnehmungen, die im 1. Jahrsiebt noch Eindrücke genannt wurden, enthalten nun schon wesentlich mehr Wahrheitsanteil. Noch ist es nicht die Wahrheit, die durch logisches Ursache- und Wirkungsdenken errungen wird. Die Zusammenhänge und Rückschlüsse erscheinen wie Selbstverständlichkeiten als Einheiten. Die Kinder der Kindheitsmitte haben ein ausgesprochen «logisches Empfinden». Bevor das nüchterne logische Denken erwacht (siehe nächste Entwicklungsphase), erscheint die Logik im Bereich des Fühlens und gibt dieser einen gesunden Boden, denn es ist wichtig, dass später das Denken auf eine gesunde Empfindung für die Wahrheit gebettet ist. Dieses logische Empfinden ist eine Art Urteilsfähigkeit, welche auch gesunder Menschenverstand genannt werden darf (echte Urteilsfähigkeit entwickelt sich erst im 3. Jahrsiebt). Gesund auch darum, weil die egoistischen Interessen noch nicht wie in der Pubertät bestimmend sind. Das empfindende Urteilen ist noch wesentlich objektiver als das spätere egoistische. Diese Entwicklung ist auch Voraussetzung für das sich im 3. Jahrsiebt entwickelnde Intuitive Denken. Sehr typisch für die Zeit der empfindenden Logik ist die Tatsache, dass Kinder dieses Alters mit größtem Vergnügen Witze erzählen. Man lacht über unstimmige Beziehungen und Zweideutigkeiten. Für die Kinder ist es völlig klar, wieso man lacht, obwohl es ihnen oft schwerfallen würde, die Sache zu erklären.

Gerade dadurch, dass die Erkenntnisse im sensiblen Fühlen leben, findet Verbindung statt. Die Beurteilung der Wahrnehmungen hat ihren Ursprung im ästhetischen Empfinden. In keiner anderen Zeit der kindlichen Entwicklung ist ästhetisches Üben und Erleben so wirkungsvoll wie in dieser Altersphase. Und genau in diesem Alter kann man als Lehrperson in den Fehler verfallen, die Unterrichtsinhalte ohne erlebnishafte Bilder zu lehren, da die Kinder doch so verständnisvoll erscheinen. Dadurch verbinden sie sich nicht mit der Welt, sondern sie gehen auf Distanz, weisen sie von sich (Beispiele später im Kapitel «Geografie»). Regen wir hingegen mit Erlebnisbildern die Kinderseelen an, zeigt sich eine sprudelnde Fantasie. Die Kinder sind fähig, vollständige Geschichten selbständig zu entwickeln, indem sie aus ihren zusammenhängenden Gesamterlebnissen schöpfen und dabei ihren sensiblen Seelenreichtum benützen. Zeichnungen, die witzige Details enthalten, berichten von innerem Reichtum und Erzählfreude.

Kommen wir zurück zum Thema der Inkarnationstiefe der seelisch-geistigen Wesenheit in den Leib. Im ersten Drittel des 2. Jahrsiebts war die Rede davon, dass die Seele den Leib wie von außen berührt. Im zweiten Drittel beginnt die individuelle Wesenheit vorsichtig in den Leib einzudringen. Manchmal, in dramatischen Momenten, steckt das sich inkarnierende Kind schon tief im Leib und ergreift ihn. In anderen Phasen bleibt die Wesenheit außen, was sich in physischer und seelischer Leichtigkeit äußert. Es ist ein steter Wechsel zwischen innen und außen. Musikalisch gesprochen ist es der Wechsel zwischen Dur und Moll, hell und dunkel, außen und innen, fröhlich und traurig usw. Die Seele bedient sich dabei der Gliedmaßen, durch welche sie eindringt und austritt. Diese Phase ist die idealste Zeit, Volkstanz auszuüben, denn diese Musik hat die Tendenz, die Gliedmaßen unmittelbar zu ergreifen und zu bewegen. Zudem enthält Volksmusik genau diese leichte Stimmung, die der lockeren Inkarnationstiefe entspricht. Die seelische Beweglichkeit hat leibliche Beweglichkeit zur Folge. Kinder dieses Alters bewegen sich harmonisch ausgeglichen, einerseits fließend leicht, aber zum Teil auch schon kraftvoll. Es sind nun wirklich athletische Bewegungen. Auch die Leibesproportionen sind sehr harmonisch und athletisch und können als schön empfunden werden.

Vereinzelt vorkommende leibliche Schwere ist noch nicht entwicklungsgebunden, sondern meistens vererbt oder Zivilisationsproblematik. Dies ist die letzte Zeit, in welcher die Kinder noch kindlich-geistige, fast himmlische Eigenschaften besitzen, bevor die entschiedene Inkarnation tief in den Leib stattfindet.

Dieses Innen-Außen zeigt sich auch in der Kinderzeichnung. Die reale materielle Welt wird schon besser beobachtet und kann recht gut nachgebildet werden, was aber seine Grenzen hat. Noch fließen Dinge und Interpretationen ein, die mehr der persönlichen Empfindung als der materiellen Realität entsprechen. Die Fantasie spielt mit. Noch deutlicher zeigt es sich in der Tatsache, dass räumliche Tiefe noch nicht korrekt dargestellt werden kann. Die Kinder versuchen es zwar, indem sie z. B. das Prinzip kennen, wie ein Haus mit parallelen Linien zwei Wände zeigt, noch leben sie aber vorstellungsmäßig in der Fläche. Räumliche Vorstellung entwickelt sich erst, wenn die Seele in den ganzen Raum des Leibes eintritt, also bei beginnender Vollinkarnation.

Da die Seele und das Ich noch nicht vollständig inkarniert sind, ist das Empfinden und Denken noch nicht an nur rein physisch-materielle Fakten gebunden. Noch ist die Welt mythologisch durchdrungen, wenn auch abnehmend. Dazu zwei erlebte Beispiele:

1. Ich war mit meinem 10-jährigen Patenbub in der Abenddämmerung – es war schon fast dunkel – in einer einsamen hügeligen Berglandschaft unterwegs. Am Wegrand war die schwarze Silhouette eines Erdhöckers zu sehen. Auf die Frage des Jungen, was dies sei, gab ich witzelnd zur Antwort, das sei ein Alpenelefant. Er erschrak heftig und trieb mich an, so schnell wie möglich aus der Gefahrenzone zu gehen.

2. Mit einer Schulklasse von 11-Jährigen machte ich eine dreitägige Geografie-Exkursion in den Zentralalpen. Wir stiegen die sehr enge Schöllenschlucht hoch, die zum Gotthardpass führt, dem einst wichtigsten Alpenpass zwischen Italien und Deutschland. Als wir vor der legendären Teufelsbrücke standen, erzählte ich die Legende, wie der Teufel die Brücke zwischen den sehr hohen Granitfelswänden baute und wie er sie danach mit einem riesigen Felsbrocken zu zerschmettern versuchte, da er um den Lohn betrogen worden war. Die Kinder sahen auch den an die Felswand und auf den weiter unten liegenden Wurffelsen aufgemalten Teufel. Sie standen tief beeindruckt vor dem Ort des Geschehens, und niemand machte eine zweifelnde Bemerkung.

Zusammenfassend kann diese Entwicklungsphase unter das Motto «Sensibles Fühlen» gestellt werden.

3.3.3 11/12–14 Jahre

Der Übergang ins dritte Drittel des 2. Jahrsiebts bringt ebenfalls deutliche Veränderungen mit sich wie derjenige im 9./10. Lebensjahr. Man nennt diesen neuen Schritt des 11./12. Lebensjahres den «zweiten Rubikon». Der nun eintretende Inkarnationsprozess ist der Anfang eines Countdowns bis zur Vollinkarnation in der Pubertät. Es beginnt die Vorpubertät. Die Seele dringt nach und nach bis in die Knochen und ergreift damit das ganze Skelett. Dieser physische Inkarnationsprozess dauert ca. zwei Jahre, bis die Seele wirklich im Skelett angekommen ist. Die im Kapitel 3.1, 3. Jahrsiebt erwähnte seelische Verpuppung und Wandlung dauert vier bis fünf Jahre. Die reiche, von Erlebnissen und Beziehungen durchtränkte Seele beginnt den Leib zu ergreifen. Die Seele (Astralleib) war vor dem 2. Rubikon durch ihren Gefühlsreichtum noch «größer» als der kindlich leichte Körper. Dieser stammte in seiner Ausformung und Leichtigkeit weitgehend aus der Vergangenheit (unter Anderem der Eltern), das heißt die zukünftige individuell vollinkarnierte Persönlichkeit dominierte noch nicht die Ausformung. Die Kinder haben tiefliegende Beziehungen zur Welt und der Natur geknüpft. Die Dinge ihrer Innenwelt sind nicht nur oberflächliche Kenntnisse, sondern sie sind ein Teil von ihnen geworden. Dadurch lebt diese reiche Innenwelt im Ätherleib, in der lebensbildenden Kraft, das bedeutet in den Gewohnheiten, im Gedächtnis, auch im Unterbewusstsein. Der Ätherleib, eine Naturkraft, erhält dadurch nach dem 2. Rubikon eine neue, individuellere Seite. Senkt sich dieser Ätherleib, der die Ausformung des physisch Lebendigen bestimmt, in den physischen Leib, wächst Letzterer in die ätherische Form hinein. Dadurch erweitert und individualisiert sich der physische Leib. Dieser Umstand zeigt sich im verstärkten Längenwachstum und im Muskelaufbau, was ein Zeichen für die Landung in der physischen Welt der äußeren Realitäten ist. Dieser Fall in die Materie ist der endgültige Fall aus dem Paradies und hat leibliche und seelische Schwere zur Folge.

Durch das Längen- und Muskelwachstum und dadurch, dass die Seele stärker mit dem Leib verbunden ist, empfinden die nun Jugendlichen ihren Leib wesentlich stärker als bisher. Er wird wichtiger und will bewusst berücksichtigt, geübt und gepflegt werden. Der Leib wird nach außen zur Schau gestellt. Mädchen beginnen sich zu schminken, Jungs ist es wichtiger, durch ihre Muskelkraft zu imponieren. Der Körper soll nun echt trainiert werden auf Kraft, Schnelligkeit, Beweglichkeit, Reaktion usw. Solche Übungen sollen durchaus bewusst ausgeführt werden, um den Körper konkreter kennen und beherrschen zu lernen. Waren die Proportionen und Bewegungen vor dem zweiten Rubikon noch harmonisch und ausgeglichen zwischen Seele und Leib, zwischen außen und innen, so zerfällt nun die Harmonie durch die Dominanz des Innern. Die Jugendlichen fühlen sich in ihrer Abgeschlossenheit belastet und werden sehr unsicher, was sich in ihren Bewegungen zeigt. Das Tänzerische verschwindet. Die Bewegungen müssen nun von innen gegriffen werden, von den Muskeln und den Knochen her. Als Folge bewegen sich die Jugendlichen schlacksig, linkisch und hölzern-mechanisch. Sie wissen schlicht nicht, wohin sie mit ihren überdimensionierten Gliedmaßen sollen. Gerade in dieser Zeit der wachsenden Verunsicherung macht es Sinn, die Tätigkeit auf Objektives in der Außenwelt zu richten, so auch auf die Leibesübung, die wie eine Äußerlichkeit, eine Mechanik behandelt wird.

Dadurch, dass die Jugendlichen sich selber seelisch und physisch stärker wahrnehmen, entsteht das Bedürfnis nach Aktivitäten, die ihre Möglichkeiten und Grenzen ausloten. Es ist ein Bedürfnis nach Abenteuer. Sie möchten kämpfen, klettern, abseilen, surfen, Höhlen erforschen, unter freiem Himmel übernachten, verbotene oder unbekannte Gebiete erforschen usw. Einerseits geht es darum, bisher Bekanntes zu erweitern, andererseits Leibesgrenzen bis zum Schmerzhaften zu kennen. Auch steckt das Bedürfnis dahinter, aus der Geborgenheit der bisherigen Kindheit auszubrechen und Sicherheit zu verlassen, um selber neue Sicherheiten zu schaffen. Das heißt, man möchte selber in unerwarteten Situationen Lösungen finden. Hier zeigt sich deutlich der Schritt in die Individualisierung und auch der Vereinsamung; die Puppe beginnt sich zu schließen. Auch psychisch werden Grenzen ausgelotet. Der Reiz, Unbekanntes zu erforschen oder zu klettern, enthält das Element der Angst.

Das Spannungserlebnis Reiz – Angst enthält eine Seite der Selbstführung und Selbstüberwindung. «Wie weit ertrage ich Kälte und Hitze» hat eine physische und eine psychische Seite.

Dass ein Zusammenhang zwischen Leibesbewegung und Innerem, Seelischem besteht, ist nach dem zweiten Rubikon für die Jugendlichen eine fast schmerzhafte Realität. Werden die Bewegungen zu Gesten, wird damit Seelisches offenbart, was ihnen besonders schwer fällt. Sollen die Schüler beim dramatischen Gestalten Texte gestisch untermauern, sind ihre Bewegungen meist fast lächerlich leer. Sie müssen ihr Inneres zum Ausdruck bringen; aber dieses Innere, Persönliche ist noch so neu und ungeübt, dass es noch nicht bereit ist, sich zu zeigen (wegen Umbau geschlossen). Hier zeigt sich eine sehr starke Veränderung gegenüber der Zeit vor dem zweiten Rubikon. Die Kinder konnten noch theatralische Situationen unbeschwert nachahmend ausführen, da sie noch Teil der objektiven Welt oder wenigstens in Wechselwirkung mit ihr waren. Nach dem zweiten Rubikon fallen sie als Subjekt aus der objektiven Welt hinaus. Sie müssten nun Dramatisches aus ihrer subjektiven Empfindung heraus ausdrücken; sie müssen ihr Subjekt zu dem machen, was ausgedrückt werden soll, was erst nach und nach möglich ist. Je näher sie zur Voll-Pubertät kommen, desto eher ist es möglich, wenn auch nur unter bestimmtem Vorgehen (siehe auch Kapitel 3.4.1).

In dieser Altersphase sind die Jugendlichen auffallend empfindlich, sind rasch beleidigt oder fühlen sich angegriffen. Sie empfinden sich dauernd beobachtet und möchten sich darum verstecken. Dies ist auch wieder eine Folge der Inkarnation. Die Selbstwahrnehmung dominiert so stark, dass der Eindruck entsteht, allein und ausgestellt in der Welt zu stehen. *Folgende Situation in einer 7. Klasse (13 Jahre) zeigt dies sehr deutlich. Eine Schülerin, mit welcher ich vorher nie irgendwelche Anstände hatte, die ich während Jahren nie hatte zurechtweisen müssen, reagierte auf eine kleine Rüge sehr heftig. Obwohl es sicher die erste Rüge meinerseits ihr gegenüber war, rief sie zornig aus: «Immer ich, immer beschuldigen Sie mich!»*

Die Wahrnehmung von sich selbst ist noch so neu, dass man sich selber noch nicht wirklich kennt, man ist sich selber noch fremd. Folge davon ist große Unsicherheit. Am schrecklichsten fühlt man sich ausgestellt, wenn man wegen einer Peinlichkeit rot im Gesicht wird, denn das Blut, das sich an die Oberfläche begibt, ist der Träger des Ich, der individuellen Persönlichkeit. In keinem anderen Alter werden die Menschen so oft rot. Die Wahrnehmung ist so stark nach innen gerichtet, dass im Gefühlsbereich kaum mehr Wahrnehmung nach außen stattfindet. Aus diesem Grund können Jugendliche dieses Alters im Seelischen äußerst gemein werden und Kameraden bis ins tiefste quälen, ausgrenzen oder verleumden (mobben). Sie nehmen dabei nicht wahr, wie sie nach außen wirken respektive wie sich die Anderen fühlen. Sie sind zu sehr mit sich selber beschäftigt. Die große Unsicherheit weckt das Bedürfnis, sich an Andere anzulehnen. Die noch wankende, ungefestigte Individualität braucht Stützen neben sich, um nicht zu stürzen, wie eine Bohnenranke, die an einer Stange hochwächst. So entstehen Idole, mit denen man sich identifiziert, die zur Stange werden. Jugendgruppen geben ebenfalls Sicherheit. Im negativen Sinne kann in Jugendgruppen Meinungsterror entstehen, dass man mangels Persönlichkeitskraft nicht mehr den Mut hat, eine eigene Meinung zu vertreten. Sie unterwerfen sich Trends und Moden und leben meist unbewusst mit der Angst, selber Mobbingopfer zu werden. Solche Gruppen bilden wieder eine Gruppenseele, wie wir sie bei kleineren Kindern kennen. Hier zeigt sich, dass der Gefühlsbereich noch dominant ist und das erwachende Denken unterdrückt. Aus Unsicherheitsgründen sind diese Jugendlichen konservativ, obwohl man aus ihrem Umgang mit der modernen Welt den Schluss ziehen könnte, sie seien progressiv. In Wirklichkeit möchten sie dasselbe tun, was die anderen Jugendlichen machen, um nicht aus der Gruppe zu fallen. *Dazu ein Beispiel: Ein Mädchen dieses Alters erschien in der Klasse eines Tages mutig mit alten, flatternden, zu weiten Kleidern aus einem Brockenhaus gekleidet. Einige Tage später war die XXL-Kleiderabteilung des Brockenhauses weitgehend leergekauft. Diese Klasse galt als die «Brockiklasse».*

Betrachten wir den Jugendlichen wieder beim Schmied. Er wird sich mit größter Wahrscheinlichkeit für das Produkt, dessen Funktion und den Entstehungsprozess interessieren. Sicher ist ihm auch der Fachmann an der Arbeit wichtig, doch sein Augenmerk wird dabei auch auf die Arbeitsschritte gelenkt sein, wie geschickt er dabei vorgeht. Es ist sogar denkbar, dass sich der Jugendliche frägt, ob nicht Arbeitsschritte zusammengenommen und vereinfacht werden könnten. Mädchen könnten sich mehr nach dem Sinn des Produktes und dessen Verwendung im Sozialen fragen. In beiden Betrachtungen steckt Verstehen dahinter. Es geht um Zusammenhänge und Abfolgen, wobei das gefühlsmäßige Element noch mitschwingt. Der Schmied ist die absolute Autorität, der seine Arbeit beherrscht.

Dadurch, dass sich die geistig-seelische Wesenheit tiefer in den Leib versenkt und die physische Räumlichkeit des Leibes erfasst, erwacht in den Jugendlichen die Fähigkeit des räumlichen Vorstellens. Durch die Inkarnation erleben sich die Jugendlichen verstärkt und bewusster in ihren Gefühlen. Da diese im rhythmischen System leben, welches zeitlich-rhythmisch funktioniert, erwacht auch das Denken in Zeitabläufen. Dies ist die Grundlage des kausalen, logischen Denkens von Ursache und Wirkung. In dieselbe Entwicklungsphase fällt auch die endgültige Harmonisierung der Organ-Rhythmen, z. B. der Lungen – Herz – Rhythmus mit dem Verhältnis 1 zu 4. Das logische Denken bedient sich auch der räumlichen Vorstellung, indem Zustände verschiedener Zeiten bildlich nebeneinander gestellt werden. Dieses Denken ist vor allem geeignet, die rein physikalisch-materielle Welt zu erforschen und zu verstehen. Es liegt nun in der Sache, dass die lebendige Fantasie, die mehr aus der Empfindung schöpft, nicht vereinbar ist mit dem neu erwachenden Denken, welches kristallklar und nüchtern sein muss. Die Fantasie verschwindet im Laufe des 12./13. Lebensjahres und gerät in den geheimnisvollen Umformungsprozess der Pubertätsverpuppung.

Das neu entdeckte Denken möchte in der Welt gebraucht werden. Langsam meldet sich das Urteilsbedürfnis. Betrachtet man jedoch Urteile von Jugendlichen dieser Altersphase, stellt man fest , dass diese noch stark gefühlsbestimmt sind, und zwar nicht von Gefühlen, die aus dem ästhetischen Empfinden stammen, sondern aus der subjektiven Wunschwelt. Sind Kinder der Kindheitsmitte auf ihre universale Art noch ziemlich objektiv, so stecken jetzt, nach der Versenkung in den individuellen Leib, hinter ihren Urteilen gerne rational verpackte persönliche Wünsche. *Ein typisches Beispiel erlebte ich mit einer 14-jährigen Schülerin. Als die Reihe an ihr war, den Unterrichtsraum zu kehren, wurde sie zornig und rief aus: «Es ist doch vollkommen sinnlos zu putzen, wenn es ja wieder schmutzig wird!»* Urteile, die abgegeben werden, können auch nichts Anderes sein als kopierte Aussagen von verehrten Autoritäten. Sachgemäßes Urteilen erfordert Fähigkeiten, die erst im 3. Jahrsiebt erwachen (siehe nächstes Kapitel). Die Jugendlichen des dritten Drittels des 2. Jahrsiebts sind noch generell vom Fühlen bestimmt. Da nun die Fähigkeit des nüchternen Verstehens erwacht, kann man diese Zeit unter das Motto stellen: «Denkendes, rationales Fühlen».

Durch das Versinken in die Materie des eigenen Leibes und das erwachende logische Denken, das die physikalischen Eigenschaften und Zusammenhänge der toten Materie verstehen kann, wird die Weltanschauung der Jugendlichen in dieser Phase materialistisch. Dies kann nach außen unangenehm erscheinen, macht jedoch Sinn. Wenn die Kinder die lebendige Fantasiewelt der vorherigen Zeit genügend durchlebt haben, kann man drauf vertrauen, dass diese Werte später verwandelt wieder zum Vorschein kommen. Sie erscheinen dann im Intuitiven Denken und Erfassen in gesunder, sachlicher Weise, nachdem die nüchterne Phase des materialistischen Denkens und Handelns fruchtbar durchlebt wurde. In den Seelen der 12- bis 14-Jährigen meldet sich das Bedürfnis, die Welt mit dem logischen Verstand verstehen zu können. Man möchte wissen, das heißt es meldet sich der Wissenschaftstrieb. Man möchte verstehen, was man beobachtet und was in einem als Erlebnis in den Wahrnehmungen auftaucht und was einen persönlich beschäftigt. Ertötet rein wissenschaftlicher Erkenntnisunterricht vor dem zweiten Rubikon die gefühlsmäßig ganzheitliche Erfahrung und die Fantasie, so bildet nun dieser Unterricht die Fähigkeit aus, durch exaktes Beobachten und Schlüsse-Ziehen klar und logisch zu denken. Gerade in diesem Alter ist es wichtig, klar denken zu lernen und dabei die persönlichen, subjektiven Vorlieben, Wünsche und Interessen fernzuhalten. Das bedeutet nicht, dass der Unterricht gefühlsfrei sein soll. Die Sache kann und soll Gefühle des Staunens, Freuens, der Verunsicherung, der Rätsel usw. hervorrufen, um sich mit der Sache zu verbinden. Aber es sind nicht Gefühle der persönlichen Interessen, der Sympathie und Antipathie, sondern solche, die der Sache angehören. Die Jugendlichen dieses Alters stehen nun so in der Welt, dass die Wahrnehmungen die Wahrheiten offenbaren sollen, die in den reinen Phänomenen stecken, die ihnen durch ihre Sinne erscheinen. Darum schulen wir ihr logisches Denken nicht, wenn wir ihnen wissenschaftliche Theorien vorlegen. Es geht darum, qualitative Zusammenhänge zu erfahren und selber aus der Beobachtung zu Wahrheiten vorzudringen.

Das Interesse an der Technik erwacht, was bei Knaben stärker zu beobachten ist als bei Mädchen. Sie handhaben Apparate mit erstaunlicher Selbstverständlichkeit ohne Erklärungen und schlüpfen oft ziemlich unbewusst, manchmal schlafwandlerisch, in die Logik der Funktionen und Abläufe hinein. Sie sind dabei meistens viel schneller als die Erwachsenen, die jeden Schritt genau verstehen müssen, während die Jugendlichen jeweils gleich mehrere Schritte aufs Mal erfassen. Viele Jugendliche beginnen mit technischen Basteleien, z. B. eine Läutevorrichtung im Haus für sie persönlich. Ich baute zum gleichaltrigen Jungen im Nachbarhaus eine Minischwebebahn, um Botschaften und Gegenstände zu transportieren. Um aktiv technische Produktionen funktionstüchtig zu gestalten, muss nun die Logik detailliert verstanden werden. Gerade darin steckt der Reiz solcher Tätigkeiten. Solche Aktivitäten haben (im Gegensatz zur nächsten Entwicklungsphase) einen noch spielerischen Charakter, denn sie entstammen der Gefühlswelt, in der die Jungen noch grundsätzlich leben. Neuentdeckte Fähigkeiten werden mit Freude erprobt, um deren Wirksamkeit sich selber zu beweisen. «Denkendes Fühlen» ist die treibende Kraft.

Es ist noch zu bemerken, dass sich viele der obigen Beschreibungen in der nächsten Altersetappe 3.4.1 fortsetzen.

Die Farbgebung der 3 Jahrsiebte in der Grafik und diejenige der drei Phasen des 2. Jahrsiebts zeigen dieselbe Reihenfolge: rot – gelb – blau, Wollen – Fühlen – Denken. Das erste Drittel hat eine Beziehung zum 1. Jahrsiebt, zur Vergangenheit, zum Nachahmungsalter, das auf neuer Stufe eine Wiederholung bedeutet. Das zweite Drittel repräsentiert die

Gegenwart, das Momentane und ist der typischste Zustand des 2. Jahrsiebts. Das dritte Drittel ist wie eine Vorschau in die Zukunft der Entwicklung, indem sich neue Fähigkeiten ankündigen, die erst später zur freien Entfaltung kommen (siehe 4. Grafik).

3.4 Entwicklungsphasen des 3. Jahrsiebts

3.4.1 14–16/17 Jahre

Gewisse Entwicklungsschritte wie der Ich-Einschlag im 3. Lebensjahr, die Schulreife im 7. Lebensjahr und der 1. Rubikon im 9./10. Lebensjahr haben Tendenzen von überschießenden inkarnierenden Pendelschlägen. Die neue Fähigkeit drängt sich übertrieben in den Vordergrund und kann dadurch zu einer Krise werden. Danach legt sich der Aufruhr wieder, es harmonisiert sich das Neuerworbene mit den alten Eigenschaften. Diese Entwicklungsmomente bringen etwas Neues in das Bekannte. Die Pubertät dagegen ist ein sehr langer, vier- bis fünfjähriger einschneidender Prozess, der das 2. Jahrsiebt ins 3. Jahrsiebt überleitet. Dabei erscheinen nicht nur einzelne neue Fähigkeiten, sondern es handelt sich um eine komplette Umformung von Leib, Seele und Geist, von Wollen, Fühlen und Denken. Deswegen sind in gewisser Weise das dritte Drittel des 2. Jahrsiebts und das erste Drittel des 3. Jahrsiebts eine Einheit. Die Veränderungen gehen weitgehend in der «Schmetterlingspuppe» vor sich und sind deswegen gar nicht so leicht interpretierbar. Viele Verhaltensweisen bleiben in beiden Phasen gleich. Das Hervorstechendste ist die Tatsache, dass die Jugendlichen mit sich selber beschäftigt sind und die Welt durch die subjektive Brille beurteilen. Jedoch gerade die Urteilsfähigkeit zeigt einen Wandel. Die Urteile, die gegen das Ende des 2. Jahrsiebts gefällt wurden, waren weitgehend Gefühlsurteile im Dienst persönlicher Bedürfnisse, Sympathien und Antipathien, oder sie sind übernommen. Im 3. Jahrsiebt erwacht wirkliches persönliches Urteilen oder mindestens die Möglichkeit dazu. Grund dafür ist die Geburt respektive Befreiung des Astralleibes. Die innere Gefühlswelt wurde im 2. Jahrsiebt geformt und veredelt und somit die Ästhetik ausgebildet. Durch die Geburt respektive die Befreiung des Astralleibes wird der Jugendliche des

3. Jahrsiebts zum möglichen Gebieter über seine Gefühle. Er kann nun lernen, seine Gefühle frei zu beobachten und zu beeinflussen. Dies ist die Grundlage der Kreativität, die wie schon beschrieben umgeformte Fantasie ist. Unfreier Astralleib, noch teilweise außerhalb des Leibes schwebend → Fantasie von außen zugeflossen (jedoch innerlich erlebt); freier Astralleib, bewusst im Innern tätig → Kreativität. Die Urteilsfähigkeit steckt ebenfalls im Astralleib. Das Kind trägt schon sehr früh Urteile über die Welt in sich, z. B. «das ist ein Apfelbaum», Urteile, die einen träumenden Charakter haben. Da die Jugendlichen ab dem 3. Jahrsiebt frei mit ihrer Seele umgehen können, ist es möglich, Situationen zu beurteilen, z. B. einen Verkehrsunfall, indem man Abläufe folgerichtig vor sich hinstellt und mit den Regeln des Verkehrs vergleicht. So ist es in diesem Alter möglich, komplexe Kausalketten durchzudenken, ohne dass sie den Überblick verlieren. Noch ist die Subjektivität während der Pubertät nicht überwunden, noch spielt gerne Sympathie und Antipathie in eine Beurteilung hinein. *Ein typisches Erlebnis mit einem 16-jährigen Schüler: Anlässlich eines Gesprächs betreffs Beziehung zwischen LehrerInnen und SchülerInnen ereiferte er sich und vertrat mit Vehemenz die Ansicht, dass LehrerInnen per Definition Diktatoren seien, was aus Antipathie verurteilend gemeint war.* Rein äußerlich gesehen und als direkter Schluss stimmt das durchaus; wir «diktieren» ja oft Texte. Dieses Urteil entstammte aus einem kurzen Schluss und darf «Kurzschluss» genannt werden. Das sorgte beim Schüler dafür, dass er den Kontakt zu entsprechenden LehrerInnen abschnitt, so wie es auch ein elektrischer Kurzschluss macht, indem er den Kontakt zu den Apparaten unterbricht. Aber es ist in diesem Lebensabschnitt möglich, durch Anleitung ganz sachlich zu werden und einen Überblick über die Zusammenhänge zu verschaffen, was in diesem Fall möglich war. Ebenfalls typisch war, dass dies für mich möglich war, da ich von einer anderen Schule kam und noch nicht auf persönliche Antipathie stieß. Es bedeutet, dass die Jugendlichen ihre subjektiven Gefühle zurückdrängen müssen, was eben durch die Befreiung des Astralleibes möglich ist. Mit dieser Möglichkeit und durch Übung beginnt die Selbsterziehung und ist Teil der Metamorphose in der Pubertätspuppe.

Wie beschrieben, fühlen sich Pubertierende wie seelisch nackt und verstecken sich am liebsten. Um sich nicht wertlos fühlen zu müssen, setzen viele Jugendliche als Ausgleich eine Maske auf und spielen auf «cool». Die Maske ist oft ein «Pokerface», womit sie zeigen möchten, dass sie nichts berührt, dass sie über allem stehen. Dies ist ein Schutz der eigenen Seele, der inneren Bewegungen, die auf keinen Fall offenbart werden. Beim Theaterspielen zeigt sich dies sehr deutlich. Soll man eine Personenrolle darstellen, muss vor allem das Seelische dieser Person zum Ausdruck gebracht werden, und zwar detailliert und dynamisch. Durch die Befreiung des Astralleibes ist es grundsätzlich möglich, das entsprechende Seelische in sich selber wahrzunehmen und handzuhaben. Verlangt man nun von SchülerInnen, dass sie das Seelische auf Anweisung darstellen, z. B. eine Lüge so zum Ausdruck zu bringen, dass die Falschheit sichtbar wird, stößt man meistens auf Ratlosigkeit. Wenn man als Regisseur den entsprechenden Satz gestisch und mimisch auf verschiedene Weise vormacht, können Jugendliche sofort beurteilen, welche Variante stimmt. Damit hat der Regisseur in der Seele des Jugendlichen die entsprechenden Gefühle geweckt, was ihnen meistens ermöglicht, gleich hineinzuschlüpfen, denn eine Geste wirkt nur dann echt, wenn das entsprechende Gefühl im Interpreten vorhanden ist. Dieser Prozess ist beim Jugendlichen des 3. Jahrsiebts leichter anzustoßen als in der Vorpubertät. Voraussetzung ist auch, dass die Zusammenhänge durchschaut werden, dass Zeitfolgen und seelische Zusammenhänge klar erfasst sind.

Ein wesentlicher Grund, mit Pubertierenden zu schauspielern, besteht darin, sie aus ihrem Schneckenhaus zu locken. Verbinden sich die SchauspielerInnen mit fremden Charakteren, sensibilisieren sie sich einerseits für die Wahrnehmung anderer Menschen, andererseits greifen sie in ihren Astralleib ein und beginnen dadurch mit dem Selbsterziehungsprozess. Die Welt dreht sich nicht nur um sie selbst, sondern es beginnt die Befreiung von der eigenen Subjektivität (siehe Kapitel 5 «Erziehung zur Freiheit»). Sich mit einem fremden Charakter zu verbinden oder diese Person echt zu sein, beinhaltet jedoch eine Gefahr. *Dies erlebte ich als Regisseur bei drei Schülertheatern. Ich arbeitete mit den SchülerInnen jeweils sehr intensiv daran, die dargestellte Person wirklich überzeugend darzustellen. Die Probleme entstanden typischerweise bei Hauptrollen, da diese über jeweils lange Zeit nicht sich selbst waren, sondern in fremden Schuhen steckten. Da die Darstellenden ihre eigene Persönlichkeit noch nicht genügend gefestigt hatten, verloren sie sich und kippten gewissermaßen aus sich selber hinaus.*

Fall 1: Ein Mädchen stieg so tief in eine tragische Situation hinein, dass ihr bei einer Aufführung echte Verzweiflungstränen in die Augen traten. Sie fand kaum mehr aus der Situation 'raus, konnte sich zwar während der restlichen Vorstellung noch halten, weinte aber danach weiter und musste aufgebaut und zurückgeholt werden.

Fall 2: Ein Junge spielte eine sehr unsympathische, herrische, verhasste Person. In der Pause kam er verstört zu mir, er wisse nicht mehr, wer er selbst sei, und könne seine Texte nicht mehr finden, er könne nicht mehr spielen. Zum Glück waren alle Rollen doppelt besetzt und so konnte die Aufführung mit dem anderen Schüler beendet werden.

Fall 3: Ein sehr starkes Mädchen kam ebenfalls in der Pause weinend von der Bühne, sie könne nicht mehr spielen. Alle Beruhigungsversuche ihrer Mitschülerinnen fruchteten nichts. So traute ich mich, sie wortlos in die Arme zu nehmen (was doch ein Lehrer nicht darf!?), und nach kurzer Zeit beruhigte sie sich und sagte, nun gehe es wieder.

Es wurde mir erst später bewusst, dass ich die erst ins Selbstbewusstsein tretenden Persönlichkeiten nicht genügend respektiert hatte, dass es Grenzen gibt, wie stark in ihren Seelen gewühlt werden darf. Der dritte Fall zeigt, dass die Klassenkameradinnen nicht den notwendigen Halt geben konnten, weil sie selber aufgewühlt waren. Durch meine Präsenz konnte sie sich wieder inkarnieren. Für die Schülerin war das wie eine Rückführung in das Autoritätsalter der Kindheitsmitte. Sie kam wieder zu sich durch das große Vertrauen in ein aufrichtendes, freies Ich. Bei diesem Mädchen war der Vorgang besonders deutlich, denn sie stieß sonst die Erwachsenen auffallend stark zurück, um ihre kräftige Persönlichkeit zu befreien.

Im Kapitel 3.1 wurde ausgeführt, dass Jugendliche im 3. Jahrsiebt, in welchem vorerst Vereinsamung und Suche nach der eigenen Persönlichkeit stattfindet, sich nicht mehr nur von Autoritäten führen lassen, dass sie die eigene Autorität entwickeln müssen und sie im eigenen Denken finden sollen. Gesetze und Regeln werden als ein einschränkendes Korsett empfunden. Da die Bedürfnisse oft noch stärker sind als die Einsicht, übertreten sie locker Regeln. Die Jugendlichen wollen ernst genommen werden und mindestens mitentscheiden. Darum beginnt im 3. Jahrsiebt die Vereinbarungspädagogik, das heißt, dass Zöglinge und Erziehende Regeln miteinander entwickeln. Selbstverständlich gibt es allgemeine Gesetze, die nicht angezweifelt werden sollen. Es macht höchstens Sinn, solche im Gespräch zu begründen. Es macht keinen Sinn, im Straßenverkehr links fahren zu wollen. Wenn es aber um interne Familienregeln geht, ist es sinnvoll, zusammenzusitzen und Lebenssituationen und deren Auswirkungen auf das Umfeld zu besprechen. So kann man Regeln finden, mit welchen alle aus Einsicht einverstanden sind. Ich betone hier bewusst «aus Einsicht», denn wenn man sich z. B. geeinigt hat, um welche Zeit man vom Ausgang nach Hause kommt, kann es trotzdem passieren, dass es nicht eingehalten wird. Der Grund ist wieder, dass das momentane Bedürfnis stärker ist als die Einsicht. In diesem Moment soll die abgemachte Regel Folgen haben, die fast sicher, wenn auch knurrend, akzeptiert werden, weil man in den Prozess einbezogen war. Darum ist es auch sinnvoll, zum Voraus schon die Folgen des Übertritts gemeinsam festzulegen. Hier geht es um Ursache und Wirkung, um die Logik des Denkens, die schon vorgebildet ist. Solche Prozesse sind im 3. Jahrsiebt sehr wichtig; sie haben mit der Selbsterziehung zu tun. Ein großes Ziel der Selbsterziehung ist, die Fähigkeit zu entwickeln, aus Einsicht zu handeln und nicht nur aus organischen oder seelischen Bedürfnissen. Hinsichtlich der Selbsterziehung müssen die Jugendlichen erzogen werden, indem die Erwachsenen sie auf dem Weg der Selbsterziehung begleiten.

Das vorherrschende kausal-logische Denken dominiert diese Altersphase noch mehr als die vorherige und will jetzt noch deutlicher zur Anwendung kommen. Die Welt wird jetzt noch konsequenter nur logisch beurteilt. Dieses Denken ist vor allem auf die äußerlich wahrnehmbare Welt gerichtet (und natürlich auch auf sich selber) und gaukelt dadurch vor, dass es nichts anderes gibt als diese Welt. Die Jugendlichen sinken jetzt noch stärker in die materialistische Weltanschauung. Dabei entwickeln sie die Fähigkeit, sehr exakt, vielleicht sogar starr auf Details und Funktionen zu schauen und diese genau zu verstehen. Das

Denken ist mechanisch, das Eine folgt aus dem Andern. Dadurch vertieft sich das technische Interesse. Hatte die technische Bastelei in der vorhergehenden Phase noch spielerischen Charakter, so wird das Interesse ernster, realer, nützlicher. Das rationale Nützlichkeitsdenken wird zum Lebensmotto. Was man tut und lernt, soll im Alltagsleben direkt anwendbar sein. Das neu erworbene logische Denken verdrängt das gesunde Empfinden für Lebensprozesse, für komplexe Forderungen des Lebens. Das ist auch die Problematik, wie heute Biologie betrieben wird. Man beschreibt Lebensvorgänge als bloßen Mechanismus. Grundlage der Erkenntnis ist das rein logische Denken, welches auch mechanisch ist. Dabei ist den ForscherInnen jedoch kaum bewusst, dass sie nur die Wirkungen kennen, aber nicht die grundlegenden Ursachen, welche oft nicht einfach mechanisch-logisch zu finden sind. Die mechanischen Ursachen und Wirkungen in sich werden gefunden, aber zum Beispiel nicht die Ursache, wieso eine Blume genau diese Form und Farbe hat und woher die Kräfte der Formung und des Wachstums kommen. Damit sind wir noch weit weg vom Verständnis des Lebens. Das zeigt sich auch in der Medizin. Durch den Eingriff in die Mechanik der Lebensvorgänge können viele Krankheiten geheilt werden, was durchaus ein großer Fortschritt ist. Aber Praktiken, die den Menschen gesamtheitlich behandeln und versuchen, die echten Lebensvorgänge anzuregen, führen noch ein Nischendasein.

Die Sensibilität sinkt im Nützlichkeitsdenken in die Dunkelheit der Schmetterlingspuppe, in die Metamorphose. Die Beurteilung von Unterrichtsfächern lautet etwa so: «Mathematik kann man brauchen, Geografie kann nützen, um sich beim Reisen zu orientieren, Geschichte ist fragwürdig, da man sie bei der Arbeit kaum braucht, Fremdsprachen sind zum Anwenden im Ausland sinnvoll, Malen macht eigentlich keinen Sinn, da man später kaum malen wird, Eurythmie (in der Waldorfschule) ist totaler Unsinn und verlorene Zeit usw.» Der Sinn für indirekte Wirkungen, für die Schulung der Sensibilität, der vernetzten Wahrnehmung usw. existiert nicht. Man sieht jeweils die nächstliegende Wirkung einer momentanen Ursache. *Dazu ein kleines, aber durchaus aussagekräftiges Erlebnis in meinem Unterricht. Eine pubertierende Klasse kam aus dem Eurythmieunterricht zurück ins Klassenzimmer. Die Klasse war aufgebracht und schimpfte zornig über diese «sinnlose» Tätigkeit. Es ging um den fehlenden Nutzen, um die Anwendbarkeit. Ich erklärte mich einverstanden, alles «Nutzlose» im Unterricht abzuschaffen. Bei der Betrachtung weiterer Unterrichtsfächer wie Malen, Geschichte usw. einigten wir uns, dass auch hier die Nützlichkeit und Anwendbarkeit im äußeren Leben sehr fragwürdig ist, und es wurde klar, dass die meisten Lehrfächer «sinnlos» sind. Also könnte man auch diese abschaffen. Es sollte gerade eine Mathematikstunde stattfinden. Ich fragte die Klasse, ob Mathematik Nutzen habe, was selbstverständlich bejaht wurde. Wir waren gerade im Prozess, die Operation des Wurzelziehens zu erarbeiten. Ich fragte, ob auch diese Tätigkeit von anwendbarem Nutzen sei, was auch bejaht wurde. Nun gab ich auf den nächsten Tag die Hausaufgabe, die Eltern zu befragen, wer einmal nach der Schulzeit von Hand eine mathematische Wurzel gezogen habe, und ich wollte eine Unterschrift dieser Person. Am nächsten Tag bat ich um die Abgabe dieser Unterschriften. Selbstverständlich hatte niemand Erfolg, denn wer hat schon keinen Rechner, falls dieser ausnahmsweise einmal zum Ziehen einer Quadratwurzel nötig gewesen wäre. Aber auch das hatte niemand gebraucht. Also schlug ich vor, diese Arbeit zu streichen. Als ich fragte, ob die Klasse einverstanden sei, meldete sich eine Schülerin, sie möchte weitermachen, denn es sei interessant.* Aha, es geht also nicht um die direkte Anwendbarkeit, sondern um die Entwicklung innerer Fähigkeiten. Intellektuell verstanden alle SchülerInnen den Sinn der Eurythmie, und die Wirkung hielt ca. 2 Wochen an. Dann ging das Geschimpfe wieder los, dass Eurythmie unsinnig sei. Die Jugendlichen konnten nicht über ihren Schatten des Entwicklungsstandes springen. Ihr direktes Nützlichkeitsdenken hat eine Tendenz zur Realisierung, zum «Realen», es drängt zum Willen. Diese Entwicklungsphase steht darum unter dem Motto «Willentliches Denken».

Diese Phase des für das spätere Leben notwendigen Absteigens in die Materie und den Materialismus erdet den jungen Menschen. Das mythologische Empfinden der früheren Kindheit muss eine Zeitlang vollkommen untertauchen. Nur so kann sich das nüchterne, kristallklare Denken entwickeln, ein Denken, das unzweifelhafte Beweise erbringen kann. Würde Mythisches weiter mitschwingen, verlöre man den Boden der Klarheit, und man könnte sich gegenseitig nicht mehr verstehen, denn jede Person erlebt Mythisches individuell. Gerade das ist das Interessante, dass in einem Alter, in welchem man subjektiv vereinsamt, auf der anderen Seite ein absolut objektives Denken entwickelt wird. Damit wird man wieder ein Glied der Gemeinschaft, da man sich im Objektiven finden kann. Wenn sich Jugendliche dieser Altersphase meditativen Praktiken verschreiben, wenn sie in spiritistisch-mystischen Gruppen oder Sekten einsteigen, wenn sie Gurus um sich haben, ist das kontraproduktiv und ernsthaft gefährlich. Sie finden nicht genügend zu sich und drohen den Boden der Realität zu verlieren, mit Tendenz zu Schizophrenie. Ich kann von Fällen berichten, in welchen Jugendliche deswegen in die psychiatrische Klinik eingewiesen wurden.

Die Inkarnation der Seelisch-geistigen Individualität erreicht in dieser Phase den Tiefpunkt. Die Seele versinkt im Leib und droht sogar unterzugehen. Daher stammt die Gefahr, den Forderungen des Organismus zu erliegen. Die erwachte Sexualität kann dominieren, Süchte wie Rauchen, Alkohol und Drogen gewinnen schnell Oberhand. Meistens ist der Gruppendruck das Tor zu den Suchtmitteln, und sehr rasch ist es der Organismus, der sich an die Mittel gewöhnt und dadurch weiteren Konsum fordert. Unterstützt wird die Organforderung durch die Erfahrung, dass der Konsum seelisch erleichtert. Dies ist eine Gegenkraft zum Eintritt in das Denkalter, denn die Jugendlichen erfahren, dass es eine oft nicht sehr gemütliche Anstrengung ist, die Welt denkend zu erfassen und sein Handeln sogar danach zu richten. Man möchte vergessen und wegdriften, man möchte sich wie in der vergangenen Kindheit wieder hingeben. Der Körper wächst in die Schwere, und physisch werden die Mädchen Frauen, die Jungs Männer; aber seelisch müssen sie zusätzlich innere Fähigkeiten entwickeln, um damit umgehen zu können. Auf der anderen Seite wächst auch die Muskelkraft und damit das Bedürfnis, diese zu erleben oder sogar auszuleben. Viele Jugendliche beginnen in diesem Alter mit intensivem Sporttraining. Das macht Sinn, denn in der Zeit der Leibesschwere meldet sich auch eine seelische Schwere, was sich in Willenslähmung und Phlegmatik äußert. Der Sport ist Willensschulung und deswegen gerade jetzt erzieherisch. Das Bedürfnis, Abenteuer zu erleben und damit an die Leibes- und Seelengrenzen vorzudringen, gehört zur ganzen Pubertätszeit.

Das wissenschaftliche Interesse, welches im 12. Lebensjahr seinen Anfang nimmt, setzt sich in der besprochenen Lebensphase verstärkt fort. Durch die Vertiefung des kausalen Denkens, durch die Möglichkeit, ganze Kausalketten zu denken, entsteht fast von allein das Bedürfnis, Wahrnehmungen zu analysieren, oder auch den Zusammenhang von Wahrnehmungen zu synthetisieren. Die Frage «warum» wird zur steten Begleiterin. Das kausale Denken macht im Laufe der Pubertätszeit eine Wandlung durch. Vorerst lernt es erst, einmalig Ursache und Wirkung direkt zu verbinden, was noch unmittelbar mit dem freudigen Erleben verbunden ist. Es hat sich noch nicht vom Gefühl gelöst. Die Trennung von begleitendem Gefühl und reiner Logik ist ein Prozess, der im 3. Jahrsiebt einsetzt. Die Fähigkeit, Überblick über Kausalketten zu erlangen, steigert sich zunehmend. Die Zusammenhänge sind anfangs der Zeit des willentlichen Denkens jedoch noch *qualitativer* Art. Eine Kausalkette als Beispiel: Wenn ich im unter Druck stehenden Dampfkochtopf den Deckel abkühle, zieht sich durch die Abkühlung der Dampf zusammen und kondensiert schließlich. Die Kondensation bewirkt eine starke Volumenverringerung, daraus folgt Druckabfall, was schließlich zum Vakuum führt. Folge des Vakuums ist, dass der Siedepunkt sinkt, was wiederum heftiges Sieden zur Folge hat usw. Die Frage interessiert noch wenig, wie hoch die Drücke *quantitativ-mathematisch* sind. Gegen das Ende der Entwicklungsphase von 14 bis 16/17 Jahren steigert sich die Fähigkeit des überblickenden Denkens, so dass Zusammenhänge auch *quantitativ*, also mathematisch verstanden werden können. Dadurch wird es möglich, mathematisch-analoge Gesetze zu entdecken und zu formulieren. Dies bedeutet gesteigerte Abstraktionsfähigkeit. Abstraktion heißt, sich von der Materie zu trennen und rein theoretische Gedanken zu entwickeln. Damit beginnt eine Trennung von sich selbst, von seiner Wunsch- und Interessenwelt, von der sinnlichen Welt und vom reinen Nützlichkeitsdenken. Das theoretische Denken erwacht. Diese neue Denkfähigkeit kann meiner Erfahrung nach bei den Jugendlichen

Begeisterung auslösen; sie erscheinen gereifter und ruhiger. Dadurch kündet sich die neue Phase der Mitte des 3. Jahrsiebts an.

3.4.2 16/17–18/19 Jahre

Dass Jugendliche dieses Alters wieder sensibel sind, zeigt sich darin, dass ihre Urteile vorsichtiger und differenzierter werden als während der Pubertät. Das auf das materielle Leben fokussierte vordergründige Nützlichkeitsdenken tritt zurück und macht einer Feinfühligkeit Platz. Das Empfinden und Denken wird vernetzter, und man beginnt Verständnis zu entwickeln für indirekte Wirkungen von schulischen Lerninhalten. Eurythmie ist nicht mehr sinnlos, sondern fördert in vielseitiger Art Raumeswahrnehmung, bewegte Vorstellung, welche unter Anderem bei geometrischen Konstruktionen benötigt wird, soziale Wahrnehmung und Rücksicht, Verständnis für die Sprache respektive Beziehung von Sprache und Bewegung, von Musik und Bewegung, allgemein intuitiv Zusammenhänge zu erleben. Es ist ganz einfach künstlerisch, also einheitlich. Die Einheitlichkeit des unbewussten Erlebens der kleineren Kinder wird wieder empfunden durch synthetisierende Gedanken, welche die Einheit herstellen. Das ist nur durch Intuitives Denken möglich, denn der Gefühlsanteil ist es, der die Beziehungen aufblitzen lässt. Hier sieht man wieder die Spiegelung der Entwicklung, die Wiederholung auf bewussterer Ebene.

Eine andere Metamorphose ist diejenige von Idolen zu Idealen. Haben Jugendliche Idole, wenden sie sich unkritisch nach außen; Ideale kann man nur mit seinem Denken in sich entdecken. Dies ist eine interne Metamorphose in der Schmetterlingspuppe, innerhalb der Pubertätszeit. Es ist eine Spiegelung nah am Spiegel der 14 Jahre (siehe Kapitel 4.2). Das Idolwesen beginnt in der Vorpubertät, mit ca. 12 Jahren, als Ersatz für die eigene Unbeholfenheit. Kleinere Kinder, die im Alter der Autorität und Nachfolge stehen, haben nicht Idole, sondern Verehrung für Menschen mit großen Fähigkeiten. Es lässt sich die Spiegelung von individueller Menschenverehrung zu Idealen ablesen, denn Ideale haben wieder mit dem allgemeinen, höher entwickelten Menschen zu tun. Die Ideale, die in der zweiten Phase des 3. Jahrsiebts entwickelt werden, sind eine Spiegelung der Kindheitsmitte, der zweiten Phase des 2. Jahrsiebts.

Dies ist eine parallele Spiegelung zur Fantasie, die Kreativität wird. Solche Werte sind von den eigenen subjektiven Bedürfnissen unabhängig. Sie sind aber auch nicht nur Resultate von nüchternem logischem Denken, sondern sie haben Beziehung zum gesunden Menschenverstand, welcher rein empfindungsmäßig schon in der Kindheitsmitte lebte. Sie sind auch impulsiert von ethischen Empfindungen, was gut und schlecht ist. Hier zeigt sich eine Verbindung zum 1. Jahrsiebt, wo weitgehend der Maßstab der Moral gebildet wurde (siehe «Entwicklungsphasen des 1. Jahrsiebts»). (Weitere Spiegelungen siehe Kapitel 4.2.)

Sei es Kreativität, sei es Intuitives Denken, sei es Idealismus; das Denken verbindet sich mit dem Fühlen. Man kann diese mittlere Phase des 3. Jahrsiebts unter das Motto stellen: «Empfindendes Denken». Was jedoch hinter allem steht, ist die eigene Persönlichkeit, das Ich. Der junge Mensch stellt sich überzeugt hinter sein Handeln, Sprechen und Denken. Das Ich inkarniert sich nun stärker und leuchtet im Fühlen und Denken auf, ist aber noch durch einen feinen Schleier verdeckt. Durch die schon starke Nähe des eigenen Ich und das noch stärkere Erlebnis der eigenen kraftvollen Denk- und Wahrnehmungsfähigkeit entsteht in vielen Fällen ein Problem. Sympathie und Antipathie sind Geschwister der fühlenden Wahrnehmung und Verarbeitung. Bei dem Intuitiven Denken beobachtet man seine Gefühle von außen, aus der Distanz seines Ich. Es ist jedoch nicht einfach, subjektive Sympathie und Antipathie fernzuhalten. Es tritt gerne Sympathie für die eigenen Gedanken auf. Vor allem Jugendliche, die noch stärker in den Gefühlen und Ideen leben, beobachten ihre Gefühle oft nicht aus objektiver Distanz, sondern versinken wie Pubertierende in diesen. Sie bilden subjektive Meinungen und sind überzeugt, dass ihre Ideen und Gedanken unfehlbar seien. Dies kann ein Grund für die Vehemenz sein, mit welcher sie sich manchmal darstellen. Sie sind dann nicht mehr offen für andere Gedanken, sondern in ihrer Seele blockiert. Solche Blockaden kann nur ein Ich lösen, sei es ein anderes oder das später endgültig sich befreiende eigene Ich. Das nach außen tretende Symptom für diese Gefahr ist oft aufdringliche Arroganz. Diese Problematik ist vermehrt bei weiblichen Jugendlichen zu erleben, was mit ihrer reicheren Empfindsamkeit zusammenhängt.

Diese Gefahr bleibt oft auch bei erwachsenen Menschen erhalten und zeigt sich darin, dass sie nicht frei von sich werden und ewig nur mit sich selbst beschäftigt sind. Sie bleiben stets nahe an der Pubertät, weil sie die subjektive Brille nicht ablegen können. Oft ist dies dann der Fall, wenn das Intuitive Denken nicht wirklich gebildet wurde, oder dass schon im 2. Jahrsiebt die Fantasiezeit kaum existierte (was Grundlage des Intuitiven Denkens ist).

Hier ein typisches Beispiel aus der Arbeit mit Jugendlichen. Bei der Regiearbeit anlässlich von Schülertheatern machte ich immer wieder dieselbe Erfahrung: Jugendliche bis ca. 16/17 Jahre waren wesentlich leichter anzuleiten als danach. Die Älteren entwickelten durch ihr Intuitives Denken eigene Urteile, wie sie eine Sache seelisch stimmig darstellen wollten, was auch sinnvoll ist. Dabei musste man oft um die sachgerechte, der Situation entsprechende Interpretation ringen, wenn Sympathien oder Antipathien die objektive Intuition beeinflussten. *Zwei junge Frauen spielten dieselbe Rolle, und zwar den Charakter einer pessimistischen, giftigen, angriffigen, sogar bösartigen Person. Ich beschaffte für diese Rolle ein strenges, dunkles Deux-Pièce-Kostüm. Sie gefielen sich nicht darin und wollten unbedingt ein luftiges, helles Sommerkleidchen tragen. Ich hatte keine Chance, sie von der künstlerischen Unstimmigkeit zu überzeugen, sie waren blockiert. Erst als bei der Hauptprobe eine Schulmutter, die als Maskenbildnerin mitarbeitete, die beiden fragte, ob es ihnen ernst sei, mit diesem unstimmigen Fähnchen diese Rolle zu spielen, löste sich die Blockade. Es brauchte den Anstoß eines anderen Ich dafür.*

In keinem anderen Entwicklungsalter schauen die Menschen so tief beobachtend in sich hinein. Man ist somit stark mit den innerlichen Bildern beschäftigt, welche Grundlagen zur Beurteilung von Wahrnehmungen sind. Dies hat einen Gegenwartsbezug. «Empfindendes Denken» ist als Tätigkeit gegenwärtig, auch wenn der Inhalt z. B. beim Suchen von Idealen zukunftsgerichtet ist.

3.4.3 18/19–21 Jahre

Diese Phase kommt dem Erwachsenenleben schon sehr nahe. Die Veränderung gegenüber der vorherigen Phase ist nicht vordergründig, sie ist subtil. Die Individualität ist noch stärker zu spüren als in der letzten Phase. Diese Zeit ist zukunftsgerichtet und geprägt von der Suche nach dem Sinn des Lebens, vor allem nach dem Sinn und Ziel des eigenen Lebens. Was möchte die Welt von mir, was sind meine Möglichkeiten in dieser Welt? Wer bin ich wirklich, was interessiert mich, womit möchte ich mich in der Zukunft beschäftigen? Die Schicksalsfrage ist allgegenwärtig, denn Schicksal ist das Wechselspiel von Ich und Welt: Was setze ich in die Welt, was bringt mir die Welt entgegen oder zurück, was bewirke ich in der Welt. Diese Phase ist deutlich geprägt von der Suche nach dem Ich, nach der Individualität. Am Ende dieser Zeit, in der Regel mit 21 Jahren, inkarniert sich das Ich endgültig in das ganze Menschenwesen, in den Astralleib, den Ätherleib und den physischen Leib. Anders ausgedrückt: Das Ich wird freigestellt, so dass es über den physischen, ätherischen und astralischen Leib bestimmen lernen kann. Jetzt steht der Mensch ganz allein in der Welt, gestärkt durch die Prozesse der langen Kindheit und Jugend. Man kann von der Geburt des Ich etwa mit 21 Jahren sprechen, wie mit 0 Jahren der physische Leib geboren wird, mit 7 Jahren der Ätherleib, mit 14 Jahren der Astralleib. In alten Zeiten, noch am Anfang des 20. Jahrhunderts, erhielt man in den meisten Ländern das Stimm- und Wahlrecht mit 21 Jahren, nicht, was unserem rationalen Denken entspräche, mit 20. Man hatte noch mehr empfindungsmäßigen Zugang zu Naturrhythmen als heute. Dass das Mündigkeitsalter in den meisten Ländern auf 18 und zum Teil sogar auf 16 Jahre gesenkt wurde, ist vor allem auf wirtschaftliche Interessen zurückzuführen und hat mit Menschenkenntnis nichts zu tun.

Wie in vorherigen Kapiteln beschrieben, lernen Jugendliche des 3. Jahrsiebts die Welt über das Denken zu erfassen. In der nun behandelten Altersphase sollte ein gesteigertes freies, reines Denken ausgebildet werden auf der Basis des Intuitiven (empfindenden) und des logischen Denkens. Dieses reine Denken enthält den Keim, die unteren Wesensglieder zu beherrschen. Betreiber des Denkens ist das Ich. Bei der Frage der Selbsterziehung geht es vor allem darum, wie sicher das Ich die unteren Wesensglieder wie den Astralleib, Ätherleib und physischen Leib wirklich frei handhabt oder wie weit diese Glieder uns dominieren durch Triebe, Bedürfnisse, Sympathien, Antipathien, Lust, Unlust, Trägheit usw. Wie weit erheben wir uns bewusst über unsere Natur, oder wie weit überlassen wir uns dieser unbewusst. Werden wir Kulturwesen oder bleiben wir Naturwesen; wie weit werden wir Mensch oder bleiben dem Tierverhalten näher. Der Humanist Pico de la Mirandola prägte den Satz: «Der Mensch kann Gott oder Bestie werden.» Die jungen Menschen können empfinden, dass sie ein Mikrokosmos im Makrokosmos sind, das heißt dass in ihnen alle Möglichkeiten vorhanden sind. Ein bewusster Entwicklungsweg kann jedoch nur gegangen werden, wenn Selbsterziehung stattfindet.

Diese Entwicklungsphase ist oft eine philosophisch geprägte. Junge Menschen am Ende der Kindheitsentwicklung können sich z. B. gerne mit Fragen zur Religion beschäftigen. Gerade fremde Religionen haben eine große Anziehungskraft, eventuell eine wesentlich größere als die des eigenen Kulturkreises. Man möchte sich vom Üblichen, von dem, was Halt in der Vergangenheit gab, emanzipieren und auch in diesem Bereich dasjenige finden, was einem entspricht. Wenn man später wieder zur gewohnten Religion zurückkehrt, geschieht es aus Bewusstsein und hoffentlich nicht aus Tradition. Bezeichnend ist auch, dass sehr oft der Auszug aus der Familie stattfindet, um das Leben selber zu gestalten. Nicht selten geschieht diese Trennung unter unangenehmen Umständen. Nichts war mehr recht in der Familie und in der Beziehung; die Eltern werden heftig kritisiert. Nach einer Zeit der Selbstfindung legen sich die Differenzen, und die Jungen fragen um Rat und Erfahrungen. Sie können dies nun annehmen, da die alten Fäden abgeschnitten waren und neu aus Bewusstsein wieder aufgebaut werden. Man kann diesen Trennungsprozess auch mit dem Durchtrennen der Nabelschnur vergleichen. Individualisierte sich bei der Geburt der physische Leib, so nun das Ich. Neue geistige Lebensfäden werden im Sozialen gesucht. Man baut sich seine eigene Gemeinschaft auf, die einem entspricht. Als Lehrer erlebte ich mehrmals, dass mit ehemaligen Schülern später, nach Jahren der Distanz, freundschaftliche Beziehungen entstanden, dies ganz besonders auch mit solchen, die einem nicht leichtfielen, mit denen man heftig zu ringen hatte. Es kann allerdings durchaus passieren, dass der Kontakt zur Vergangenheit, also zur Familie, völlig abbricht, ohne dass vorher Spannungen existierten. In solchen Fällen liegt die Vermutung nahe, dass die Aufgabe der Eltern völlig erfüllt ist und dieser Mensch durch den weiteren Kontakt nicht frei genug wäre, den persönlichen Weg zu finden, der in eine ganz andere Richtung gehen muss. Wesentlich ist, dass jetzt alles bewusst geschehen muss, dass das Ich den Weg über das Denken in die Welt findet. Man darf diese Entwicklungsphase «Individualisiertes Denken» nennen.

Die Betrachtung der 4. Grafik zeigt auch im 3. Jahrsiebt, im Jahrsiebt der Denkbildung, dieselbe Reihenfolge von Wollen, Fühlen und Denken, rot – gelb – blau. Das erste Drittel ist wieder eine Art Wiederholung des 2. Jahrsiebts respektive eine Steigerung und Festigung der vorher schon angelegten Fähigkeiten. Die Mitte dieses Jahrsiebts ist das Zentrum der Ausbildung des Denkens in seiner Komplexität und hat mehr Bezug zur Gegenwart, zum gegenwärtigen Geschehen im Denkprozess, und die letzte Phase ist wieder ein Vorblick in die Zukunft.

4. Gesamtbetrachtung der Entwicklung

Wurden bis jetzt einzelne Zeiträume isoliert betrachtet, sollen in diesem Kapitel Zusammenhänge hergestellt werden über die ganzen 21 Jahre der Entwicklung. Es werden Parallelen zwischen den drei Jahrsiebten aufgezeigt, wie sich Eigenschaften und Fähigkeiten verwandelt wiederholen. Dabei kommen Rhythmen zum Vorschein. Die 4. und 5. Grafik sind hilfreich und dienen zum Verständnis.

4.1 Rhythmen von Wollen, Fühlen und Denken

Die Prozesse des Lernens zeigen sich deutlich im Ablauf: Wollen → Fühlen → Denken. Diese Reihenfolge findet in den drei Jahrsiebten sowie innerhalb der Jahrsiebte statt. Diese Auseinanderhaltung der seelischen Tätigkeiten von Wollen, Fühlen, Denken darf nicht absolut verstanden werden, denn mit Ausnahme der ersten Lebensmonate ist das Kind fast immer mit allen drei Tätigkeiten aktiv. Diese Einteilung zeigt die Schwerpunkte, über welche die Erziehenden so wirken können, dass die naturgemäße Entwicklung des Kindes gefördert wird.

Die ersten Phasen der drei Jahrsiebte

Diese drei Phasen (0–2/3; 7–9/10; 14–16/17) haben alle einen willentlichen Aspekt. Im 1. Jahrsiebt ist es ein rein physischer, organischer Wille. Im 2. Jahrsiebt durchdringt der Wille die sich bildende innere Gefühlswelt. Die Gefühle wollen Wille werden. Im 3. Jahrsiebt möchte das Gedachte, das Verstandene Wille werden, das heißt real materiell werden. Alle drei Phasen sind zu den vorher abgeschlossenen Phasen hingewendet und wollen Angelegtes ausreifen. Dies ist im 1. Jahrsiebt der durch die Geburt freigesetzte physische Leib, im 2. Jahrsiebt der Ätherleib im Gedächtnis und der Vorstellung, im 3. Jahrsiebt der Astralleib in der logischen Denkfähigkeit. Diese Phasen haben also eine Beziehung zur Vergangenheit. Das Vorherige auszureifen ist dadurch möglich, dass im neuen Jahrsiebt neue Fähigkeiten erlangt wurden, weil eine Neugeburt eines Wesensgliedes stattgefunden hat.

Die zweiten Phasen der drei Jahrsiebte

Dies sind die Mitten der Jahrsiebte (2/3–4/5; 9/10–11/12; 16/17–18/19) und haben mit der Mitte des Menschen zu tun, mit dem Fühlen, welches Denken und Wille verbindet. Diese Phasen haben die Tendenz, ganz der Gegenwart verbunden zu sein. Es ist jeweils die intensivste Zeit des Wahrnehmens und unmittelbaren Erlebens. Im 1. Jahrsiebt ist das Kind reines Sinnesorgan, in der Empfindung der Sinneseindrücke lebend, was sein Handeln bestimmt. Im 2. Jahrsiebt wird die eigene Innenwelt aus dem empfindenden Erlebnis aufgebaut. Das Kind erlebt die Welt zweifach, die außen wahrgenommene und die innerlich aufgebaute. Im 3. Jahrsiebt durchdenkt der Mensch die Erlebnis- und Empfindungswelt mit dem Intuitiven Denken. In diesen drei Phasen wirken die Seelenkräfte Wille, Fühlen, Denken am harmonischsten zusammen.

Die dritten Phasen der drei Jahrsiebte

Diese drei Phasen (4/5–7; 11/12–14; 18/19–21) bringen eine Art Distanz zum Erlebten der Mitten der Jahrsiebte, indem Tätigkeit, Empfindung, Wahrnehmung das Denken anregen. Bei den Kleinen sind es Vorstellungen, die die Tätigkeit, den Willen beeinflussen. Bei den Mittleren ist es die erwachende Logik, die die Erlebnisse zu begreifen versucht, bei den Großen ist es das suchende, tastende Denken mit universellem Einschlag. Alle drei Phasen haben eine Tendenz zur Zukunft und greifen in die nächsten Entwicklungs-Zeiträume vor.

4.2 Die Spiegelungen in der Entwicklung

Wie schon gezeigt, kann man in der Entwicklung zeitliche Spiegelungen finden, die sich meistens in der Pubertätsmitte trennen. Die Vorher- und Nachherzeiträume lassen sich nicht vereinheitlichen; sie sind je nach Inhalt und Betrachtung sehr verschieden. So gibt es auch Spiegelungen im ganzen Leben.

Die bekannteste Lebensspiegelung ist die Kindheits – Altersspiegelung. Das Kind tritt aufbauend in das Leben, sei es physisch, ätherisch (Lebenskräfte) oder astralisch (seelische Wahrnehmung und Beweglichkeit). Im alten Menschen bilden sich diese Kräfte wieder zurück. Tritt das Kind immer aktiver in die Welt hinaus, zieht sich der alte Mensch passiver werdend von dieser zurück. Tritt das Kind aus der totalen Abhängigkeit in die Selbständigkeit, so geht es im Alter wieder zurück in die Abhängigkeit. Nimmt die physische Geschicklichkeit in der Kindheit zu, so nimmt sie im Alter ab. Lernt das Kind sein Gedächtnis als Werkzeug willkürlich zu benützen, entschwindet gerade diese Fähigkeit beim alten Menschen zunehmend. Das Gedächtnis wird löcherig, das heißt der willkürliche Zugriff wird schwächer, und es tritt wieder das kleinkindliche Situationsgedächtnis in Funktion. Erinnerungen tauchen aus unverständlichen Gründen auf und können die Menschen besetzen. Lernen die Kinder beim Essen allgemeine, vielseitige Speisen nach anfänglichen Anpassungsproblemen zu akzeptieren, so wird das Alter wieder essenskonservativ. Können Kinder einander ohne Empathie ausschließen, kehrt dieses Verhalten oft wieder zurück, was ein bekanntes Problem in Altersheimen ist.

Die Kreuzung der Inkarnationslinien zeigt einige Spiegelungen. Der Prozess vor der Kreuzung ist der Prozess der langsamen Versenkung in den Leib und in sein materielles Verständnis. Dabei entsteht das kausale Denken, das eben für dieses Verständnis notwendig ist, oder umgekehrt, das verstärkte Leibesempfinden ermöglicht dieses Denken. Dieser Inkarnationsvorgang ist begleitet dadurch, dass die seelische Sensibilität für eine lebendige, geisterfüllte Welt abdunkelt und tief im Unterbewusstsein verschwindet. Das ist absolut notwendig, weil sich sonst die Klarheit des logischen Denkens nicht entwickeln könnte. Nach dem Inkarnationstiefpunkt kehrt die Sensibilität durch das Intuitive Denken wieder zurück, und damit die Möglichkeit, unter Bewusstsein die Hintergründe, die Ursachen des Lebens zu empfinden oder zu entdecken. Dabei muss betont werden, dass der Abstiegsprozess bis zum Spiegel eine allgemeine, naturhafte Entwicklung ist. Doch was nach dem Tiefpunkt passiert, steht unter dem Stichwort «Möglichkeit», denn die inkarnierte Persönlichkeit muss den neuen Entwicklungsprozess selber an die Hand nehmen mit ihrem erweiterten Denken. Lief der Vorgang vorher weitgehend unbewusst ab, so jetzt voll bewusst. Die Kreuzung der Linien zeigt die Metamorphose: was vorher äußerlich war, also geschenkt, ist jetzt innen, also selbst erzeugt. Dies ist eine Parallele zur Wandlung der Fantasie in Kreativität. Das neu Entdeckte ist eine Art Schöpfung. Die Pubertät, der Fall in den Leib, beinhaltet Schwere, physisch und seelisch. Bliebe man nach der Pubertät weiterhin so stark mit der eigenen Materie verbunden, könnte sich das sensible Intuitive Denken nicht entwickeln. Die Inkarnation wäre zu tief, um die weitere Entwicklung zuzulassen. Es findet wieder eine Lockerung statt, eine leise Exkarnation, um durchlässig zu werden. Beobachtet man, wie verschieden sich Jugendliche während und nach der Pubertät bewegen, wird dies deutlich. Anlässlich von Tanzkursen zeigte sich ein gewaltiger Unterschied. Die noch in der Pubertät steckenden, bis ca. 16 Jahre, bewegten sich klobig, hölzern, die reiferen eleganter, anmutiger und leichtfüßiger. Dies ist ein weiteres Beispiel dafür, dass Inkarnationsschritte pendelartig sind, also über die Mitte hinausschießen und wieder zur ruhigen Seite zurückkehren. Die Inkarnationsspiegelung kann über die Grafik hinaus erweitert werden; sie beginnt mit dem physischen Eintritt in die materielle Welt (Geburt) und endet mit dem Austritt, mit der Exkarnation (Tod).

Auf die Spiegelung der Mitte des 2. Jahrsiebts und der Mitte des 3. Jahrsiebts wurde bereits im vorherigen Kapitel hingewiesen.

Die naturhaft geschenkte absteigende Entwicklung bedeutet behütete Führung durch die Vorgaben der geistigen Welt, die die Naturgesetze bestimmen. Diese Führung geschieht in Unfreiheit, und die Erziehenden unterstützen durch die Bildung und Schulung die naturhaften Vorgänge. Diese Prozesse kommen aus der Vergangenheit, aus einer alten, traditionellen Welt. Die Kinder werden in der Pubertät in die Gegenwart geführt, ganz zu sich selbst, um danach ihr Leben in die Zukunft hinein zu richten. Gerade während der Verpuppungszeit kann man die Spiegelung beobachten, wie sich während der Metamorphose der Vergangenheitsbezug in Zukunftsinteresse verwandelt. Sind Jugendliche in der ersten Hälfte der Pubertät konservativ, das heißt der Vergangenheit verhaftet, so erwacht in der zweiten Hälfte nach und nach Experimentierfreude auch im Sozialen. Dieser Zukunftsprozess setzt sich fort durch die Suche, wohin das eigene Leben gehen könnte. Der neue Prozess ist selbstgesteuert und geschieht in Freiheit.

Eine weitere Spiegelungsmetamorphose zeigt sich in der Beziehung der Heranwachsenden zur Umgebung. Die Kleinen sind anfänglich noch ganz der Umgebung hingegeben und sogar noch ein Teil davon. Sie fühlen sich also noch nicht getrennt. Dann kommt der Moment der Ichempfindung, was noch keine Vereinzelung ist. Die Verbindung zur Umwelt bleibt noch bestehen. Sie beginnt sich am Ende des 1. Jahrsiebts durch die sich aufbauende Innenwelt zu lösen, was mit dem 1. Rubikon Richtung Vereinzelung geht. Die Pubertät ist die völlige Trennung von der Einheit mit der Welt, die absolute Vereinzelung. Der Prozess nach der Pubertät beinhaltet die beginnende objektive Selbstwahrnehmung, was erste Distanz von sich selbst bedeutet. Das neue Denken und Wahrnehmen ist ein erster Schritt, sich mit der Welt erkenntnismäßig wieder zu verbinden. Die Suche nach dem Schicksal und der neuen sozialen «Familie» ist die bewusste, willentliche Verbindung mit der Welt. Man erzeugt die Verbindung, die Einheit selber. Der Prozess geht von der unbewussten Einheit mit der Welt über die Vereinzelung in der Pubertät zur neuen, selbst gefundenen Einheit.

4.3 Stufen der Ich-Inkarnation

Die ganze Entwicklung zeigt Wiederholungen unter jeweils anderen Voraussetzungen. Jeder Wechsel von einer Phase in die nächste hat mit stärkerem Eingreifen des Ich zu tun. Ganz besonders die drei Wechsel von der ersten Phase in die zweite Phase in allen 3 Jahrsiebten sind Resultate verstärkterer Icheinschläge. Im 3. Lebensjahr ist es eine Ichankündigung im Leiblichen und hat noch einen schlafenden Charakter, das heißt die Reaktionen und Veränderungen sind intensiv, das Kind jedoch ist sich der Veränderungen seines Wesens nicht bewusst, sondern diesen ausgesetzt. Man kann es auch eine Offenbarung des Ich nennen. Der Icheinschlag im 10. Lebensjahr, im 1. Rubikon, ist eine Ich-Inkarnation ins Seelische und hat einen träumenden

Charakter. Das Kind beginnt seine Individualität als Dauerzustand zu erleben, womit die Vereinzelung angekündigt wird. Das Kind nimmt seine Veränderung respektive Eigenheit traumwandlerisch wahr. Das Ich wird erlebt. Der Icheinschlag im 17. Lebensjahr weckt das Denken, mit welchem die Welt voll verstanden werden kann, das den Geist der Welt offenbart. Um den Geist der Welt über das Denken zu erkennen, muss der eigene erkennende wache Geist aktiv sein. Das Ich blüht im Geistigen des Menschen auf, was volles Bewusstsein erfordert. Das Ich beginnt sich zu verwirklichen. Mit 21 Jahren, wenn sich das Ich endgültig inkarniert und frei zur Verfügung stellt, wird dieser im Denken aufblühende Geist zur Einheit mit dem Ich.

4.4 Stufen des Denkens

Die Entwicklung der Denkbildung ist vielseitig und komplex. Im Folgenden werden verschiedene Denkqualitäten betrachtet. Das erste Denken, das in der Entwicklung des Kindes einsetzt, ist das assoziative Denken. Sobald das Kind Erfahrungen in sich trägt, wird es durch die Außenwelt auf seine noch kleine Innenwelt zurück verwiesen durch das schlafende Situationsgedächtnis, ein Vorgang, der in der Kleinkindheit beginnt. Steigert sich dieser Prozess, entspricht er dem Vorgang, der fälschlicherweise Fantasie genannt wird (siehe Kapitel 3.2.2, 2/3–4/5 Jahre). Irgendwelche Gegenstände, z. B. ein Stuhl, kann die Erinnerung des Sitzens im Auto wecken, und der Stuhl wird zu einem Autobus, in welchen Kameraden eingeladen werden. So kann sich der assoziative Anstoß zu einer Ferienreise entwickeln. Das assoziative Denken steigert sich im zweiten Drittel des 1. Jahrsiebts im scheinbar geplanten Spiel, indem die Erfahrungen in Zusammenhänge gebracht werden und in Zusammenhänge fließen. Darum nenne ich es fließendes Denken. Das assoziative Denken begleitet uns das ganze Leben lang. Mit der Schulreife, mit dem Erwachen von willkürlicher Erinnerung und der Produktion von Vorstellungsbildern, wird Planung im Spiel wirklich möglich. Ich nenne es Bilderdenken. Eine andere Qualität des Denkens erscheint mit dem 1. Rubikon. Die sensible Empfindung entdeckt, gestärkt durch den kräftigen Icheinschlag, logische Zusammenhänge im Überblick. Ich nenne diese Denkqualität Empfindungsdenken. Die nächste Denkqualität ist das kausale, logische Denken (siehe Kapitel 3.3, 11/12–14 Jahre). In der Mitte der Pubertät richtet sich das logische Denken nach der Nützlichkeit, es wird praktisches Denken. Das praktisch-logische Denken in der Steigerung wird theoretisches Denken (siehe Kapitel 3.4, 14–16/17 Jahre). Dabei wird abstrahiert, die rein kausale Anschauung überwunden, eine Idee entdeckt. In diesem Denken gipfelt der reine Intellekt. Das darauf folgende lebendige, Intuitive Denken ist eine Erweiterung in zweierlei Hinsicht, einerseits nach innen und andererseits nach außen. Nach innen ist es die Fähigkeit, Denken und Fühlen zu verbinden, nach außen offenbart sich die bisher rein materielle Welt belebt, gibt Hintergründe preis. Dieses Denken wird auch «emotionale Intelligenz» genannt. Der letzte Schritt ist das individualisierte Denken. Man kann es auch verantwortliches Denken oder reines Denken nennen, denn der Gedanke sollte ganz mit dem denkenden Menschen verbunden sein und Denken, Fühlen und Wollen vereinen. Der Gedanke sollte nicht mehr nur theoretisch oder schöngeistig sein, sondern zum verantwortlichen Handeln drängen.

5. Grafik

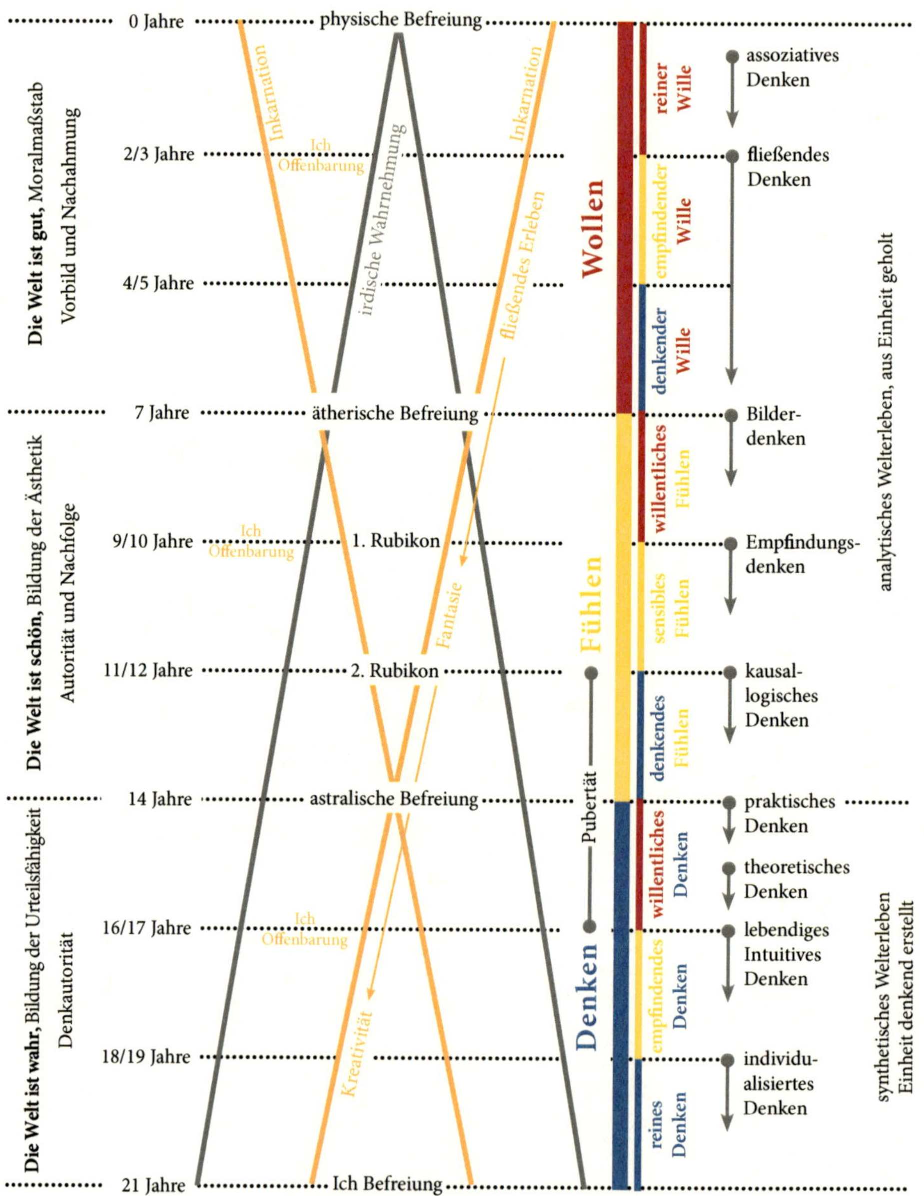

0 Jahre
physische Befreiung
2/3 Jahre
4/5 Jahre
7 Jahre
ätherische Befreiung
9/10 Jahre
1. Rubikon
11/12 Jahre
2. Rubikon
14 Jahre
astralische Befreiung
16/17 Jahre
18/19 Jahre
21 Jahre
Ich Befreiung
Die Welt ist gut, Moralmaßstab
Vorbild und Nachahmung
Die Welt ist schön, Bildung der Ästhetik
Autorität und Nachfolge
Die Welt ist wahr, Bildung der Urteilsfähigkeit
Denkautorität
Inkarnation
Inkarnation
Ich Offenbarung
Ich Offenbarung
Ich Offenbarung
irdische Wahrnehmung
fließendes Erleben
Fantasie
Kreativität
Wollen
Fühlen
Denken
Pubertät
reiner Wille
empfindender Wille
denkender Wille
willentliches Fühlen
sensibles Fühlen
denkendes Fühlen
willentliches Denken
empfindendes Denken
reines Denken
assoziatives Denken
fließendes Denken
Bilder-denken
Empfindungs-denken
kausal-logisches Denken
praktisches Denken
theoretisches Denken
lebendiges Intuitives Denken
individu-alisiertes Denken
analytisches Welterleben, aus Einheit geholt
synthetisches Welterleben
Einheit denkend erstellt

5. Erziehung zur Freiheit

Goethe führte aus, es gebe keine Freiheit «**VON** der Welt», sondern nur «**FÜR** die Welt». Wir leben in dieser Welt und Umgebung, von der wir uns nicht emanzipieren können. Wer in Nordafrika oder Lappland lebt, muss sich unweigerlich den Umständen anpassen, Wohnhaus und Nahrungsmittelproduktion und -konservierung sind lebensbestimmend. Ebenso wenig kann ich mich von Straßenverkehrsregeln befreien, wenn ich überleben will.

Frei sein «für die Welt» bedeutet, dass die Möglichkeit besteht, alle meine Fähigkeiten aktiv in der Welt einzusetzen und **FÜR** die Menschheit und die Welt Sinnvolles zu erbringen, und das unabhängig von meinem persönlichen Nutzen, also frei von mir selber. Es ist die Fähigkeit, aus Erkenntnis zu handeln. Was ist die Voraussetzung, diese Fähigkeiten zu erwerben, wirkliche Freiheit zu erlangen? Die Waldorfpädagogik steht unter dem Motto «Erziehung **ZUR** Freiheit», doch dieses Motto ist nicht so leicht zu verstehen und zu realisieren, und es wird leider oft falsch verstanden.

Wesentlich bei diesem Motto ist, dass es **ZUR** Freiheit heißt und nicht **IN** Freiheit. Zum Verständnis dient das Bild von Michelangelo, der die Figur im Steinblock sucht und diese befreien muss, also dass diese, respektive die menschliche Individualität, frei wird. Erziehung **IN** Freiheit bedeutete, dass sich die Figur respektive der heranwachsende Mensch selber befreit und die verhüllende Gesteinsmasse selber wegsprengt. Um diese Verhüllungsmasse wegzudrängen, braucht es Fähigkeiten, welche das heranwachsende Kind noch gar nicht zur Verfügung hat, was die vorhergehenden Kapitel aufzeigen. Auch diese notwendigen Fähigkeiten müssen weitgehend durch den Befreiungsprozess des Bildhauers und der Erziehenden hervorgelockt, freigelegt und vertieft werden. Im Folgenden soll beleuchtet werden, wie stark und wann im Entwicklungsprozess die kindliche Individualität zunehmend am Befreiungsprozess selbst teilnehmen kann. Sind die entsprechenden Fähigkeiten entwickelt, geht die nie abgeschlossene Bildhauer-Erziehungsarbeit in die Hand des heranwachsenden Menschen über in Form von Selbsterziehung. Die Fähigkeit zur Selbsterziehung ist erst beim erwachsenen Menschen vollumfänglich zu erwarten.

Freiheit ist weitgehend Freiheit von sich selbst. Wenn der Mensch nur nach innen schaut und seine persönlichen Bedürfnisse, Wünsche und Befriedigungen sucht, ist er nicht frei **FÜR** die Welt. Voraussetzung «**FÜR** die Welt» ist die Fähigkeit, aus Einsicht zu handeln und nicht aus Bedürfnissen. Ob Bedürfnisse wie z. B. Schokolade zu essen realisiert werden, sollte auch aus Einsicht entschieden werden. Instrument, Einsicht zu erlangen, ist schließlich ein freies, individualisiertes Denken. Grundlage dieses Denkens ist eine gesunde Entwicklung, welche die naturgegebenen Entwicklungsphasen respektiert und die dargestellten Erlebnis- und Denkstufen durchlebt. Zum Verständnis des Weges dahin müssen wir untersuchen, woher jeweils die Impulse zur Handlung im Laufe der Kindheit kommen.

Beim Säugling stammen die Impulse nur aus dem angeborenen Instinkt, der im Organismus steckt und einen schlafenden Charakter hat. Sobald das Kind schon Erinnerungen hat, können Impulse auch aus Assoziationen stammen, was immer noch sehr unbewusst ist, denn sie tauchen zufällig auf. Im ganzen 1. Jahrsiebt stammen Handlungsimpulse entweder aus Assoziationen auslösenden Wahrnehmungen oder aus organischen Bedürfnissen, und je länger desto mehr auch aus seelischen Bedürfnissen und Erinnerungen.

Im 2. Jahrsiebt bleiben die erwähnten Quellen bestehen, aber die seelischen Bedürfnisse erlangen mehr Gewicht. Solche seelischen Bedürfnisse kommen oft aus liebgewonnenen Erfahrungen, die aus dem Unterbewusstsein auftauchen, wie z. B. vor dem Fernseher sitzen zu wollen. Die Bedürfnisse und Handlungen werden bewusster. Neu ist, dass die Individualität, das heißt die persönliche Eigenart, deutlicher zum Vorschein kommt, was schon im 1. Jahrsiebt anklingt. Diesen Impulsen müssen wir zunehmend entgegenkommen. Allgemein kann man jedoch sagen, dass die Impulse noch weitgehend einen träumenden Charakter haben. Diese Bedürfnisse werden noch kaum von der Einsicht gesteuert, sondern drängen kräftig zur Handlung, bestimmen den Willen. Während der Pubertätszeit, in welcher das Denken stark im Dienste der persönlichen Interessen steht, werden die Handlungen schon sehr bewusst, sind jedoch wenig Handlungen aus Einsicht, sondern meistens subjektiv auf sich selber fokussiert.

Erst im Laufe des 3. Jahrsiebts entwickelt sich die Möglichkeit der echt freiheitlichen Entscheidung. Katalysator ist die beginnende Selbsterziehung und die Entwicklung des zuerst Intuitiven und schließlich individualisierten Denkens. Voraussetzung dazu ist unbedingt die Distanzierung von sich selbst, was nur langsam passiert und sehr oft auch bei den Erwachsenen nicht genügend gebildet ist.

Vorstellungen wie «Die Kinder wissen selber, was das Beste für sie ist, darum sollen sie selber bestimmen, womit sie sich beschäftigen wollen, z. B. im Unterricht» basieren meistens auf «Erziehung **IN** Freiheit». Versteht man die Notwendigkeiten aus der Erkenntnis der «Entwicklung des Kindes», verweigert man ihnen wichtige, die Individualität stärkende Erlebnisse und Erfahrungen. Wie in den Kapiteln 3.1.2 und 3.3.2 dargestellt, wächst das Kind im 2. Jahrsiebt unter Anderem an den es umgebenden Erwachsenen so auf, dass es diese als verehrenswerte Autoritäten sieht, welchen man gerne nachfolgen möchte. Voraussetzung ist selbstverständlich, dass diese Erwachsenen nachfolgenswert sind, dass sie selbst innere Freiheit erlangt haben. Die Verehrungskraft ist ein sehr wichtiges Erziehungsmittel. Das Bedürfnis der Kinder, dem nachzueifern, stärkt ihren Willen und den Impuls, Neues zu lernen oder sich sinnvoll zu verhalten, was in gewisser Weise die Seele reinigt, auf Positives lenkt. *Ein Beispiel zeigt, dass die Kinder auf die Leitung und Anregungen der Erziehenden angewiesen sind: Ich saß als Supervisor in einer 5. Klasse anlässlich der Pflanzenkunde. Die Lehrerin begann diesen Unterricht mit der Aufforderung, eine vorgegebene Zeitlang ins Freie zu gehen, um die Natur zu beobachten, um danach im Klassenzimmer darüber zu sprechen. Die Schule besitzt ein sehr großes, naturparkartiges Terrain in subtropischem Klima. Ich ging mit den Kindern auch ins Freie und beobachtete und belauschte dabei die in Grüppchen aufgeteilten Kinder. Sie nahmen eigentlich nichts wahr, sondern unterhielten sich weitgehend über ihre Wochenenderlebnisse. Deswegen war danach auch kein Gespräch mög-*

lich. In der Nachbesprechung machte ich der Lehrerin den Vorschlag, die Kinder am nächsten Tag noch einmal mit einem konkreten Auftrag hinauszuschicken, z. B. möglichst viele verschiedene Blattformen zu finden. Die SchülerInnen waren sehr eifrig bei der Sache, und man musste sie schließlich zusammensuchen, da die vorgegebene Zeit nicht ausreichte. Die Motivation kommt im Unterricht meistens von den Lehrpersonen, um sich mit Dingen zu beschäftigen, mit welchen die Kinder sich von sich aus wahrscheinlich nie beschäftigen würden.

Die Kinder bewundern das entwickeltere Wesen der Erwachsenen, welche die höheren Wesensglieder wie Astralleib und Ich frei in die Hand bekommen haben und dadurch zu freien Menschen werden können. Das Ich mit dem Denken wird zum Führer, der aus Erkenntnis handeln lernt. Die erziehenden Erwachsenen ersetzen den Kindern die noch nicht frei zur Verfügung stehenden höheren Wesensglieder. Dadurch erleben sie Geborgenheit und empfinden sich unbewusst mit den stützenden Erwachsenen zusammen als menschliche Ganzheit. Überlässt man die Kinder weitgehend sich selbst, frei entscheidend, was sie lernen wollen, müssen wir uns fragen, wo der Ursprung zur Handlung lebt. Oft stammen die Impulse zur Handlung aus ihrer Natur oder aus seelischen Bedürfnissen, welchen sie unbewusst ausgeliefert sind. In diesem Zustand sind sie alles andere als frei, sondern von ihren aus dem Unterbewusstsein auftauchenden Impulsen bestimmt. Die Erziehenden haben die Aufgabe, zu beurteilen, ob die Handlungsimpulse aus naturgegebenen Untergründen auftauchen oder Ausdruck der Individualität sind. Sie müssen wissen, ob sie an der allgemein menschlichen Form arbeiten oder ob die spezielle, persönliche Skulptur zur Befreiung drängt. Ich habe bei meinen SchülerInnen immer wieder die Erfahrung gemacht, dass Kinder, welche von Eltern und Lehrpersonen liebevolle, klare, die Individualität respektierende Führung erhielten, auffällig zufriedener und ausgeglichener waren als sogenannt «frei erzogene». Sie wirkten gehaltener, wie von einer Bohnenstange gestützt, die dem Kraut den Weg nach oben zur Fruchtbarkeit lenkt und es nicht «ins Kraut schießen lässt». Das bedeutet **FRUCHTBAR FÜR DIE WELT** gleich **FREI FÜR DIE WELT.**

Das Leben fordert die Fähigkeit, sich unbequemen Notwendigkeiten zu stellen, sich zu überwinden und zu motivieren. Diese Fähigkeit entsteht nicht aus der bloßen Natur des Menschen, sondern muss erübt und kultiviert werden. Das geht nicht ohne Forderungen an die Kinder, um daraus Gewohnheiten zu entwickeln. Auch unliebsame, aber notwendige Tätigkeiten sollten so lange geübt und gepflegt werden, bis sie zu Gewohnheiten werden. Dasselbe gilt für den Unterricht. Dabei sind die Lehrkräfte gefordert, den Unterricht so zu gestalten, dass er motivierend ist, die Kinder berührt und Interesse hervorruft. Das gehört zur Bildhauertätigkeit und entspricht den gut geschliffenen Werkzeugen. In der menschlichen Seele stecken alle Möglichkeiten, Interesse für nicht von selber auftauchende, der Individualität entsprechende Neigungen zu wecken. Damit ist nicht gemeint, dass die Kinderbedürfnisse ignoriert werden sollen. Diese müssen feinfühlig wahrgenommen werden und in die Entscheidungen einfließen. Die Erziehenden sollten aber aus Einsicht bestimmen, wie stark die Kinderbedürfnisse oder ihre individuellen Eigenschaften jeweils realisiert werden sollen.

Wenn die Kinder nur lernen, was sie vordergründig interessiert, lässt man noch etwas Wesentliches außer Acht. Ausschließlich selbstbestimmende Kinder, die vor allem den eigenen Interessen und Neigungen folgen, laufen Gefahr, Einseitiges schon sehr früh zu entwickeln und dadurch schon jetzt Spezialisten zu werden. Ist das Erziehung **ZUR** Freiheit? Sollen die herangewachsenen jungen Menschen sich z. B. für ihre Berufswahl entscheiden, sollten sie sich in vielen Tätigkeitsbereichen kennen, um eine wirklich freie Entscheidung treffen zu können. Sie sollten die Welt in ihrer Vielseitigkeit kennen, um nicht mit einem Tunnelblick Entscheidungen zu fällen, sondern dem Motto «Wissen und Kenntnisse machen frei» folgend. Der Weg zum Spezialisten soll bewusst ergriffen werden, was erst in Kenntnis des eigenen Wesens und dessen Möglichkeiten sinnvoll ist. Talente zu fördern macht durchaus Sinn, aber nicht so, dass andere Fähigkeiten und Horizonterweiterungen brachliegen. Dieses Problem ist hinreichend bekannt bei hochgetrimmten SpitzensportlerInnen und MusikerInnen. Erlangte Fähigkeiten und erweiterter Horizont stärken das Selbstvertrauen und machen frei.

Es ist damit nicht gemeint, dass die Kinder mit Kopfwissen vollgestopft werden sollen. Wie schon ausgeführt, bewirkt rein intellektuell angeeignetes Wissen Distanz von der Welt. Nur ein Unterricht, der Fakten mit Erlebnissen in Zusammenhang bringt, baut ein Wissen auf, welches lebendige und dadurch interessante und nachhaltige Bilder in den Kinderseelen hervorruft. Rein nur in Worten ausgedrücktes Wissen hat nicht die Tendenz, zur oft notwendigen Handlung zu schreiten. Erst wenn Gefühle auftreten, welche sich beim Erwerb des Wissens gebildet hatten, entstehen Sympathie oder Antipathie gegenüber einer betrachteten Situation. Diese Gefühle fordern uns auf, aktiv zu werden, zu handeln. Dies sind Handlungen **FÜR** die Welt und dadurch Ausdruck der Freiheit. Man kann stundenlang theoretische Gedanken diskutieren, die auf reinem Kopfwissen basieren; dies löst jedoch noch keine Impulse aus, sich für Verbesserungen willentlich einzusetzen. Erst wenn man in der Welt existierende Ungerechtigkeit, Ausbeutung der Ressourcen usw. **empfindet**, wird man aktiv. Dies ist der Antrieb der Klimajugend, die Welt verändern zu wollen und die passiven Erwachsenen aufzurütteln. Ideen allein leben erst im Kopf, Ideale jedoch sind ein Teil des Menschen und drängen zur Tat.

Die vorhergehenden Abschnitte wollen nicht die alten Zeiten der autoritären Erziehung rühmen, sondern auf die naturgegebenen Realitäten aufmerksam machen. «Erziehung **IN** Freiheit» weist nämlich auf einen wesentlichen Punkt hin. Dieses Erziehungsprinzip in absoluter Form ist zwar ein einseitiger Tunnelblick, weist aber auf die Tatsache hin, dass in der üblichen Schulbildung oft zu wenig Gewicht auf die individuelle Entwicklung gelegt wird. Die Aussage: «Das Kind weiß selber am besten, was gut ist», muss insofern in Frage gestellt werden, als dass es mangels Bewusstsein und Urteilsfähigkeit, mangels Distanz von sich selber, nicht **weiß**, sondern unbewusst zum Ausdruck bringt, wer es selber ist. Die Erziehenden müssen sensibel beobachten und den Individualitäten so weit Raum lassen, wie es Sinn macht und den sozialen Prozess nicht stört. *Dazu ein kleines Erlebnis aus meinem Unterricht. Ein 11-jähriger Junge hatte noch keinen Zugang zur Rechtschreibung; er schrieb noch ziemlich lautmalerisch. Seine Texte strotzten vor Fehlern. Derselbe Junge schrieb* *in eigenen Texten eine wunderbare, bildhafte, elegante Sprache, was ihm niemand in der Klasse nachmachte. Hätte ich ihm seine Texte orthografisch konsequent korrigiert, wäre ihm wahrscheinlich die Freude an der Sprache zerstört worden. Zwei Jahre später belauschte ich zufällig ein Gespräch dieses Jungen mit demjenigen Klassenkameraden, der orthografisch sattelfest war. Sie teilten sich darüber aus, welche Unterrichtstätigkeiten ihre bevorzugten seien. Der Junge äußerte sich so: «Am liebsten schreibe ich Rechtschreibediktate.» Der Andere meinte, Ersterer mache einen dummen Witz, aber dieser erklärte: «Es ist mir ernst. Für dich ist es langweilig, aber für mich ist es eine spannende Herausforderung.»* Dieses Beispiel zeigt: Alles zu seiner Zeit, ob im allgemeinen oder individualisierten Unterricht.

Hier taucht ein Problem der heutigen Zeit auf: Man könnte den Schluss ziehen, dass jedes Kind einen individuellen Lehrplan braucht und entsprechend geschult werden soll. Klassenverbände werden in Frage gestellt oder sie werden nicht nach Alter, sondern nach Leistungen in gewissen Fächern zusammengestellt. Welche Fächer werden als Maßstab gewählt? Das obige Beispiel zeigt eine große Spaltung zwischen Orthografie und Sprachverständnis, was eine Einteilung kaum möglich macht. Die seelische Reife lässt sich nicht einfach an den intellektuellen Leistungen ablesen. Auch Versuche mit jahrgangübergreifenden Klassen zeigten Schwierigkeiten und wurden deswegen vielerorts wieder abgeschafft.

Ein vollständig individualisierter Unterricht schließt die Entwicklung einer sehr wichtigen Fähigkeit weitgehend aus. Es ist das soziale Verständnis und die soziale Eingliederung. Demokratie ohne diese Fähigkeit ist nicht möglich. Die letzten Jahrzehnte zeigen eine Menschheitsentwicklung, die auf den zunehmenden Verlust dieser Fähigkeit schließen lässt. Die Menschen sind heute sehr überzeugt von der absoluten Richtigkeit ihres eigenen Denkens. Einher geht ein auffallender Egoismus auf Kosten der Solidarität. Symptome sind z. B. Spaltungen in der Politik, extreme Ansichten, Fremdenfeindlichkeit, neofaschistische Bewegungen, zunehmende Diktaturen, usw. Jeder weiß alles besser. Tendenzen zum antisozialen und unsolidarischen Verhalten konnte ich schon bei Kindern erleben, die aus Familien oder Schulen kamen, welche weitgehend auf Schulung der Individualität ausgerichtet waren. Solche Schüler waren zu stark auf sich selbst fixiert, unsolidarisch, egoistisch und isoliert, mit sehr wenig Empathie. Sie zeigten wenig bis keine Bereitschaft, sich auf allgemeine Tätigkeiten oder Unterrichtsinhalte einzulassen. Sie standen sozial neben der Klasse, und zum Teil beschwerten sie sich über die Gruppe, fühlten sich nicht akzeptiert. In Wirklichkeit akzeptierten sie selber die Allgemeinheit nicht. Ein anderes Phänomen war zu beobachten: Solche Kinder hatten die Tendenz, die Erwachsenen zu kritisieren, waren voller Skepsis und hatten wenig Vertrauen. Es ist allgemein sehr kontraproduktiv, den Kindern das Vertrauen in die Welt und in die Erziehenden zu nehmen. Kinder können nur dann an den verehrten Autoritäten heranwachsen, wenn sie diesen vertrauen. Ein anderer Punkt ist, dass es durch das Misstrauen sehr schwierig wird, Freiheit **FÜR** die Welt zu entwickeln, denn durch Misstrauen wird verhindert, die Welt, die Natur und die Erziehenden zu schätzen und zu lieben. Nur über die von der Welt in ihnen hervorgerufenen Gefühle können sich die Kinder mit der Welt verbinden. Im reiferen Alter, ab der Pubertät, lösen ungute Dinge, beispielsweise Umweltverschmutzung und Klimaschädigung, seelischen Schmerz aus, was dazu drängt, etwas dagegen zu unternehmen. Voraussetzung ist allerdings, Liebe und Wertschätzung der Welt gegenüber erworben zu haben.

Betrachtet man die naturgegebene Entwicklung des Kindes, sieht man, dass die Individualität im Laufe der Zeit immer deutlicher zum Vorschein kommt und zunehmend, wenn auch langsam, sich selber überlassen werden kann. Die Entwicklung ist ein Prozess vom Naturwesen zum Kulturwesen. Wirkliche Urteilsfähigkeit erwacht ab dem 12. Lebensjahr mit der Entwicklung des kausal-logischen Denkens und kommt im 3. Jahrsiebt zur Blüte. Ist das Kind schon viel früher auf sich selber gestellt, macht es beschränkt den Weg zur Freiheit. Wahre Freiheit setzt einerseits echte vielseitige Kenntnis der Welt voraus und andererseits den Weg ab dem 3. Jahrsiebt von sich selbst weg in die Objektivität, in die Befreiung von sich selbst. Aus den Grafiken 3–5 ist dieser Vorgang in der Kreuzung der Inkarnationslinien lesbar. Der Weg der Befreiung von sich selbst wird verhindert durch die vorherrschende Fokussierung in der Kindheit auf die eigene Seele, auf die eigenen Bedürfnisse. Jugendliche sollten jedoch nicht mehr in einer heilen Welt leben, sondern mit Dingen umgehen können, die nicht nur angenehm sind. Jeder junge Mensch wird z. B. später Prüfungen schreiben müssen, und von alleine lernt man das nicht, auch nicht die dazugehörende Überwindungskraft.

«Erziehung **ZUR** Freiheit» ist ein sich wandelnder Weg von klarer Führung des noch vorherrschenden kindlichen Naturwesens (unter Respektierung der Naturgegebenheiten) zu einem durch Anleitung erwachenden Kulturwesen. Dies geschieht unter Berücksichtigung der durchscheinenden Persönlichkeit und führt schließlich zum freiwerdenden Individualwesen, welches an der Befreiung maßgeblich beteiligt ist und den Weg schließlich selbstbestimmend ganz an die Hand nimmt.

6. Mögliche Auswirkungen von Versäumnissen

Die dargestellte Entwicklung beschreibt den Verlauf so, wie er am gesunden Kind abgelesen werden kann, wenn keine Störungen vorhanden sind, entspricht also einem Ideal. Dieser allgemeine Weg ist nicht erdacht, sondern von der physischen, seelischen und geistigen «Natur» vorgegeben. Als Erziehende haben wir nicht die Aufgabe, Kinder nach unserem Gutdünken oder Forderungen der Gesellschaft oder Wirtschaft zu formen, sondern ihre Entwicklung zu realisieren und zu unterstützen, wie es die Natur und die Individualität fordern. Das Wort «Entwicklung» bedeutet auswickeln aus den Hüllen des physischen Leibes (Geburt), Ätherleibes (Schulreife), Astralleibes (Pubertät), damit das Ich sich verwirklichen kann. Erinnern wir uns an die Bildhauerarbeit Michelangelos. Es können sehr leicht Hemmungen entstehen, einen Entwicklungsschritt genügend ausführen zu können, weil vielleicht ein älterer Schritt nicht stattfand und die Umgebung nicht fördernd, sondern hindernd war. Die Aufgabe der Erziehenden besteht weitgehend darin, die adäquaten, fördernden Umgebungen und Anregungen zu schaffen, was in jeder Entwicklungsphase anders sein muss. Der Unterrichtsstoff soll methodisch so gestaltet sein, dass er dem jeweiligen Entwicklungsstand entspricht.

Nicht nur die Umgebung beeinflusst die ideale Entwicklung, denn jeder Mensch ist eine geistige Wesenheit, eine mikrokosmische Welt für sich. Die ausgewickelte Figur ist also individuell, nur der Weg folgt allgemeinen Gesetzen. Durch die ureigene Individualität wird auch der Weg beeinflusst und kann Anpassungen im allgemeinen Weg erfordern. Als Drittes spielt auch noch die physische Vererbung mit und verlangt oft besondere Wege. Hier wird der Versuch gemacht, mögliche Folgen zu beschreiben, wenn auf dem allgemeinen Entwicklungsweg Unterlassungen oder nicht adäquate Umgebungen herrschten. Es werden einige Beispiele besprochen, und die beschriebenen Folgen sind nur mögliche, denn die Auswirkungen können sehr verschieden sein und haben auch mit den individuellen Situationen zu tun.

Fall 1: Die Kinder haben im 1. Jahrsiebt kein Spielzeug zur Verfügung, welches das fließende Erleben fördert. Sie haben nur technisches Spielzeug, dessen Funktionen festgelegt sind. Dadurch werden kaum Assoziationen angeregt, denn das funktionale Spielzeug lässt nicht mehr zu, dieses zu verwandeln zu einem Gegenstand mit anderer Funktion. Die innere Bewegung wird nicht mehr geübt. Der Wechsel «Eindruck-Erinnerung» ist die Grundlage der im 2. Jahrsiebt erscheinenden Fantasie (siehe Kapitel 3.3.1, 7–9/10 Jahre). Die Fantasie ist der Vorläufer der Kreativität. Fehlende Kreativität hat oft die Ursache in mangelnder Erfahrung in freier Spieltätigkeit.

Es existiert noch ein anderer Zusammenhang. Die Kinder im 1. Jahrsiebt lernen beim Bauen mit unfunktionalen Gegenständen physikalische Gesetze beherrschen. Es geht um das Gleichgewicht und die Reibung, wenn zwei Steine aufeinander liegen und halten sollen, um die Biegekraft beim Bau eines Daches, um die Reißfestigkeit einer Schnur bei einer Seilbahn usw. Auch hier gilt das Prinzip Wollen – Fühlen – Denken, Tätigkeit – Erfahrung – Erkennen von Gründen und daraus folgende Verbesserung. Damit sind Grundlagen gelegt für physikalische Erkenntnisse. Z. B. die Disziplin Mechanik im späteren Physikunterricht ist nicht einfach eine Angelegenheit des Intellektes, sondern ebenso der Erfahrung und sogar der Empfindung. Man kann die auftretenden Kräfte bei einer Brücke nicht quantitativ berechnen, wenn man nicht die verschiedenen Zug- und Druckkräfte in ihrem Zusammenspiel empfindet. Bei genauer Beobachtung des Suchprozesses kann man erleben, dass diese Kräfte im eigenen Körper empfunden werden. Solche Grundlagen werden schon im 1. Jahrsiebt gelegt.

Fall 2: Kinder im 1. Jahrsiebt ahmen leider kaum nach. Wie immer gibt es viele mögliche Ursachen. Diese Kinder stehen unbeteiligt in einem Geschehen da und beobachten nur; sie wirken wie gelähmt. Sie sind nicht oder zu wenig Teil der Umgebung, sondern separieren sich bereits von dieser, was ein Symptom des 1. Rubikon des 9/10-jährigen Kindes ist. Es fehlt das uneingeschränkte Vertrauen in die Umwelt und in die Erwachsenen. Solche Kinder leben oft zu stark im Kopf, im Wissen, sogar im Urteilen. Wissen und Urteilen ist ein Rückweisungsprozess; man geht auf Distanz zu den Dingen, anstatt sich mit diesen willentlich zu verbinden. Wissen ist in diesem Alter nicht wirklich erlebt oder errungen, sondern angelernt. In vielen Fällen sind solche Kinder belehrt und erhalten viele Erklärungen. Erklärungen sprechen den Kopf, das intellektuelle Verständnis an und können von den Kindern gar nicht wirklich erfasst werden, da meistens zum Verständnis das logische Denken benötigt wird.

Hier taucht wieder ein Zusammenhang mit der Fantasie auf. Kinder fragen viel, was vor allem männliche Erzieher verführt, mechanistisch erklärend zu antworten. Wenn auf solche Antworten weitere Frageketten erfolgen, sind die Väter stolz auf ihr interessiertes Kind. Aber gerade die weiteren Fragen zeigen, dass das Kind nicht befriedigt ist von den Antworten, da sie nicht seinem Weltempfinden entsprechen. Diese unbefriedigenden Antworten sind materiell mechanisch statt lebendig sinnbildlich. Ein Beispiel: Ein Kind des 1. Jahrsiebts frägt, wieso die Sonne am Abend untergeht und am Morgen wieder aufgeht. Nun nimmt der Gefragte zwei Äpfel, die Sonne und Erde vertreten. Dann lässt er die «Erde» drehen, in welcher ein Zahnstocher steckt, um damit zu zeigen, wie die Sonne für den Zahnstocher (Mensch) untergeht. Das Kind besitzt weder räumliche Vorstellung noch die abstrakte Fähigkeit, sich aus der Wahrnehmungsposition hinaus in den Zahnstocher zu versetzen. Das heißt, es versteht nichts. Die Sonne ist für das Kind nicht einfach ein wärmespendender Feuerball, sondern ein Wesen, zu dem es eine seelische Beziehung hat; sie ist ein Teil seines Lebens. Vielmehr macht eine Antwort wie «die Sonne geht mit dir schlafen» oder «die Sonne will dich schlafen lassen» Sinn und befriedigt das Weltbild des Kindes. Ich habe schon von naturwissenschaftlich gebildeten Eltern gehört, solche Antworten seien gelogen, und man müsse immer die Wahrheit sagen. Dann müsste man den Schluss ziehen, die naturgemäße magische Erlebniswelt des kleinen Kindes sei eine einzige Lüge, die man möglichst rasch ausmerzen müsse. Die geforderte «Wahrheit» ist die rein materialistische, die das heute noch immer sehr verbreitete Dogma der reinen Materie vertritt. Das wäre der Tod der Fantasie und Kreativität. Die wesenhaften Antworten stimmen im Erleben und Weltbild des Kindes und sind sinnbildlich. Korrigierende und belebende Wirkung haben wesenhafte, mythologische Erzählungen. Sinnbildliche Erfahrungen haben auch einen Zusammenhang mit dem späteren Intuitiven Denken.

Fall 3: Das Kind hat eine destruktive Fantasie voller Monster. Auch hier gibt es vielseitige Gründe. Es können ganz persönliche Erlebnisse dahinter stecken, welche Angstzustände bewirken, oder traumatisierende Zustände in der Familie usw. Allgemein hat es mit der Bilderwelt zu tun, in welcher das Kind lebt oder lebte, seien es seelische oder physische Bilder. Zum Verständnis mache ich hier einen Unterschied von Fantasie und Fantastik. Fantasie ist die Verknüpfung von inneren und äußeren Bildern, die in einen frei gewählten Zusammenhang gestellt werden. Dieser Zusammenhang hat eine innere Verwandlungslogik, denn in der Kindheit aufgenommene Bilder sind ganzheitlich, geistvoll und lebendig und nicht physisch erstarrt. Fantastik zeigt ausgedachte, konstruierte Bilder, die in einen Zusammenhang gestellt werden, die meistens keinen seelisch hintergründigen Charakter haben. Sie sind oft absurd. Anders ausgedrückt: ganzheitlich empfunden gegen rein intellektuell ausgedacht. Solche fixierte Bilder stammen sehr oft aus den visuellen Medien. Kinder, die viel vor Bildschirmen sitzen, erleben besonders in Trickfilmen Monsterfiguren und Destruktivität. Die Geschehnisse sind meistens fern jeder logischen Realität; Figuren werden plattgewalzt und auferstehen gleich wieder. Dies wirkt besonders auf Kinder des 1. Jahrsiebts fatal, da sie noch wenig reale Lebenserfahrung besitzen. Dies bedeutet, dass ihr sich aufbauendes Weltbild mit diesen Eindrücken besetzt wird. Das später frei werdende logische Denken baut sich in der Kindheit an den echt logischen Geschehnissen und Erlebnissen auf. Man muss sich ernsthaft fragen, was die durch die Erfahrung gebildete Grundlage des kausalen Denkens ist, wenn die Kinder solch verqueren Vorgängen ausgesetzt sind.

Studien in den USA zeigen, dass 18-Jährige, die täglich drei Stunden und mehr vor dem Bildschirm saßen, bereits mindestens 30 000 Morde gesehen haben und dadurch oft abgestumpft und gleichgültig sind. So wurde auch statistisch festgestellt, dass Mörder fast ausnahmslos intensive Fernsehkonsumenten in der Kindheit waren. Die Auswirkungen müssen natürlich nicht so drastisch sein, aber Wirkungen hat der Bildschirmkonsum auf jeden Fall. Nicht nur das logische Denken leidet, sondern auch die räumliche Vorstellungsfähigkeit.

Die räumliche Vorstellung bildet sich an der Wahrnehmungstätigkeit. Sitzen Kinder lange Zeiten ihres Entwicklungslebens vor Bildschirmen, welche die Welt nur zweidimensional, also flach zeigen können, bilden sie die räumliche Vorstellung nur ungenügend oder gar nicht aus. Diese traurige Tatsache ist auch durch Studien an Jugendzeichnungen belegt.

Schließlich wirkt sich der Bildschirmkonsum ebenfalls auf die Fantasie, die Kreativität und in der Folge auf das Intuitive Denken aus. Hören Kinder Geschichten, produzieren sie vor allem im 2. Jahrsiebt innerlich aktiv die entsprechenden Bilder. Im ersten Jahrsiebt sind solche Bilder an das Situationsgedächtnis gebunden und oft mehr Seelenbilder oder Erlebnisbilder. Diese Bilder sind nicht fixiert, sondern sehr beweglich. Bildschirmbilder haben zwar äußere Bewegung, gehen hingegen direkt ins Unterbewusstsein, da der Konsument keine eigenen Bilder erzeugen muss und dadurch völlig passiv ist. Selbsterzeugte Bilder kann man wieder hochholen und selber manipulieren, während passiv erlebte Bilder weit von unserem Zugriff weg sind und uns dadurch manipulieren respektive beherrschen.

In solchen Situationen hilft fantasievolle Literatur wie «Die Unendliche Geschichte», «Harry Potter», «Momo», «Krabat» usw.

Fall 4: Kinder sind beziehungslos z. B. zu Menschen, zu Tätigkeiten oder zu Dingen. Wie immer gibt es verschiedene Gründe. Milieuschädigungen können ein wichtiger Grund sein. Beziehung entsteht durch Empathie, durch Mitgefühl. Ein Kind, welches keine Beziehung erlebte, welches sich nicht behütet und getragen fühlte, wird es selber schwer haben, Beziehungen einzugehen. Die Puppe im Arm des Kindes ist Empathieübung. Die fehlende Empathie ist ein typisches Heimkind-Symptom. Man hatte vielleicht alles Äußerliche, das man zum Leben benötigte, außer der seelischen Zuwendung. Beziehung zur Welt kann man nicht über den Kopf aufbauen. Im

1. Jahrsiebt ist das Kind über die Nachahmung leiblich-seelisch mit der Welt verbunden, es steht noch naturgemäß mit der Welt verbunden da. Die Beziehung zur Außenwelt muss nicht hergestellt werden, sondern das Kind ist durch Vergangenheitsströmungen mit dieser verbunden. Ob es seelische Beziehung durch Mitmenschen erlebt, nimmt es nicht wahr, sondern es zeigt sich höchstens in seinem Verhalten und Befinden. Die Auswirkungen von seelischer Verwahrlosung kommen erst später in Defiziten zum Ausdruck. Im 2. Jahrsiebt muss das Kind sich wieder mit der Welt verbinden, indem es die innere Welt, seine Weltanschauung, aufbaut, und diese Verbindung entsteht über die Wahrnehmung und Empfindung. Beziehungslosigkeit zur Sache, zur Welt entsteht sehr oft durch Belehrungen. Wenn das Kind über den Verstand gelernt hat, was ein Vogel frisst, wie er sich fortpflanzt usw., aber nicht mitleidet, keine Empathie empfindet, wenn im Winter der Boden gefroren ist und keine Würmersuche mehr möglich ist, hat Denkdistanz anstatt Verbindung stattgefunden. Folge ist Beziehungslosigkeit. Rein informativer Naturkundeunterricht im 2. Jahrsiebt ist kontraproduktiv. Einzelkinder haben oft die Tendenz, durch die überwiegend erwachsene Umgebung altklug zu wirken, wo man weitgehend erklärend und aufklärend mit den Dingen umgeht. Die Magie der geheimnisvollen Welt existiert nicht oder zu wenig. Unter Kindern schwingt diese Magie immer mit. Die Magie enthält Anziehung, aber nicht im Kopf, in der Einsicht, sondern im Herzen, im geistig-seelischen Sinne, und das ist Beziehung.

Literatur und Erzählungen mit sozialem Inhalt, mit tiefen Freundschaften wie «Die Schwarzen Brüder», «Die Rote Zora», «Heimatlos», «Oliver Twist», «Don Bosco und seine Strolche», «Krabat» usw. wecken Beziehungsbedürfnisse.

Fall 5: Kinder haben eine auffallend tiefe Frustrationstoleranz. Sie weinen bei kleinsten Unpässlichkeiten, oder sie kriegen sogar Tobsuchtsanfälle. Sie finden ein Spielzeug nicht, kriegen nicht sofort das zu essen, was sie wünschen, sie kriegen nicht sofort eine Antwort auf ein Anliegen, oder sie bekommen nicht unmittelbare Aufmerksamkeit. Die 3. Grafik zeigt, dass die Entwicklungen der geistig-seelischen Wesenheit und derjenigen der Wahrnehmung der irdischen Welt anfänglich weit auseinanderklaffen. Die Bedürfnisse der noch wenig inkarnierten Wesenheit entsprechen noch nicht den Forderungen der irdischen Welt. Das Kind muss langsam an diese Welt angenähert werden. Der Säugling bestimmt anfänglich die Stillzeiten nach den Bedürfnissen des Organismus, und die Mutter versucht diese Forderungen nach und nach den irdischen Tagesrhythmen anzugleichen. Der Schlaf- und Wachrhythmus ist ebenfalls eine Erziehungsfrage, was Zeit erfordert, bis dieser mit den irdischen Lebensrhythmen übereinstimmt. In diesem Anpassungsprozess nimmt die Akzeptanz der Naturprozesse ab und nähert sich zusehends den Kulturgewohnheiten. Dieser Anpassungsprozess ist nicht möglich, ohne dass Bedürfnisse zurückgedrängt werden. Folgen sind kleine Unpässlichkeiten, die die Erziehenden ertragen müssen, und dies gilt für den ganzen ca. 20-jährigen Erziehungs- und Begleitungsprozess. Kinder lernen nur dann selber Bedürfnisse zurückzudrängen, wenn von der Erzieherseite Standhaftigkeit vorgelebt wurde. Wir lassen Kinder allein, wenn wir ihnen nicht im 1. Jahrsiebt Vorbild und im 2. Jahrsiebt Autorität sind. Selbstverständlich gehört Behutsamkeit dazu und nicht die Brechstange. Ziel ist, dass die Kinder es als selbstverständlich empfinden, dass der Rückdrängungsvorgang von außen geführt wird, um diesen nach und nach selber ausführen zu können. Erfüllt man als Erwachsener ungefiltert und dienstfertig jegliche Kinderbedürfnisse, muss man sich bewusst sein, dass diese Kinder ihrer Natur ausgeliefert bleiben. Dies ist die beste Vorbereitung dafür, später in alle möglichen Fallen wie Suchtmittel oder Drogen zu fallen, da man nicht genügend gelernt hat, sich aus Einsicht selbst zu führen. Die Erfahrung zeigt, dass Kinder, die zu sehr bedient werden, unglücklich sind. Das sind sie einerseits, weil sie dauernd von unerfüllbaren Bedürfnissen bedrängt sind, und andererseits, weil sie das Vertrauen in die Erziehenden verlieren, die ihnen keinen befriedigenden Halt geben. Die niedere Frustrationstoleranz hat auch mit dem «fließenden Erleben» zu tun, denn dabei geht es unter anderem darum, innere oder äußere Wahrnehmungen in Fluss zu bringen und aus Erstarrungen hinauszukommen. Sind Kinder es gewöhnt, dass Erwachsene möglichst alle Hindernisse aus dem Weg zu räumen versuchen, sind sie selber nicht fähig, die Bewegung zum Sprung über das Hindernis auszuführen. Der Wunsch erstarrt und fixiert sich, was einen Tobsuchtsanfall auslösen kann. Zusammengefasst heißt dies, dass der Organismus sowie die Erfahrung des angenehmen Verwöhntseins der Kinder zu ihrem Diktator und damit der Erwachsenen werden.

Erkennt jemand diese Problematik bei seinen Kindern und möchte anfangen, erziehend zu korrigieren, hilft nur Beharrlichkeit. Das kindliche Verhalten ist zur Gewohnheit geworden, welche wie alle Gewohnheiten im Ätherleib leben, also tief verankert sind. Der Ätherleib respektive die formgebende Lebenskraft ist von Naturrhythmen bestimmt. Der typische Rhythmus für Veränderungen von Gewohnheiten ist der Monatsrhythmus im Einklang mit Mondzyklen. Man muss also mit mindestens 30 Tagen rechnen, um Veränderungen im Verhalten zu erreichen. Da man aber alte Gewohnheiten nicht einfach brechen kann, sollten die neuen Forderungen und Limiten behutsam gesteigert werden. Also wird ein solcher Erziehungsprozess einige Zeit länger dauern. Bedingung ist auch, dass die Erziehenden heftige emotionale Reaktionen aushalten müssen.

Fall 6: Kinder können nicht spielen und sich nicht mit sich selber beschäftigen. Wie bei allen Fällen kann der Grund die Individualität mit ihrem Schicksal sein. Die Aufgabe dieser Schrift ist es jedoch, mögliche allgemein pädagogische Gründe zu ermitteln, was wie immer vielschichtig ist. Das Spiel entsteht wie beschrieben aus «fließendem Erleben». Nicht spielen können kann die Ursache darin haben, dass fixierte Wünsche oder Bedürfnisse den Fluss unterbrechen, was im letzten Fall beschrieben ist. Das heißt, während des Spiels tauchen Erfahrungen auf, die fixierte Bedürfnisse wecken und den Fluss blockieren. Im Kapitel 3.2.3 wurde eine natürliche Situation beschrieben an der Schwelle zur Schulreife, wo oft Langeweile aufkommt, da durch die erwachende Fähigkeit, selber Bilder zu erzeugen, der Fluss nicht wirksam werden kann durch erstarrte Bilder. Allgemein kann jedoch sein, dass innere oder äußere Eindrücke nichts oder zu wenig auslösen. Der Grund dafür kann darin bestehen, dass erstens grundsätzlich temperamentsmäßig eine Schwerfälligkeit und Trägheit existiert. Zweitens könnten die Erfahrungen zu nüchtern sein, wodurch der Gefühlsanteil fehlt oder zu schwach ist, um den Willen zu impulsieren. Dies hängt oft mit wissenschaftlichen Belehrungen zusammen. Das Kind ist auf die Lerninhalte fixiert und kann nicht die Wechselwirkung von inneren und äußeren Eindrücken fließen lassen. Die Spielunfähigkeit kann allerdings auch aus einer ganz anderen Ecke kommen. Viele Eltern sind darauf aus, ihre Kinder «Sinnvolles» lernen zu lassen. Man führt sie Aktivitäten zu wie Schwimmkursen, kreativem Malen, Musikstunden, Ballett, Eltern-Kind-Turnen usw. Im Extremfall haben solche Kinder eine Agenda mit vielen fixierten Aktivitäten. Für das freie Spiel bleibt einerseits keine Zeit, andererseits entwickelt sich die Fähigkeit dazu nicht. Das Kind muss so nicht lernen, sich selber auszuhalten und in Bewegung zu bringen. Welche problematischen Auswirkungen es für das spätere Leben haben kann, zeigt sich in folgender Betrachtung. Im 1. Jahrsiebt schaut das Kind vor allem nach außen und wird von den Eindrücken gesteuert. Beim «fließenden Erleben» kann man nicht davon sprechen, dass das Kind nach innen, in seinen Erlebnisbereich schaut, sondern dass einfach Erinnerungen auftauchen, für welche es kein Selbstbewusstsein hat. Im 2. Jahrsiebt schaut das Kind einerseits nach außen, um seine Innenwelt aufzubauen. Auf der anderen Seite schaut es auch träumend nach innen, in seine Innenwelt, wo auch die Fantasie zu Hause ist. In der Pubertät wendet sich der Blick nach innen, um sich selber zu finden. In der nachfolgenden Zeit wird das Äußere mit dem Intuitiven Denken durchdrungen, hinter welchem wieder ein Blick nach innen steht. Dieser ist aber nicht mehr derselbe wie in der Pubertät auf sich selbst, sondern auf objektivierte Empfindung gerichtet. Die intuitiv erlangte Erkenntnis ist «Fantasie» respektive Kreativität auf höherer Ebene. Noch später, im letzten Drittel des 3. Jahrsiebts, findet wieder ein intensiver Wechsel zwischen innen und außen statt. Dies geschieht durch die Suche der Kombination «wer bin ich» und «was ist in der Welt, wo mache ich (Ich) schicksalsmäßig Sinn in der Welt». Die Frage «wer bin ich» sollte nicht wie in der Pubertät enthalten «wie geht es mir» subjektiv, sondern mehr «was bin ich» objektiv. Der Unterschied zum «fließenden Erleben» im 1. Jahrsiebt oder zum «empfindenden Fühlen» in der Kindheitsmitte besteht darin, dass der Prozess jetzt vollkommen bewusst geschieht. Das Kind war zuerst Teil der Welt, dann empfand es sich in der Welt, jetzt macht sich der Mensch zum Teil der Welt. Hat man sich nicht genügend diesem «fließenden Erleben» hingegeben, wird man sich möglicherweise dieser Wechseltätigkeit nie richtig verschreiben können. Folge kann sein, dass der junge Mensch in sich sitzen bleibt und die Objektivierung nicht genügend stattfindet. Bei sich sitzen zu bleiben heißt auch, keine innere Freiheit zu erlangen, Freiheit von sich und den unkontrollierten Bedürfnissen. Das «fließende Erleben», das Instrument des Spiels, ist auch die Basis der Fantasie des 2. Jahrsiebts und der Kreativität im ganzen weiteren Leben.

Fall 7: Kinder verweigern Lernanweisungen oder allgemein Forderungen an sie. Die Ursachen für dieses Verhalten sind oft dieselben wie im Fall 5 (tiefe Frustrationstoleranz). Je mehr die Kinder Sklaven der aus dem Unterbewusstsein aufsteigenden Bedürfnisse sind, je weniger sie zum Zurückdrängen geführt wurden, desto weniger können sie auf Forderungen von außen eingehen, da diese nicht den momentanen Interessen entsprechen. In meiner Erfahrung sind verwöhnte Kinder erziehungs- und lernresistenter als andere.

Ich kenne auch Fälle von Kindern, welche auffallend oft außer Haus völlig selbständig tätig waren, ohne Beobachtung und Führung. Man kann dies als Wildwuchs bezeichnen und mit einem Baum vergleichen, der zu wenig zurückgeschnitten wird und dadurch kaum Früchte trägt. Ein angeleiteter Unterricht entspricht dem Heranwachsen der Früchte. Kinder, welche sehr oft allein außer Haus Tätigkeiten ohne Anleitungen ausführen, sind weitgehend von unterbewussten Impulsen gesteuert, was zur Gewohnheit wird. Forderungen von außen, so auch im Unterricht, stören das gewohnheitsmäßige Tun und werden als lästig empfunden. Erhält ein Kind zu wenig Zuwendung und Anregung, fehlt oft auch genügende Beziehung. Folgen der Beziehungslosigkeit wurden schon beim Fall 4 besprochen. In diesem Fall erscheint eine andere Auswirkung der fehlenden Beziehung. Das Kind ist ganz auf sich selber gestellt und umso mehr von den eigenen Bedürfnissen gesteuert. Der fast immer unbewusst nach innen gerichtete Blick verhindert den Blick in die Welt und in die sozialen Umstände und Notwendigkeiten. Der Blick nach innen beinhaltet selbstverständlich mindestens zum Teil Forderungen der Individualität, was aber, ohne die Forderungen der Umwelt zu erfüllen, zur Egozentrizität führt (siehe auch Kapitel 5 «Erziehung zur Freiheit»).

7. Der Waldorflehrplan als Spiegel der Entwicklung

Das vorliegende Kapitel möchte nicht den Lehrplan darstellen, sondern es geht auch hier um die Entwicklung des Kindes, jedoch aus praktischer Sicht des Unterrichts. Es möchte nur als Anregung dienen und anhand einiger Unterrichtsinhalte die Spiegelung der Entwicklung aufzeigen. Dabei geht es mehr um die Inhalte als um die Methodik, die nur in wenigen Beispielen als Ergänzung auftauchen wird. Auch dürfen die hergeleiteten Beziehungen nicht als inhaltliche und altersmäßige Festlegungen gesehen werden, sondern als Impulse, sich Gedanken zu machen über den Sinn eines Unterrichts aus dem Verständnis der Entwicklung des Kindes.

Die Aufgabe der Lehrkräfte ist im Wesentlichen eine Zweifache. Sie hat die Kinder und Jugendlichen in diese Welt zu begleiten und einzuführen, was im 1. Kapitel beschrieben wird. Sie hat auch den Prozess der Inkarnation zu unterstützen, was im 2. Kapitel dargestellt ist. In einer gesunden Pädagogik sollten diese beiden Aufgaben zusammenfließen und zu einer werden. Der schulische Begriff «Wissensvermittlung» ist sehr problematisch, denn dabei liegt der Schwerpunkt einseitig auf den Inhalten. Ziel des Unterrichts ist dann der Inhalt, der im Gedächtnis haften soll. Dies enthält die unbewusste Haltung, dass die Kinder Gedächtnisgefäße sind, die wie mit einem Trichter gefüllt werden müssen. Erinnern wir uns an das Beispiel der Figurgestaltung bei Michelangelo. Wenn es vor allem darum geht, Kindergedächtnisse zu füllen, entstehen leicht Missbildungen krebsartiger Natur. Damit ist der Mensch an sich, als freies Wesen, nicht realisiert. Die Seite der Unterstützung des Inkarnationsprozesses wird gerne außer Acht gelassen. Als Lehrpersonen müssen wir uns fragen, welche Inhalte wann förderlich sind, und wie müssen sie methodisch gestaltet sein, dass die Inhalte und der Weg fruchtbar sind. Im vorliegenden Kapitel geht es gerade um diese Fragen: Was, Warum, Wann, Wie.

Untersucht man Lehrpläne öffentlicher Schulen weltweit, kann man feststellen, dass viele Inhalte altersmäßig ziemlich stimmig angesetzt sind. Die Zuordnungen sind vor allem Resultate der Erfahrung, womit und wann Kinder umgehen können, jedoch weniger der Erkenntnis des Entwicklungsstandes der Kinder. Dasselbe gilt für die Methodik: Man findet viele kreative Vorschläge, wie man einen Inhalt bearbeiten könnte. Bei solchen Vorschlägen taucht wieder die Frage auf, ob das «Warum» aus Kenntnis der entwicklungsmäßigen Situation stammt. Der Lehrplan der Freien Waldorfschule ist inhaltsmäßig ein Spiegelbild der kindlichen Entwicklung, mit dem klaren Ziel, die Entwicklung mit dem Unterricht zu unterstützen. Dabei liegt der Fokus mehr auf der Entwicklung als auf der inhaltlichen Vermittlung. Das im Kapitel 3.4, 14–16/17 Jahre angeführte Beispiel von Eurythmie und Mathematik spricht das Thema der Nützlichkeit an, die eben meistens nur in der Förderung der Entwicklung, von inneren Fähigkeiten, besteht. Hier soll betont werden, dass auch der Waldorflehrplan kein festgeschriebenes Gesetz ist. Die Lehrperson hat die Aufgabe, den Sinn eines Inhaltes im Zusammenhang mit der Entwicklung zu erforschen und zu verantworten. Kommt die Lehrperson zu anderen Einsichten, ist sie frei, ja sogar verpflichtet, diese auszuführen. Der geschriebene Lehrplan ist als Beispiel zu verstehen. Praktiziert man Dinge dieses Lehrplanes, ist man deswegen nicht von der Verantwortung befreit, die Tätigkeit begründen zu können. Dies ist eine sehr hohe Anforderung an die Unterrichtenden. Wir müssen akzeptieren, dass wir alle auf einem eigenen Entwicklungs- und Erkenntnisweg sind und oft nicht darum herumkommen, Vorschläge zu übernehmen und anzuwenden. Diese sehr hohe Forderung, nur aus Erkenntnis zu handeln, ist ein Ideal und darum ein Ziel. Das vielleicht Wesentlichste ist, dass sich die Lehrpersonen bewusst sind, mit allen Inhalten und Tätigkeiten erziehend tätig zu sein und Einfluss auf die Entwicklung zu nehmen, ob man sich dessen bewusst ist oder nicht.

Die Methodik hingegen ist fest in die Hand der Lehrperson gelegt, die kreativ Wege suchen soll, künstlerischen Unterricht zu gestalten. Die Methodik ist frei. Richtschnur ist dabei der Begriff «künstlerisch». Das bedeutet, dass eben nicht trichterartig Inhalte vermittelt werden, sondern dass der ganze Mensch, der wollende, fühlende und denkende Mensch, angesprochen wird, mit altersgemäßen Fokussierungen. Künstlerisch ist es, wenn die Dinge zusammenpassen, wenn z. B. historische Jahreszahlen bei den Kindern Erlebnisse hervorrufen, wenn Ausführungen zur Wüste Durstgefühle wecken und den Erlebnishunger anregen, wenn Tiereigenschaften in sich selbst entdeckt werden, wenn allgemein Fakten mit Qualitäten verbunden sind. Dazu ein negatives Beispiel: Die Form einer Blumenvase sollte so zum Blumenstrauß passen, dass der Charakter der Blumen gesteigert wird, dass diese aus der Vase herausströmen oder eventuell zur Ruhe gebracht werden. Steckt nun dieser Strauß in einem Schuh, steht die Funktion und Aussage des Schuhs in keinem Zusammenhang mit einem Blumenstrauß. Dies wäre per Definition Kitsch. Selbstverständlich ist es nicht verboten, Vorschläge zu benützen; aber es gilt dieselbe Anforderung wie bei den Inhalten, dass das Angewandte als stimmig verstanden wird.

7.1 Geschichte

Bei jeder schulischen Materie stellt sich anfänglich die Frage nach dem bildenden Sinn, was sie zur Entwicklung des Menschen beiträgt und wozu es im Leben dient. Damit geht es nicht einfach um die nützliche Anwendbarkeit, sondern mehr um innere Fähigkeiten. Die Menschheitsgeschichte zeigt eine Entwicklung auf, zu welcher die SchülerInnen dazugehören. Es geht also um sie selber, wenn auch nicht um ihr Subjekt, sondern um das Menschliche allgemein. Am allgemein Menschlichen sollen die Kinder heranwachsen und sich kultivieren, was ganz besonders im Autoritätsalter des 2. Jahrsiebts (Autorität und Nachfolge) wirksam ist, aber auch im 3. Jahrsiebt über den Gedanken. Die Geschichte hat einen ganz besonderen Stellenwert im menschenbildenden Unterricht, denn wohl in keiner anderen Disziplin findet man so deutlich Zusammenhänge oder Parallelen zwischen der Menschheitsentwicklung und der Kindheitsentwicklung. Die Entwicklung der Menschheit kann als Parallele zur Inkarnationsgrafik vom Kapitel 2 gesehen werden. Die Geschichte zeigt Prozesse auf, wie Denken, Fühlen und Handeln in der Vergangenheit ineinandergriffen, was Ursachen von Handlungsweisen waren. Dabei entwickeln Kinder Sympathien und Antipathien für Handlungen, die das eigene Handeln korrigierend beeinflussen können. Dies findet allerdings nur dann genügend statt, wenn der Unterricht zum Erlebnis wird. Reine Wissensfakten gehen nicht genügend in die Tiefe, um Gewohnheiten zu formen und damit aus dem Empfinden den Willen zu impulsieren. Geschichte ist auch Kulturgeschichte. In älteren Kulturen sprechen sich Weisheiten aus, welche nicht nur irdisches Geschehen wiedergeben, sondern den Menschen in einen größeren Zusammenhang der geistigen Welt stellen. Sieht man die Geschichte als Wandlung im weiteren Rahmen, kann man ahnungsweise extrapolieren, wohin die Menschheitsentwicklung gehen könnte. Dabei tauchen fast selbstverständlich Fragen nach dem Sinn des Lebens auf.

Übliche Geschichtsbetrachtung zeigt die geschichtliche Abfolge meistens als eine Entwicklung auf, die aufeinander aufbaut. Das heißt, dass die Menschheitsentwicklung eine logische Abfolge sei, der Ursache und Wirkung unterworfen, dass die Taten der Menschen nur Reaktionen auf vorherige Taten seien, dass die Vorkommnisse die Entwicklung bestimmt haben. Damit wird die Geschichte zur Äußerlichkeit und trifft nicht die wirklichen Hintergründe der Menschheitsentwicklung. Eine Ausnahme bildet der Unterricht in der Zeit der einsetzenden Pubertät, wo es Sinn macht, die Geschichte als äußerliche Logik zu behandeln, um das erwachende kausale Denken zu üben. Allgemein aber sollten Geschehnisse nur als Symptome gesehen werden, welche zeigen, wie die Menschheit sich entwickelt und aus neu erwachenden Möglichkeiten des Bewusstseins handelt. Es ist dasselbe wie in der Kindheitsentwicklung: Nicht die Märchen, die man den Kindern erzählt, sorgen dafür, dass die Kinder das Bilderbewusstsein entwickeln, sondern die Freude an der Erzählung ist nur möglich, weil das Kind in seiner naturgemäßen Entwicklung nun befähigt ist, selber innere Bilder zu erzeugen. Nicht dadurch, dass man mit ca. Zwölfjährigen räumlich zeichnet, entwickelt das Kind die Fähigkeit der räumlichen Vorstellung, sondern es ist nun möglich, da diese Fähigkeit jetzt naturgemäß erwacht. Die entsprechende Tätigkeit stärkt und vertieft nur die erschienene Möglichkeit. Hier gilt wieder das Beispiel von Michelangelo, wie er die vorhandene

Figur zum Leben bringt. Dasselbe gilt für die Menschheitsentwicklung: Diese folgt auch einem geistigen Plan der Entwicklung und des jeweiligen Zustandes zur historischen Zeit, welche die historischen Taten ermöglichen. Dadurch sind sie Symptome und nicht die wirklichen Ursprünge von neuen Entwicklungsschritten. Wieso haben z. B. die Menschen nicht schon im Mittelalter eine Revolution angezettelt gegen die Adligen? Weil der Mensch noch nicht das Bewusstsein des späteren Menschen des 18./19. Jahrhunderts hatte, weil die Individualität noch nicht das entsprechende Freiheits- und Persönlichkeitsbedürfnis verspürte. Die Menschen waren noch in einem Bewusstseinszustand, der etwa dem Kind der Kindheitsmitte entspricht, wo noch Führung durch die Autorität notwendig ist. Wieso begannen die Entdeckungen der neuen Welt erst im 15. Jahrhundert und nicht schon zu römischer Zeit? Weil der Mensch noch nicht das Abenteuerbedürfnis innerlich und äußerlich hatte, in sich hinein und in die Welt hinaus zu dringen. Auch fehlte die dazu notwendige Technik, deren Entwicklung ebenfalls nur unter der entsprechenden Vorstellungsfähigkeit und dem Denken in logisch aufbauenden Schritten der späteren Zeit möglich war. Die Aufgabe des Geschichtsunterrichts ist also in erster Linie, neu in der Seele Aufkeimendes zum Erlebnis zu bringen und dadurch zu stärken. (Nebenbei: Man kann sich in der gleichen Art die Frage stellen, wie es mit der Vorstellung steht, dass der Mensch sich aus dem Affen entwickelt habe.)

Soll die Geschichte die Entwicklung des Bewusstseinszustandes spiegeln, muss die Schwelle des 2. Rubikons von 11/12 Jahren besonders hervorgehoben werden. Diese Schwelle wurde der seelische Fall aus dem Paradies genannt, was für die Geschichte bedeutet, dass das Kind mit diesem Inkarnationsschritt bewusst in die irdischen Entwicklungsgeschehnisse eintritt. Damit ist die äußere, menschengemachte Geschichte gemeint, in welcher menschliche Individualitäten persönlich rational in die Geschicke der Welt eingriffen. Darin spiegelt sich auch das Ende der mythologischen Weltempfindung. Rationale Weltgeschichte tritt vor diesem Alter auf keinen seelischen Boden, da das rationale Denken nicht bereit dazu ist. Vor dem 2. Rubikon geht es also nicht um Äußerlichkeiten, sondern um bildhafte Erlebnisse. Auch der Maßstab für Zeitverläufe ist ungenügend gebildet, um sich ein historisches Zeitenbild aufzubauen. Soll Geschichte vor dem rationalen Alter bildend sein, brauchen die Kinder also Sinnbilder, welche die Seelen ergreifen und bereichern. Und das sind Geschichten anstatt Geschichte.

Im ersten Jahrsiebt, wenn die Kinder vor allem durch ihre Tätigkeit lernen, haben Geschichten noch nicht die bildende Wirkung wie später, da die Kinder noch selber Teil der Welt sind. Dies entspricht in der Menschheitsentwicklung uralten Zeiten, in welchen die Menschen sich ebenfalls als Teil der Natur erlebten und noch kaum Selbstbewusstsein besaßen. In diese Zeit gehören auch die in der Landschaft aufgestellten Erinnerungsmerkmale (Gedenksteine, Menhire, Steinkreise, Ritzungen usw.), das Situationsgedächtnis anstoßend. Das ist eine Bestätigung der Einheit des Kindes sowie der alten Frühgeschichtsmenschen mit der Natur, da die äußere Welt gewissermaßen ihr Gedächtnis ersetzt oder ersetzte, respektive die ihre Erinnerungen weckende Natur oder Umgebung ein Teil von ihnen ist oder war. Entrückt die Geschichte die Kinder im 2. Jahrsiebt in eine Welt der seelischen Geschehnisse, die in der Vorstellung abläuft und wieder selbständig erinnernd hochgeholt werden kann, beginnt ein solcher Prozess höchstens nach und nach im letzten Drittel des 1. Jahrsiebts. Die noch einfachen Geschichten können jedoch das Spiel anregend bereichern und Sprachentwicklung fördern. Die eigentliche Welt der Erzählung beginnt im 2. Jahrsiebt. Dies hat mit der inneren Welt zu tun, welche die Kinder jetzt aufbauen und der äußeren Welt entgegenstellen. Die Innenwelt ist einerseits eine Bilderwelt, andererseits auch eine Empfindungswelt; die Bilder sind mit Seelenqualitäten durchsetzt. Die Märchenbilder sind alte Weisheiten und in Bilder gekleidete Menschenwesen mit all ihren Eigenschaften, ob positive oder negative. Sie zeigen auf, wie der Mensch verführt wird, Negatives überwindet und in Positives verwandelt. Es sind auch Sinnbilder für die Entwicklung eines Menschen oder der Menschheit. So könnte z. B. der Moment des Verführtseins einer Erzählung mit der Pubertät verglichen werden. Die Kinder erleben beim Hören immer wieder den Spannungsbogen von der Geborgenheit in die Unsicherheit, Angst, Verlorenheit, und darauf in die Entspannung. Sie entwickeln dabei Antipathie gegen ungute Handlungen und Sympathie für gute Handlungen und das gehört zur Ethikbildung des 1. Jahrsiebts. Kommt man bei der Erzählung von Rotkäppchen zur Stelle, wo der Wolf Rotkäppchen vorschlägt, einen Blumenstrauß zu pflücken, können Kinder sich aufregen und rufen: «Nein, tu es nicht!», und wenn der Jäger den Wolf umbringt, kann man die Sympathie der Kinder erleben. Solche immer wiederkehrenden Empfindungen sind Seelenbildungen und erst nach dem 2. Rubikon Gedankenbildungen. Geschichten und Geschichte sind bildend. Die Sinnbilder der Geschichten haben durchaus auch mit der Bildung der Ästhetik zu tun, denn diese Bilder sind künstlerische Schöpfungen. Märchen sind alte Überlieferungen und stammen aus Zeiten, in welchen der Mensch noch nicht rational bewusst war, sondern die Welt mehr fühlte als verstand. Seinen Bewusstseinszustand kann man mit demjenigen der Kinder von vielleicht sechs bis acht Jahren vergleichen. Gerade deswegen sprechen diese Bilder Kinder dieses Alters an und helfen mit, ihr inneres Weltbild zu einem ganzheitlichen, nicht nur materiellen, sondern lebendigen und empfindungsmäßigen zu machen. Die im Märchen vorkommenden Personen sind ein Bild für die Eigenschaften des vollständigen Menschen, sind also nicht als unabhängige Einzelpersonen zu verstehen (siehe Entwicklungsbogen, zutreffend bei vielen Märchen). Im Waldorflehrplan gilt das ausgewählte Märchen als treffend für das erste Schuljahr. Es muss hier betont werden, dass es nicht um Festlegungen geht, welcher Inhalt wann erzählt werden soll. Es geht darum, das Alter und seine Stimmungen zu verstehen und zu empfinden, um zu beurteilen, welcher Erzählstoff wann angebracht ist. Man könnte z. B. ziemlich daneben liegen, wenn man irgendwelche Märchen der Welt für Siebenjährige verwendet, ohne deren Stimmung zu erfassen. Z. B. bei mexikanischen Märchen gibt es solche, die brutal erscheinen und schon fast mit der Pubertät im Einklang stehen. Wie im ganzen Unterricht haben die Lehrpersonen nicht Inhalte zu erfüllen, sondern solche zu finden, die den Kindern jeweils entsprechen (siehe Märchenliste im Anhang).

Märchen

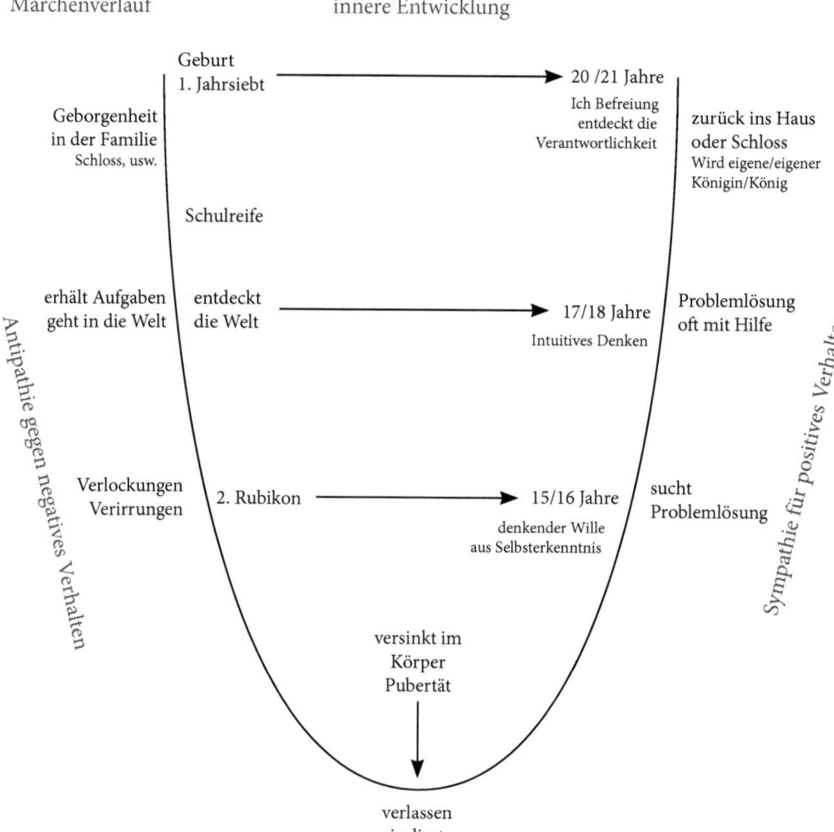

Märchenverlauf
innere Entwicklung
Geburt
1. Jahrsiebt
20 /21 Jahre
Ich Befreiung
entdeckt die
Verantwortlichkeit
Geborgenheit
in der Familie
Schloss, usw.
zurück ins Haus
oder Schloss
Wird eigene/eigener
Königin/König
Schulreife
erhält Aufgaben
geht in die Welt
entdeckt
die Welt
17/18 Jahre
Intuitives Denken
Problemlösung
oft mit Hilfe
Antipathie gegen negatives Verhalten
Sympathie für positives Verhalten
Verlockungen
Verirrungen
2. Rubikon
15/16 Jahre
denkender Wille
aus Selbsterkenntnis
sucht
Problemlösung
versinkt im
Körper
Pubertät
verlassen
isoliert
in Gefahr

Der im Weiteren besprochene Erzählstoff ist als Beispiel und Möglichkeit zu verstehen.

Im 2. Schuljahr, mit ca. 8 Jahren, nähern sich die Kinder dem 1. Rubikon an, was bedeutet, dass sie sich schon etwas mehr inkarnieren und dadurch der irdischen Realität des menschlichen Lebens näherkommen. Es macht nun Sinn, die Seelenbilder konkreter, irdischer erleben zu lassen, denn ca. achtjährige Kinder empfinden ihre Gefühlswelt schon bewusster und können ihre Gefühle benennen. Ich erinnere an das Beispiel des Kindes, das wahrgenommen hat, dass es sich nicht wie Franz von Assisi benommen hat. Der empfohlene Erzählstoff des 2. Schuljahres ist ein dreifacher. Dazu gehören 1. Heiligenlegenden, 2. Tierfabeln, 3. Pflanzenlegenden. Diese drei Charaktere kann man der Beziehung zu 1. Leib, 2. Seele, 3. Geist zuordnen. Bei den Heiligenlegenden geht es in erster Linie darum, wie der Mensch mit seinen irdischen Bedürfnissen umgeht und versucht, sich über die irdischen Versuchungen zu erheben. Es ist ein Bild für die Selbsterziehung und menschliche Entwicklung und enthält einen Keim, den Sinn des irdischen Lebens zu empfinden (was nichts mit Religionsunterricht zu tun hat). Die Tierfabel ist ins Bild gebrachte Moral und spricht unmittelbar vom Verhalten im Seelischen. Dazu noch eine methodische Bemerkung. Fabeln sind so kurz, dass die Kinder nicht genügend Zeit haben einzusteigen. Sie haben nur dann Wirkung, wenn z. B. vorgängig die Lehrperson vom eigenen ungeschickten Verhalten betreffs der in der Fabel verarbeiteten Moral spricht. Erfahrungsgemäß berichten darauf die Kinder von eigenen Erfahrungen. Folgt dann die Fabel, sind die Kinder seelisch so vorbereitet, dass die Moral in der Geschichte sofort durchschaut und intensiv erlebt wird. Die meisten Pflanzenlegenden oder auch Tierlegenden bringen Opferbereitschaft oder Altruismus ins Bild, z. B. wie das Schneeglöckchen dem Schnee von seiner weißen Farbe etwas verschenkt, da er vorher farblos war. Deswegen hat das Schneeglöckchen heute grüne Blütenblätterspitzen. Es steckt auch bildhafte Logik darin.

Das 3. Schuljahr bringt nun mit dem 1. Rubikon und der entsprechenden Individualitätswahrnehmung Trennung von den anderen Menschen mit sich. Durch die Trennung erwacht das Bewusstsein für die Autorität, die gegenübersteht. Vorher wurde der Erwachsene nicht als Gegenüber empfunden, sondern noch als Teil der eigenen Welt. Erst durch das Bewusstsein kann Verehrung aufkommen. Die Kinder möchten in der Kindheitsmitte einerseits eigene Wege gehen, andererseits müssen und wollen sie die Autorität spüren. Der Vorschlag, Geschichten aus dem Alten Testament und Erzählungen der Juden zu präsentieren, hat mit dieser Zweiheit des Verhaltens gegenüber der Autorität zu tun. Einerseits wollen sie immer wieder eigene Wege gehen und sich dabei von der göttlichen Führung abspalten. Sie laufen in Verirrungen. Dann müssen sie zur Rettung wieder in die Obhut der Führer wie Noah, Abraham und Moses zurückkehren. Es geht dabei um die Spannung, den Wechsel zwischen Freiheit und Führung, was dem seelischen Innen-Außen, Inkarnieren-Exkarnieren entspricht. Hier soll noch betont werden, dass dies auch nichts mit Religionsunterricht zu tun hat, sondern mit seelischer Entwicklungsgeschichte. Findet man andere Erzählungen mit derselben Qualität, mit demselben Charakter, eignen sie sich selbstverständlich genauso gut.

Wie bei der Betrachtung der Entwicklung des Kindes ausgeführt wurde, haben Entwicklungsschritte die Tendenz, wie ein Pendelschlag über das Ziel hinauszuschießen, was deutlich im 1. Rubikon zu erleben ist. Viertklässler, also 10-Jährige, wirken oft zu stark inkarniert oder geerdet, was sich gerne in überschüssiger Kraft, in impulsivem Willen äußert. Um diesen Zustand aufzugreifen, erzählt man in der Waldorfschule Geschichten der nordischen Mythen- und Sagenwelt, z. B. die «Edda». Wikinger und Germanen legen in ihren Erzählungen diese impulsive Willenshaltung an den Tag. Dabei kommen auch List und Schlauheit zum Zug, typische Eigenschaften der Kindheitsmitte. Der Erzählstoff hat in der Kindheitsmitte noch eine andere Seite, nämlich die Beziehung zum Geografischen. Die menschenkundlichen Hintergründe werden beim Thema Geografie behandelt. Hier nur so viel, als die Behandlung der geografischen Umwelt Beziehung zum Kind knüpfen kann über Mythen und Sagen, die eine Gegend charakterisieren und ihr Seele einhauchen (siehe Kapitel 7.2: Geografie). Geschichte und Geografie sind noch weitgehend eine Einheit, so wie die Kinder die Welt eben noch erleben.

Die Verbindung der realen Welt mit sinnbildhaften, dramatischen Vorkommnissen in der Sage spiegelt den Entwicklungszustand der Kinder in der Kindheitsmitte. Die reale Welt wird schon recht wichtig und will erfasst werden; echte Verbindung und Interesse erfordern aber Seelenfülle. Es ist noch die analytische Erfahrung des 2. Jahrsiebts, in dem man Einzelnes aus dem Zusammenhang aufleuchten lässt.

Der besprochene Seelenreichtum, den die Kinder in sich erleben, gilt besonders für das 5. Schuljahr, wenn das Pendel zurückschwingt und Harmonie, Schönheitsempfindung, Athletik und Lebensfreude sichtbar werden. Kraft, Leichtigkeit, Beweglichkeit, empfindungsmäßige Intelligenz und Magie gehören in die Erzählungen, und das finden wir zum Beispiel in den Sagen der Griechen. Die Götter mischen sich unter die Menschen und benehmen sich wie diese. Dies ist ein Bild für die Annäherung zum 2. Rubikon, denn diese menschlichen Götter stehen für die Kinder, die bald aus der mythologisch-magischen Welt herausfallen werden, aber noch letzte Beziehung zu dieser haben. Typische Repräsentanten sind die Halbgötter. Neben dem Erzählstoff taucht nun ein Übergang zum reinen Geschichtsunterricht auf. Wir bearbeiten «Alte Kulturen» aus vorchristlichen Zeiten, so z. B. Sagen, Mythen und Lebensformen der Ägypter, Babylonier, Assyrer, Griechen usw. Wagt man sich an noch ältere Kulturen wie Urindien oder Urpersien, kann es sich nicht um Historisches im äußeren Sinne handeln, da fast nichts darüber bekannt ist. Es ist Kulturerlebnis mit dem Ziel, die Kinder in die Stimmung der alten Völker zu bringen, sich als Ägypter zu fühlen, der ein Einweihungsritual durchmacht, als ein Grieche, der einen Tempel mit den perfekten, unübertreffbaren Proportionen baut respektive entwirft usw. Dadurch leben die Kinder in der Zeit der größten Seelenoffenbarung in allen erdenklichen Winkeln ihrer Gefühlswelt, was wieder Grundlage der späteren Kreativität ist, aber auch des Intuitiven Denkens. Die dabei erlebte Schönheit, sei es von Bauwerken oder von Dichtungen, arbeitet mit, die Ästhetik zu bilden. Die Arbeit mit den SchülerInnen betreffs alter Kulturen ist auch in anderer Hinsicht ein Spiegel des Entwicklungsstandes der Kindheitsmitte und hat mit der Entwicklungsstufe von der ägyptischen zur griechischen Kultur zu tun. Erlebten die Ägypter in ihren Kultstätten die Götter noch unmittelbar, hatten die Griechen nur noch Bilder für ihre Götter. An dieser Entwicklungsschwelle standen die Griechen vor allem ab ca. der Mitte der griechischen Kulturepoche. Das Schattenreich ist ein Bild für die Abdämmerung der unmittelbaren Beziehung zur Götterwelt, der geistigen Welt. Die Schatten sind irdische Abbilder höherer Wesen, welche Erinnerung an diese Götterwelt hervorriefen. Das ermöglichte nun, dass der Mensch die eigene Persönlichkeit erlebte; er individualisierte sich. Dies erwirkte die Geburt der Philosophie auf der Basis des logischen Denkens. Erst jetzt begannen die Menschen mit rein äußerer Geschichtsschreibung. An dieser Wende stehen die Kinder dieses Alters, und es beginnt schon das logische, abstrakte Denken aufzuleuchten, welches die zweite Hälfte der griechischen Zeit dominierte. Aber die griechischen Sagen enthalten bildhafte Überreste der mythologischen Welt, welche bei den Kindern noch wirksam sind.

Hier noch eine Bemerkung zur Landesgeschichte. In öffentlicher Pädagogik ist es verbreitet, in diesem Schuljahr Nationalgeschichte zu betreiben. Man sollte sich fragen, ob das nicht auf kontraproduktive Art den Nationalismus fördert. Ich selber kann mich als Schüler erinnern, durch isolierte Erarbeitung der Landesgeschichte mit der Idee zu leben, die kleine Schweiz sei der Nabel der Welt. Es fiel mir später schwer, anzuerkennen, dass dieses sehr kleine Land für die Welt- und Menschheitsgeschichte unbedeutend war. Dieser Einwand ist kein Widerspruch zu den Vorschlägen betreffs Heimatkunde des 4. Schuljahres, denn dort ging es nicht darum, Landesgeschichte zu beschreiben, sondern geografischen Orten Seele einzuhauchen. Das 3. Jahrsiebt ist sehr geeignet, Nationalismen und ihre Auswirkungen zu studieren, denn sie haben sehr wenig Positives bewirkt und Katastrophen ausgelöst.

Nun treten die Kinder mit dem 2. Rubikon, im 6. Schuljahr, in den zeitlich erfolgenden historischen Strom der Menschheitsgeschichte. Nach üblicher Logik beginnt man mit der Urgeschichte der Steinzeitmenschen. Haben wir das Ziel im Auge, das sich entwickelnde Bewusstsein unterstützen zu wollen, müssen wir feststellen, dass der Zustand des Steinzeitmenschen kaum etwas zu tun hat mit demjenigen des 12-jährigen Kindes. Man könnte höchstens das mechanische Erfinderbedürfnis der 12/13-Jährigen in Vergleich setzen mit grundlegenden Entdeckungen und Erfindungen in der Frühzeit. Dieses Thema gehört aber in die Heimatkunde der 4. Klasse. Rekapitulieren wir, was sich entwickeln will, was neu erwacht oder auch abtaucht: Ursache- und Wirkungsdenken, räumliche Vorstellung, was Zusammenhang mit dem irdischen geografischen Weltbild zu tun hat, Beschäftigung mit sich selber, mit seinen Bedürfnissen, fixiert sein auf seine subjektiven Interessen, also Egoismus, Machtgelüste, abnehmende Fantasie, sich an Äußerlichkeiten festhaltend, darauf bedacht, Eindruck zu machen, Idole suchen, um eigene Unsicherheit zu kaschieren usw. Durchforschen wir die Geschichte, entdecken wir bei den Römern viele dieser Symptome. Im römischen Imperium kombiniert sich Machtpolitik mit überblickendem geografischem Erdbewusstsein, was vorher nicht so weit reichte. Die Heerführer, welche von gewonnenen Kriegen heimkehrten, stellten sich in Triumphzügen zur Schau; im übertragenen Sinne schminkten sie sich. Die Führer wurden zu Idolen hochstilisiert. Das kausale Denken kam in der Kriegstaktik zum Einsatz. Auf der anderen Seite benützten die Römer das nüchterne, klare Denken dazu, die Beziehungen zwischen den Menschen zu untersuchen, um gerade die reine Machtwillkür in die Schranken zu weisen. Das römische Recht entstand, was heute noch Grundlage des Rechtsempfindens der westlichen Welt ist. Die Römer waren die Ersten, welche Volkspolitik realisierten, Politik des Bürgers, der seine Rechte hatte, wenn auch die Menschenrechte unter der Zweiklassigkeit litten. Römische Geschichte trifft die 12-Jährigen in der tiefsten Seele. Dies trifft auch auf das Mittelalter zu. Das Machtgebaren steigert sich noch, und die Kirche verfällt der Macht materiell und ideell. Auch Jugendliche können nach dem 2. Rubikon Gesinnungsterror aufbauen und Andersdenkende ausstoßen, also ideelle Macht ausüben. Auf der anderen Seite regt sich leise die Minne, feine Regungen in tiefster Seele, was sich im Rittertum manifestierte. Im Rittertum ging es auch darum, edle Eigenschaften zu entwickeln wie Hilfsbereitschaft, Beschützerbedürfnis gegenüber Schwächeren, Mut, Freimütigkeit, Edelmut, Überwindung von Hochmut, Unmut, Übermut usw. Das hat viel zu tun mit der beginnenden Selbstwahrnehmung und Selbsterkenntnis.

Bei der Betrachtung der Entwicklungsphase 11/12–14 Jahre war die Rede vom Bedürfnis, Grenzen auszuloten und zu erweitern, vom Abenteuerbedürfnis. In der Menschheitsgeschichte erwachte dieses Bedürfnis mit den Entdeckungen während der Renaissancezeit. Man hatte den Drang, in Regionen vorzudringen, von denen man praktisch nichts wusste, was Mut erforderte. Dazu benötigte man Sicherheit darin, wie man irdisch materiell mit äußeren Überraschungen umgeht, wie man solche technisch löst. Hier zeigt sich der Zusammenhang mit dem Interesse an technischen Erfindungen und Lösungen der jungen Heranwachsenden, was logisches Denken und räumliche Vorstellung voraussetzt. Dies sind typische Symptome für ca. 13-Jährige. Sie stecken mitten in der Entwicklung des Bewusstseins des Renaissancemenschen. Dazu passt auch die Abwendung von den Autoritäten. Der Ruf des Humanismus, nicht nur zu glauben, sondern selber zu denken, bringt es auf den Punkt. Was jedoch noch nicht verschwand, auch nicht beim jungen Menschen, ist die Verehrung für hohe Leistungen. Dies zeigte sich in der Begeisterung für die darstellende Kunst, für Architektur, Plastik und Malerei. Die Renaissance ist ein sehr treffendes Thema für 7. Klassen.

Dadurch, dass Jugendliche in der Pubertätsmitte ganz in sich hinein sinken, kommen sie im Heute an, in der materiellen Welt, wie sie heute ist, und sie wollen an dieser teilnehmen. Dies bedeutet, dass sie seelisch bereit sind, im 8. Schuljahr die Geschichte bis heute mitzuerleben, also die Geschichte der Neuzeit und der neuesten Zeit. Nun ist es aber sehr wesentlich, welche Qualität der Unterricht hat. Hier ist noch die Sprache vom 2. Jahrsiebt, also davon, dass die Welt nicht einfach erkennend intellektuell verstanden werden will, sondern noch gefühlsmäßig erlebt werden muss, um bildenden Eindruck zu erzeugen. Die größte Wirkung geht davon aus, dass die Kinder sich ereifern, sich erfreuen, sich begeistern, verehren, Abscheu entwickeln, sich ärgern, verzweifeln, eventuell auch weinen, wenn sie scheußliche Reden von Hitler oder Goebbels hören usw. Ein guter Unterricht lässt die Kinder zu dem werden, was behandelt wird, lässt historische Personen lebendig auferstehen in der Vorstellung der Kinder, lässt sie schwitzen, frieren usw. Zusammengefasst heißt das, Sympathie und Antipathie sollen stete Begleiter sein. Diese

Gefühlswallungen sind wesentlich stärker als intellektuelles Verständnis, um im Innern des Menschen Kräfte zu bilden, die später Grundlage seines Handelns und Verantwortungsbewusstseins sind. Diese Gefühle helfen den Kindern auch, sich besser zu erinnern. Wenn es vor allem darum geht, Fakten auswendig zu lernen, findet nicht wirklich Bildung statt, sondern eher das Gegenteil, dass man abstumpft gegenüber dramatischen Dingen. Da in diesem Alter Ordnung in das zeitliche Denken kommt, ist es auch wichtig, dass die Jugendlichen nun ein klares Zeitenbild der Geschichte in sich tragen. Durch kritische Betrachtung des Zeitenverlaufes können Rhythmen entdeckt werden. Das können Wechsel sein von Fortschritt – Stagnation, Befreiung – Unterdrückung usw. Das entspricht einem Vorblick auf das 3. Jahrsiebt, in dem distanziert geurteilt wird, und macht erst als Zusammenfassung am Ende des 2. Jahrsiebts Sinn.

Ab dem 9. Schuljahr, ab dem 3. Jahrsiebt, tritt die kindliche Entwicklung und mit dieser der Geschichtsunterricht in eine komplett neue Phase ein. Mit der Urteilsfähigkeit kann nun die Geschichte respektive das menschliche Verhalten beurteilt werden. Es geht also nicht mehr nur um das Erlebnis, sondern Schlüsse aus den Erlebnissen zu ziehen mit dem klaren Denken. Die Aufgabe ist nun, die Ideen zu entdecken, welche hinter den Geschehnissen steckten. In der vorchristlichen Geschichte geht es um spirituelle Ideen, durch welche geistige Führer angeleitet waren, die Geschicke zu lenken, in der nachchristlichen Geschichte um Ideen, die die Menschen entdeckten, oder um die Untergründe, welche zu Handlungen führten. Man kann nun mit dem Denken ergründen, welche Ursachen hinter dem menschlichen Willen standen, ob es Emotionen, Wünsche, egoistische Interessen, Machtkitzel, Einsichten oder Zukunftsideen waren. Man kann dies als eine Anleitung zur Selbsterziehung sehen, um zu lernen, aus Einsicht zu handeln.

Die Geschichte kann auch als Spiegelung der Entwicklung in der Pubertätsmitte gesehen werden. Vor dem Spiegel (8. Schuljahr) die neue und neueste Zeit erlebend, nach dem Spiegel (9. Schuljahr) dieselbe Zeit beurteilend. Die Jugendlichen befinden sich in der Entwicklungszeit des praktischen Denkens, der Nützlichkeit. Dadurch haben sie noch wenig

Distanz zum Weltgeschehen, und Ideale beginnen erst leise aufzuleuchten. Sie sind noch ziemlich stark bewegt durch das Behandelte, als Nachklang des 2. Jahrsiebts. Im 10. Schuljahr, wenn sich das theoretische Denken ankündigt, entsteht schon mehr Distanz und dadurch die Fähigkeit, historische Zeiten zu bearbeiten, die weiter weg liegen. Im 11. Schuljahr liefert das lebendige, Intuitive Denken die Möglichkeit, subtil in feine Beweggründe der menschlichen Seele zu schauen. Da scheint religiöses Suchen und Streben des Mittelalters geeignet zu sein, durchleuchtet zu werden, was mit der eigenen Suche im Leben einhergeht. Am Ende der Schulzeit, mit dem 12. Schuljahr, sollte ein ganzer Überblick wachsen über den Geschichtsverlauf und als Erkenntnis die Menschheitsentwicklung herausgelesen werden, um somit Fragen des Sinns des Lebens zu besprechen.

7.2 Geografie

Was bringt die Geografie dem heranwachsenden Menschen an Entwicklungshilfe, welche Fähigkeiten werden gebildet? Das Wesentlichste sind wohl die Vorstellung und die Orientierung. Die Geografie bindet den Menschen an die physische Welt an und gibt ihm dadurch Freiheit, sich sicher in der Welt zu bewegen. Die Kenntnis der Welt und der Arbeitsmöglichkeiten sind unbedingte Voraussetzung dafür, im Selbstfindungsprozess seinen Platz in der Welt und der Gesellschaft zu finden. Die Völkerkunde weitet den Horizont über unsere Kultur hinaus, was gerade heute im Zuge der Globalisierung sehr wichtig ist, auch um aus der Enge des Nationalismus herauszukommen. Die Geografie hilft uns, WeltenbürgerInnen zu werden.

Geografie, also Erdkunde, spricht vom Wahrnehmungsweg des Menschen, wie er die Erde erlebt respektive wie er sie sich innerlich zu eigen macht. Der Weg entspricht also der Grafik des 1. Kapitels und deren Beschreibung. Die Erdkunde beschränkt sich im 1. Jahrsiebt auf die nähere Umgebung, die sich das Kind selber erobert, inklusive des eigenen Leibes in den ersten Lebensmonaten. Bis zum 1. Rubikon von 9/10 Jahren ist das Kind noch nicht bereit für einen Lehrstoff Erdkunde, da es selber noch nicht genug Distanz zur Umgebung hat. Also ist es noch nicht Erdkunde, sondern Erderlebnis oder Erderfahrung. Auch macht es noch keinen Sinn, einzelne Materien wie Erdkunde, Pflanzenkunde, Tierkunde oder Gesteinskunde zu besprechen, da alle diese Disziplinen ineinanderfließen, als Einheit erlebt werden. Erst mit dem Erlebnis, sich selber distanziert von der Umgebung zu empfinden, kann die Welt um sich herum bewusst betrachtet und wahrgenommen werden.

Erdkunde kann also im Laufe des 3. Schuljahres beginnen. Da die Kinder mit diesem seelischen Fall aus dem Paradies erst auf der Erde ankommen müssen, macht es keinen Sinn, vorstellungsmäßig gleich vom eignen Ort der Landung wegzureisen. Sie müssen sich zuerst hier ansiedeln. Die Frage taucht gezwungenermaßen auf, wie man außerhalb des Paradieses lebt respektive überlebt, wenn man nicht mehr alles geschenkt kriegt. Die Kinder fühlen sich wie Kain und Abel. Darum beginnt nicht gleich ein territorialer Erdkundeunterricht, sondern man muss zuerst seinen Platz auf der Erde finden, also Unterkunft und Arbeit. Die jetzt wichtigen Themen sind: Hausbau, Landwirtschaft und Handwerke. Hier soll noch erwähnt werden, dass in der Waldorfschule diese Inhalte in Epochen gearbeitet werden, also z. B. während drei oder vier Wochen täglich eine Doppelstunde, um besser in der Sache zu leben, und mit Exkursionen auch ganze Tage. Diese Methode gilt auch für viele andere Inhalte. Man muss auf der Erde wohnen, man muss sich selber ernähren, man muss die Kleider, Schuhe, Werkzeuge herstellen. Dabei geht es nicht darum, Arbeitsprozesse zu verstehen, sondern den Willen zu entwickeln, diese Erde ergreifen zu wollen und sie zu schätzen. Man erinnere sich an das Beispiel der drei Kinder beim Schmied. Das mittlere Kind von ca. 10 Jahren interessiert sich für den Schmied, also den arbeitenden Menschen und nicht für den Prozess, der zum Produkt führt. Es geht um die seelische Beziehung zur Arbeit des auf der Erde angekommenen Menschen und hat mit der verehrten Autorität zu tun.

Das 10-jährige Kind des 4. Schuljahres ist schon deutlicher auf der Erde und im eigenen Leib gelandet, wie es bei der Geschichte beschrieben ist. Es hat schon ein erstes Erlebnisbedürfnis, seine Geografie zu erkunden und in die Erde einzutauchen. Sein Vorstellungsvermögen ist allerdings noch ziemlich auf die nähere Umgebung beschränkt, auf den Bereich der möglichen Wahrnehmung und Beobachtung. Nun soll es diese aber wirklich erforschen. Selbst weitgereiste Kinder können einzelne Kenntnisse nur im Bereich ihrer wahrnehmbaren Umgebung richtig einordnen, welche etwa dem sichtbaren Horizont um sie herum entspricht. Das ist ihre Heimat. «Geografie» des 4. Schuljahres ist Heimatkunde, und sie ist gleichzeitig Heimatgeschichte. Werden Orte der Heimat mit Erzählungen, Sagen und Legenden, aber auch mit historischen Geschehnissen verbunden, beginnt die Heimat zu leben. Besuche bei alten Menschen, die aus ihrem Leben erzählen, sind unlöschbare Erlebnisse. Die Heimatkunde ist auch eine gute Gelegenheit, Orientierung zu üben und Distanzvorstellungen zu bilden durch den Zusammenhang von Distanz und Zeit. Dies erfolgt am wirkungsvollsten durch Wanderungen, damit Wille, Empfindung und Vorstellung zur Einheit werden. Die Kinder der Kindheitsmitte haben schon die Möglichkeit, ihren Standpunkt mit anderen vorgestellten Orten topografisch in Verbindung zu bringen, wodurch die Lehrpersonen in einfacher Weise Landeskarten entwickeln können, so z. B. den Weg zwischen der Schule und dem Wohnort und schließlich der ganzen bearbeiteten Heimat. Solche Karten sollten sinnvollerweise nicht nur eine übliche Draufsicht von oben sein, denn diese erfordert die Fähigkeit, vorstellungsmäßig in der dargestellten Fläche die dritte Dimension zu entwickeln. In der Erfahrung der Kinder leben Hügel, Berge und Gebäude in der Aufsicht respektive Frontansicht. Zeichnet man in die Draufsichtkarten Hügel und markante Gebäude wie zum Beispiel Kirchen in der Aufsicht, rufen diese Erinnerungen auf. Solche Erinnerungen helfen mit, sich zu orientieren. Damit können distanzmäßige Vorstellungen entstehen, welche im Einklang sind mit der gefühlsmäßig bekannten Zeit, von Ort zu Ort zu gehen oder zu fahren. Auf diese Art wurden in älteren Zeiten Karten gezeichnet. Soll Verbindung mit der Heimat stattfinden, kann man nicht genug Erlebnisse über den Willen organisieren, z. B. einen Sumpf durchqueren, kriechend Kohle aus einer Höhle meißeln, wie es die Vorfahren machten, Torf abbauen, eine Höhle erforschen, historische Orte besuchen usw. Das hat wieder mit der beschriebenen Tendenz der momentan zu starken Inkarnation zu tun.

Die irdische Welt öffnet sich den heranwachsenden Kindern kontinuierlich, so dass Fünftklässler ihren Vorstellungshorizont auch im Laufe der Kindheitsmitte gegenüber Viertklässlern erweitern. Dies hat auch mit der Annäherung an den 2. Rubikon zu tun, mit der sich ankündigenden räumlichen Vorstellung. Dadurch steigert sich die Fähigkeit, Erinnerungsbilder von Landschaften mit ihrem eigenen geografischen Standpunkt zu verbinden. Andererseits leben sie noch in der Stimmung der Kindheitsmitte und erleben dadurch die Dinge weiterhin zusammenhängend. Sie sind also noch offen für die Welt der Mythen und Sagen, mit der Seele der geografischen Örtlichkeiten. Üblicherweise steht Geografie des Mutterlandes auf dem Lehrplan. Es macht aber nicht viel Sinn, sich auf politische Grenzen festzulegen, denn Geografie ist in erster Linie noch Topografie und Landschaft. Die Kinder leben noch nicht in politischen Zusammenhängen. Dies hat wieder mit dem Schritt des 2. Rubikons zu tun, wie es anlässlich der Geschichte beschrieben ist. Es macht also keinen Sinn, die Gebirge an den Landesgrenzen aus politischen Gründen abzuschneiden und z. B. an der Grenze der Schweiz zu Italien im Hochgebirge Abstürze von 4000 m zu suggerieren. Geografische Bilder in der Vorstellung der Kinder haben natürliche Grenzen wie Flüsse, Seen, Täler, Gebirgszüge und Meere. Der Halt an politischen Grenzen unterstützt auch nationalistische Ideen. Es ist nicht zwingend, dass bei großen Ländern das ganze Land erfasst wird, sondern mehr geografische Einheitsräume.

Im 6. Schuljahr, mit dem 2. Rubikon und dem räumlichen Vorstellen, entsteht geografischer «Raum». Die Vorstellung wird nun abstrakter, und die Kinder können von hilfreichen Frontbildern Abstand nehmen und sie sich von oben vorstellen. Darum macht es jetzt Sinn, z. B. mit einem Sandkasten Topografien aufzubauen, um die Darstellung der Höhen mit Schattierungen oder Höhenlinien zu lernen, was eben räumliche Vorstellung voraussetzt. Der Bearbeitungsraum kann sich jetzt auf den eigenen ganzen Kontinent ausweiten und die Kinder in ihren Wirtschaftsraum setzen, mit geografisch bedingten Verkehrswegen wie Flüsse, Täler usw. Kunstbauten wie Brücken, Tunnels und Kanäle sollten aus der

Kombination von Landschaft, Wirtschaft und Politik selber gefunden werden, um das kausale Denken zu benützen und fördern.

Ein spezielles Nebengebiet der Geografie ist die Geologie, was im wahrsten Sinne des Wortes Erdkunde ist. Wie entstand Materie der Erde, wie entstand Landschaft, wie formte sie sich um. Wie entwickelten sich die Gesteine, und wie hängt deren Entwicklung zusammen mit der Pflanzen- und Tierwelt. Wie ist die Stufenleiter der Entwicklung der Pflanzen auf der Grundlage der Gesteinsentwicklung. Das sind alles Prozesse in der Zeit, und bei den Mineralien rein physikalische. Das logischkausale Denken, das für das Verständnis der mineralisch toten Materie bestens geeignet ist, kann sich an der Geologie ideal schulen, und zwar in der Kombination von Raum und Zeit. Geologie wäre in jedem Alter ab 12 Jahren interessant, aber nie so ideal wie für das 6./7. Schuljahr, das 12./13. Lebensjahr, um die neu erwachten Möglichkeiten zu unterstützen. Hier geht es deutlich kaum um vermittelte Kenntnisse, sondern um die Entwicklung innerer Fähigkeiten. Um zeitliche geologische Vorgänge zu erfassen, müssen Beobachtungen in Beziehung gebracht werden. Durch Schlüsse ziehen werden zeitliche Abfolgen gedacht.

Die geografischen Fakten haben allgemein nur dann nachhaltigen Wert, wenn seelische Eindrücke in den SchülerInnen entstehen. Hier ein Beispiel, wie solche Eindrücke erzeugt werden könnten. Bei der Betrachtung des Amazonas kann man nachlesen, dass während der Regenzeit ca. 150 000 m^3 Wasser pro Sekunde in den Atlantik fließen. Zur Zahl allein kann man keine Beziehung haben, und auch die Vorstellung ist überfordert. Rechnen wir mit den SchülerInnen aus, wie viele Kubikmeter eine Turnhalle fasst und wie viele Turnhallen voll Wasser pro Sekunde in den Atlantik fließen, kommt man auf 80 Turnhallen. Darunter kann man sich etwas vorstellen und das ruft Erstaunen hervor. Das geht tief. Man könnte dies noch steigern: rechnet man das Volumen des 1600 m tiefen Baikalsees in Sibirien aus, dem größten Süßwassersee der Erde, und ließe den Amazonas in diesen fließen, errechnet man, dass es 5 Jahre dauern würde, diesen zu füllen. Wer da nicht tief beeindruckt wird, ist hoffnungslos abgestumpft.

Die Abenteuerlust und das Bedürfnis, Grenzen zu sprengen, treffen vor allem auf das 7. und 8. Schuljahr zu. Es handelt sich um Entdeckungen wie bei der Geschichte. Der eigene Kontinent ist zu wenig fremd. Dabei geht es nicht nur um fremde Länder, sondern auch um fremde Sitten und Lebensgewohnheiten. Völkerkunde ist ein geeignetes Thema. Da die SchülerInnen im Prozess stecken, als Subjekte aus der objektiven Welt zu fallen, ist es sehr hilfreich, das allgemein Menschliche, was in jedem Menschen steckt, auf objektive Art in der Welt zu finden. Das in sich selber zu suchen, wäre in dieser Entwicklungszeit nicht möglich, da die Verstrickung in die eigenen momentanen Bedürfnisse, die Fixierung auf sich selber, viel zu stark ist. In der objektiven Auseinandersetzung mit anderen, exotischen Lebensformen können die jungen Menschen in sich selber die entsprechenden Qualitäten lebendig machen, was auch den Hunger weckt, solche Formen wirklich erleben zu wollen. Wir erarbeiten also die Kontinente der Erde und entdecken dabei, dass geografische Orte mit Kulturen und Lebensformen zusammengehören und dass es nicht Zufall ist, dass ein Kontinent bestimmte Kulturen hervorbringt. Die Erde wird dabei ein zusammenhängender Organismus, welcher wie ein Mensch erscheint, der die Menschheitsentwicklung repräsentiert. Man kann entdecken, dass jeder Kontinent vorzüglich Beziehung zu einer Entwicklungsstufe der Kindheit hat. So betrachtet ist die Erde ein Zeitenorganismus. In Afrika kommen uns Kindheitskräfte entgegen. Pygmäen der äquatorialen Tropen erhalten bis ins Erwachsenenleben Kindheitsformen, sei es physisch oder seelisch, also repräsentieren sie das 1. Jahrsiebt. Dazu gehören auch die Naturreligionen, was dem magischen Empfinden der Kinder entspricht. Dies geht einher mit der Vegetation mit ihren potenten Wachstumskräften. Schwarze, die ganz Afrika bewohnen, erhalten Kräfte und Eigenschaften, die mehr dem 2. Jahrsiebt entsprechen, z. B. physisch im athletischen Körperbau, seelisch in der Fantasie, aber auch in der Unreife in der Politik. Asien repräsentiert im fernen Osten mehrheitlich Kräfte des 3. Jahrsiebts, also Jugendkräfte. Die Menschen erscheinen auch im Alter jünger als wir und besitzen die Tendenz, das Gesicht wahren zu wollen, also nicht zu zeigen, was innerlich vor sich geht, eine Eigenschaft der Jugend. In Indien kann man etwas wie Alterskräfte empfinden durch die tradierten Weisheiten und die Intension, sich um die geistige Welt zu bemühen, die nach dem Tod folgt. Betrachtet man indigene Völker Amerikas, kommen einem auch Alterskräfte entgegen. Einerseits altern diese Menschen viel früher als wir, und deren Lebenserwartung ist entsprechend niedrig. Ihre Kulturen sind Erdenkulturen mit Betonung auf die Mutter Erde, von welcher nach den alten Mythen Mexikos und Zentralamerikas alle Kräfte stammen. Europa beinhaltet vorwiegend Kräfte des Erwachsenenlebens, was sich in der jüngeren, nachchristlichen Kulturentwicklung ausweist, indem der Mensch zum freien Kulturschaffenden wird. Das hier dargestellte darf nicht als eine Verallgemeinerung und Wertung gesehen werden, sondern als Tendenzen der heutigen Kulturepoche. Durch die Globalisierung vermischen sich die Kräfte stark, und zusätzlich befinden wir uns in einer Zeit, in welcher sich Individualitäten in ihrer Entwicklung herausheben aus dem Strom der allgemeinen Menschheitsentwicklung. Gerade die Globalisierung ermöglicht die Entwicklung zum universalen Menschen.

Diese Betrachtung gilt für die heutige Zeit. Die Kultur- und Menschheitsentwicklung wird in Jahrhunderten und Jahrtausenden Verschiebungen bringen. Man erinnere sich nur an die kulturelle Hochblüte Griechenlands vor ca. 2500 Jahren oder an die wissenschaftliche Dominanz Arabiens vor ca. 1300 Jahren.

Anlässlich des Geografieunterrichts ist es möglich, eine Kombination von Landschaftskenntnis, Abenteuer, Geologie und eventuell Botanik zu betreiben durch eine längere Abenteuerexkursion von Tagen oder sogar Wochen. Dabei geht es darum, die Zivilisation mit ihren Bequemlichkeiten zu verlassen und den Kindern die Möglichkeit zu bieten, sich selber auszuloten. Am besten schläft man in leichten, mitgetragenen Zelten, von Ort zu Ort wandernd. Zur Ernährung sollten die Kinder als Vorbereitung Gemüse und Früchte dörren, um das Tragegewicht so viel wie möglich zu minimieren. Zur Organisation gehört auch, Nahrungsmittellager anzulegen, wie das bei Südpolexpeditionen gemacht wurde. Das ideale Alter ist das 7. Schuljahr, und das aus drei Gründen. Erstens ist es genau der Moment, wie er bei der Geschichte und den

Entdeckungsbedürfnissen beschrieben wurde. Zweitens entwickelt sich gerade in diesem 13. Lebensjahr das Muskelsystem, das heißt der Leib beginnt sich zu füllen. Dies ist die Voraussetzung, um das unumgängliche Gewicht tragen zu können. Drittens hat sich die Seele noch nicht ganz ins Skelett inkarniert, was sich in Schwere äußern würde oder eben in körperlicher Leistungsfaulheit. Im 8. Schuljahr wäre gerade dieser Umstand ein Problem, welches eine solche Exkursion verunmöglichen könnte. Die Erfahrung von vier solchen Exkursionen war fast nur positiv, obwohl bei jeder dieser Abenteuerreisen Unvorhergesehenes auftrat, so z. B. unter Schnee zu geraten, kein Koch- und Trinkwasser zu finden, weil ein Bergbach ausgetrocknet war, oder weil die Zelte durch Regenschauer im Sumpfe standen. Aber gerade diese Pannen machten die Exkursion für die Kinder zu einer ernsthaften Expedition, da Lösungen gefunden werden mussten. Ich habe die Kinder nie so gelassen und voller Selbstvertrauen erlebt wie nach diesen Exkursionen.

Die Schwelle der Pubertätsmitte beinhaltet wieder den Wechsel vom erlebenden zum erkennenden Unterricht, oder vom analytischen zum synthetischen. Stand im 8. Schuljahr noch mehr das Gesamterlebnis im Vordergrund, so wechselt es im 9. Schuljahr dahin, durch die Betrachtungen von Einzelheiten den Zusammenhang zu finden. Die nun ganz in ihren Knochen steckenden Jugendlichen können nun mit ihrem nüchternen Denken das Skelett der Erde erfassen. Damit taucht wieder die Geologie auf. Hat man im 6. Schuljahr das Gestein und seine Entstehungs- und Umwandlungsprozesse an sich betrachtet, so geht es jetzt darum, die Gebirge der ganzen Erde zueinander in Beziehung zu setzen und dadurch ein zusammenhängendes System zu finden, also das Skelett des Organismus Erde. Dazu gehören die Plattentektonik, Vulkanismus, Geysire usw., also die physikalischen Vorgänge in und auf der Erde. Die Erde ist damit für die Jugendlichen ein Mechanismus. Unter Anderem geht es um die Anwendung des praktisch-logischen Denkens.

Im 10. Schuljahr nähern wir uns dem Ende der Pubertät, und es reift das theoretische Denken. Dieses Denken beinhaltet die Fähigkeit, komplexere Zusammenhänge und Vorgänge zu ergründen, wenn auch noch im physikalischen Sinne. Das tote Skelett der Erde kommt unter den

Einfluss von lebendigeren Bewegungskräften. Im Flüssigkeits- und Luftelement erscheint dasjenige, was das Leben ermöglicht. Die Strömungsverhältnisse im Meer sind durch vertikale Bewegungen viel komplexer, als uns die Strömungskarten der Atlanten weismachen wollen. Berücksichtigt man noch Winde, Klimata, Veränderungen durch die Jahreszeiten, wird das System sehr komplex und lebendig. Das reine nüchterne Nützlichkeitsdenken reicht da nicht mehr aus. Die Jugendlichen beginnen zu ahnen, noch nicht alles erfasst zu haben, und werden vorsichtiger mit ihren oft sehr einspurigen Urteilen.

Mit dem 11. Schuljahr treten die jungen Menschen in den Bereich des Intuitiven Denkens ein, welches die Möglichkeit enthält, durch die distanzierte Beobachtung der eigenen Empfindungen hinter den physischen Wahrnehmungen unsichtbare Kräfte zu erahnen. Damit ist es nicht mehr befriedigend, die Erde isoliert als physischen Körper anzuschauen, denn sie steht zweifellos in den Weltenraum eingebettet und ist ein Teil davon. Darauf ist man schon in der 10. Klasse gestoßen bei der Betrachtung der Gezeiten durch den Mondeinfluss. Darum ist jetzt Astronomie angebracht. Der Blick muss geweitet werden zum vielseitigen Rhythmensystem des Universums. Die Geografie weitet sich zur Kosmologie, zu einer unendlichen, geheimnisvollen Weite. Der Erde wird so etwas wie eine Seele eingehaucht und sie wird dadurch zu einem immer vollständigeren Organismus, vergleichbar mit dem Menschen. Hier noch ein allgemeines Wort zur Astronomie. Es existieren verschiedene Varianten, wann Astronomieunterricht angebracht sei. Man kann sie schon im 6., 7. und 8. Schuljahr finden. Im 6. Schuljahr kann es sich höchstens darum handeln, rein phänomenologisch zu beobachten und aufzuzeichnen, wie sich die Beobachtungen im Tages- und Jahreslauf verändern. Dann ist es eine sinnvolle Beobachtungsübung. Das Vorstellungsvermögen reicht noch gar nicht aus, Rückschlüsse auf Bewegungen der Himmelskörper zu machen, und ist auch in der 7. Klasse noch beschränkt. Erfahrungsgemäß ist dies in einer 8. Klasse schon deutlich besser möglich. Als Lehrperson muss man sich klar werden, was man mit der Astronomie erreichen will. Betreibt man Sternkunde mit Kindern vor dem 1. Rubikon, geht es nicht um astronomische Betrachtung, sondern um mythische Beziehung zu den Phänomenen, was Sinn macht. Ab dem 2. Rubikon dunkelt sich diese höhere Beziehung ab und macht dem mechanischen Vorstellen und Denken Platz. Es wird also Himmelsmechanik. Da taucht die Frage berechtigt auf, ob das gut genützte Zeit ist, wenn die Vorstellung der Kinder noch nicht bereit dazu ist. In der 11. Klasse kann schon wieder die mythologische Frage in Kombination mit der klaren mechanistischen Vorstellung der Himmelsbewegungen auftauchen.

Das 12. Schuljahr hat einen abschließenden Charakter. Es geht darum, mit dem individualisierten Denken die Welt wieder als einheitlichen Organismus zu synthetisieren, und zwar fächerübergreifend. Dazu mehr beim Thema der Naturkunde.

7.3 Naturkunde

Die Naturkunde zeigt wie keine andere Disziplin den Spiegel Makrokosmos Natur – Mikrokosmos Mensch. Diese Beziehung zeigt schon den hauptsächlichen Sinn dieses Unterrichtsinhaltes für die kindliche Entwicklung. Der lernende Mensch kann seine Natur in der äußeren Naturbetrachtung auf objektive Weise kennenlernen. Die Natur ist unsere Lebensgrundlage, auf die wir angewiesen sind. Ohne Bewusstsein dieser Tatsache werden wir mit der Natur nicht verantwortungsvoll umgehen, ob mit der äußeren oder der inneren. Ein wesentliches Ziel des Naturkundeunterrichts ist also, Wertschätzung für die Natur zu entwickeln und sie als bewundernswertes und darum schützenswertes Gut zu empfinden (siehe 3.1, 2. Jahrsiebt). Die Naturkunde lehrt uns auch, den Sinn für Verwandlungen, Entwicklungen, Metamorphosen zu entwickeln, was Zukunftserwartung enthält. Die Natur ist vielleicht das beste Mittel, um das ganzheitliche und Intuitive Denken zu schulen. Grundsätzlich darf man sagen, dass die Kinder im Unterricht wach und interessiert werden, wenn sie die besprochenen Inhalte der Naturkunde in sich selber wahrnehmen können.

Die Entwicklung des Kindes hat einen bestimmten Verlauf in der Beziehung zur Natur, die als Parallele zu den sich kreuzenden Inkarnationslinien gesehen werden kann. Das kleine Kind ist anfänglich noch ganz der Natur hingegeben, respektive es ist noch Natur. Je bewusster man von sich selber wird, je mehr man sich der Kulturwelt zuwendet, desto mehr emanzipiert man sich von der inneren Natur, desto mehr wird sie zurückgedrängt. Natur und Kultur sind Polaritäten. Man kann die Polarität in der Natur beobachten. Sitzt man im dichten vegetativen Tropenwald, wird das Bewusstsein wie verschluckt, und es wäre schwierig, intellektuelle Gedankenarbeit zu realisieren. Der Kulturschaffende muss während eines kreativen Aktes seine Naturbedürfnisse zurückdrängen können. Dasselbe gilt für den Naturkundeunterricht. Dadurch, dass der Unterricht sich mit der Natur befasst, geht man auf gewisse Weise auf Distanz, da man sie sich vorstellungsmäßig und gedanklich vor sich hinstellt. Andererseits macht sich das Kind die Natur beim Aufbauen seiner Innenwelt zu eigen und verbindet sich mit ihr, aber sie ist nicht mehr wie bei den Kleinen ein Teil von ihm. Es ist ein Reichtum, ein Kulturgut, das vorerst empfindungsmäßig in ihm lebt. Je näher sich das Kind der Pubertät nähert, desto mehr entfernt es sich von der äußeren Natur. Sein Interesse für die lebendige Natur taucht während der Verpuppungszeit in die Dunkelheit der Metamorphose ab und wird überdeckt vom Blick in die eigene Seele. Das kann als ein Widerspruch gesehen werden, denn die Pubertierenden versinken in ihrem Organismus, also in ihrer Natur. Aber gerade dadurch, dass sie in ihrem inneren «Tropenwald» versinken, verschwindet das Bewusstsein für die Natur, der man gerne ungefiltert nachgibt. In keiner Entwicklungszeit wie dieser können Jugendliche ihrer Natur so hemmungslos schaden durch Alkohol und andere Suchtmittel, oder sie stopfen mit Vorliebe künstliches Junkfood in sich hinein. Sie fallen in dieser Zeit bewusstseinsmäßig aus der äußeren Natur heraus, versinken aber unbewusst in ihrer Natur. Die Beobachtung zeigt uns, dass Pubertierende sich tendenziell komplett der «Kulturwelt» hingeben möchten respektive gerne in eine künstliche Welt wie z. B. die Disco eintauchen. In diesem Fall ist dies allerdings noch keine echte Kulturwelt, sondern ein Ersatz dafür, denn echte Kultivierung erfordert Zeit und Anstrengung. Bei pädagogisch gesunder Umwelt ist auf der anderen Seite gerade die Jugendzeit ideal, sich intensiv übend zu kultivieren, z. B. in Musik, darstellenden Künsten, Tanz, und auch physisch mit Sport,

Klettern usw. Nach der Pubertät kann mit dem Intuitiven Denken wieder Beziehung zur Natur aufgebaut werden, und nun auf der Erkenntnisebene. Die Schere kann wieder aufgehen. Wenn die Kinder die Natur als liebenswertes Lebewesen erfahren haben, kann man sich darauf verlassen, dass zu gegebener Zeit wieder lebensvolle Bilder auftauchen, die für wertvolle Erkenntnisse sorgen. So gesehen sind die sich kreuzenden Inkarnationslinien ein Bild für die Beziehung der Entwicklung des Kindes zur Natur. Der Naturkundelehrplan folgt diesem Prozess.

Das 1. Jahrsiebt erfordert grundsätzlich, wie schon beschrieben, keinen Lehrstoff, der bewusst Inhalte beibringen soll. Damit würde der Prozess gestört, vollsaftig und ganzheitlich durch Tätigkeit unbewusst Erfahrungen zu sammeln. Die Kinder sollen nicht betreffs Natur belehrt werden, sondern in dieser leben und sich daran freuen. Selbstverständlich macht es Sinn, in der Natur tätig zu sein und nachahmend zu gärtnern. Tierwelt, Pflanzenwelt, Geologie und Geografie sind dabei eine Einheit im Kleinen. Das angeleitete Reigenspiel im Kindergarten ist eine in der Gruppe gespielte Lebensgeschichte, in welcher alle Elemente der Natur teilnehmen und sich entsprechend ihren Qualitäten verhalten, seien es Erlebnisse von Insekten an einem Bächlein im körnigen Granitgestein, wo Vögel ihren Teil beitragen, wo typische Blumen der Granitlandschaft blühen, wo Blätter zu Gondeln werden usw. Alles hat ökologisch miteinander zu tun, aber nicht als Erklärung, sondern als Tätigkeit, so dass die Kinder zu Naturwesen selber werden. Sollen die Naturwesen von den Kindern in ihrem Charakter begriffen werden, zum lebendigen Begriff werden, ist es sehr hilfreich, auch sogenannt toten Materien wie Gesteinen Leben einzuhauchen, indem z. B. der Granit mit seiner rauen Körnigkeit ein Wesen warnt, doch nicht auf ihm hinunterzurutschen, wenn es sich nicht verletzen will, sondern besser den nachbarlichen Schiefer zu benutzen, der doch so fein geschliffen ist. Solche Lebensbilder sind später, z. B. anlässlich der Geologie, eine große Hilfe, den Charakter von Gesteinen zu erfassen.

Solche Naturgeschichten sind auch noch im 1. Drittel des 2. Jahrsiebts sinnvoll, da die Kinder sich noch nicht genügend von der Umgebung gelöst haben, was vor allem für das 1. und 2. Schuljahr gilt. Da es jetzt jedoch schon um die Bildung der eigenen Innenwelt geht, wählt man als Lehrperson gerne Themen, um die Kinder anzuregen, Dinge in der Natur wahrzunehmen oder sogar bewusst zu suchen, die besprochen wurden. Das ist nun der große Unterschied zum 1. Jahrsiebt, dass wir bestimmte Inhalte in der Innenwelt der Kinder wachsen lassen wollen. Wir überlassen es nicht mehr nur dem spielenden Willen der Kinder, sondern wir lenken sie zu den Dingen hin. Darum bringen wir die Kinder nicht zum Beobachten, wenn wir sie auf eine Wiese schicken und den allgemeinen Auftrag geben, zu beobachten, was es dort zu sehen gibt. Da ihnen Wiesen schon lange vertraut sind, werden sie vor allem schwatzen und spielen. Wenn die Lehrperson den Kindern vorher Erlebnisse von Insekten in der Wiese erzählt, sind sie seelisch vorgespannt mit den Bildern, welche sie in sich tragen. Mit diesen Bildern gehen sie auf die Suche und entdecken dabei viele andere Dinge, von denen sie berichten wollen. Anlässlich einer Naturepoche von drei Wochen in einer 1. Klasse mit dem Hauptthema «Die Abenteuer der Heuschrecke Springindieluft» erzählte mir eine Mutter, ihr Kind krieche täglich in der Wiese herum und habe schon eine reichhaltige Sammlung im Zimmer. Oder bei einer Sternbildepoche mit legendenhaften Geschichten der Sterne reklamierte ein Vater verständnisvoll, dieser Unterricht sei nicht meine beste Idee gewesen, denn er müsse immer wieder in der Nacht aufstehen, um mit dem Kind Sternbilder zu suchen. Er kriege dann wenigstens die Geschichten erzählt.

Ab dem ersten Rubikon, mit dem Auseinanderfallen des ichbewussteren Kindes mit der Umwelt, beginnt auch die Einheit der Natur zu zerfallen in Mineral-, Pflanzen- und Tierwelt. Wie nehmen die auf der Erde sich «niedergelassenen» Kinder, nachdem sie sich im 3. Schuljahr hier empfindungsmäßig eingerichtet und ernährt haben, die Natur wahr, was steht ihnen am nächsten? Pflanzen, Tiere, Gesteine werden separat wahrgenommen, und der unterschiedliche Charakter dieser Naturreiche ist ihnen völlig klar. Pflanzen enthalten Leben, Tiere sind lebendig und beseelt, Gesteine sind starr, wenn vielleicht auch schön. Die Kinder, welche vor dem Rubikon die Welt als beseelt erlebten, nämlich so, wie sie sich selber empfanden, sind nach dem Rubikon dem Beseelten immer noch am nächsten und haben deshalb zu den Tieren die beste Beziehung.

Der wirkliche Naturkundeunterricht beginnt in der 4. Klasse mit den Tieren. Worum geht es dabei? Ich erinnere mich noch sehr gut an meine erste Tierkunde als Schüler in der Dorfschule. Der Lehrer stellte ein Skelett eines Hundes vor uns hin! Nun beschrieb er uns die Funktion der einzelnen Knochen, und wir mussten die Namen der Knochen auswendig lernen. Das war für uns kein Hund, und wir wurden sehr erfinderisch, die Knochennamen blödelnd umzubenennen. Der Effekt war sehr positiv, denn wir vergaßen die Namen nicht mehr. Wieso denn dieser Effekt? Die Namen wurden mit Gefühlen verbunden, wenn auch mit lächerlichen, und Gefühle sind die Erinnerungshilfen. Das zeigt, was der Leerlauf an diesem Unterricht war: Es fehlte Beziehung, und die steckt im seelischen Wesen des Hundes und nicht in seinem Skelett. Ein solcher Unterricht setzt wirklich Steine in den seelischen Organismus, anstatt ihn mit Lebendigem zu ernähren. Die Kinder wollen sich mit dem Wesen des Hundes beschäftigen und sich Klarheit verschaffen. Sie werden sich seiner Treue und Anhänglichkeit bewusst, entdecken seine Gier, wie er frisst, genießen die Unterwürfigkeit, möchten auch so gut riechen können usw. Wie wäre es, wenn man selber so viel essen könnte wie die Kuh? Sie frisst nämlich täglich ca. 15 % des Eigengewichts. Bei einem Kind von 40 kg wären das 6 kg. Eindrücklich wird es dann, wenn man vor die Kinder einen Teller mit diesen 6 kg Esswaren hinstellt. Dann möchten die Phlegmatiker am liebsten Kühe sein. Was geht in den Kindern vor sich, wenn sie einer lebendigen, wesenhaften Tierkunde beiwohnen? Sie erleben das behandelte Tier und seine Eigenschaften und Verhaltensweisen in sich selber. Sie können die ganze Tierwelt in sich entdecken, den Makrokosmos in ihrem Mikrokosmos. Ich wiederhole hier, was schon ausgedrückt wurde: wenn die Kinder das im Unterricht lebende in sich selber finden, sind sie mit Sicherheit interessiert und werden direkt an die Sache angebunden.

Durch die Tierkunde entdecken die Kinder die hervorstechenden Eigenschaften verschiedener Tiere kennen und entdecken, dass jedes Tier ein Spezialist auf einem Gebiet ist, dass es einzelne Fähigkeiten besitzt, die diejenigen des Menschen übersteigen. Also ist der Mensch Universalist, der alle Fähigkeiten in sich vereint. Der Mensch aber kann fast jede Anlage zur Spezialität trainieren: Akrobaten am Trapez greifen wie Affen, Aromahersteller eifern den Hunden nach, Marathonläufer sind Wölfe, die beim Laufen nicht ermüden usw. Die Tierwelt kann also mit dem Menschen verglichen werden, und man kann entdecken, dass jedes Tier ein Organ besonders ausgebildet hat. Man kann es auch umgekehrt ausdrücken: Jedes Tier ist ein Teil des Menschen, und die Tierwelt ist ein ausgebreiteter menschlicher Organismus. Der Hund ist dann eine Nase, der einen Körper hinter sich herzieht. Eine Kuh ist ein wandelnder Magen und Darm, bei dem der ganze Organismus auf den Stoffwechsel ausgerichtet ist. Bei der Giraffe liegt das Lebenszentrum im Hals; selbst wenn sie galoppiert, muss der schwingende Hals die Beine in Bewegung bringen. Aus diesem Zusammenhang des Menschen mit der Tierwelt kann man sehen, dass es Sinn macht, vor der Tierkunde den Menschen zu betrachten, von dem aus die Tiere verstanden werden können. Damit ist nicht wirkliche Menschenkunde gemeint, wofür die Kinder gar nicht reif wären, sondern eine einfache Betrachtung der Funktionalität von Kopf, Rumpf und Gliedmaßen. Man kann dann die Funktionen von Nerven-Denkpol, Gefühlspol, Tätigkeits- oder Willenspol entdecken. Aus diesem Blickwinkel z. B. kann die Tierwelt gruppiert werden.

Der Zugang zur Pflanzenwelt ist schon weniger direkt, denn sie lässt sich nicht unmittelbar in sich selber erleben wie die Tiere. Die Pflanzen können vor allem durch ihre Formen- und Farbenvielfalt im Menschen feine Regungen hervorrufen, die in der Gefühlswelt beheimatet sind. Vor allem Blüten können Seelisches ausdrücken. Es ist kein Zufall, dass bei uns die Rose als Geschenk Beziehung, Freude, Liebe ausdrückt, und weiße Lilien eher zu einer religiösen Zeremonie passen. Zu einer Abdankung wird man eher keine frischen, leuchtenden Farben wählen. Wie schon ausgeführt wurde, haben gerade Fünftklässler diese Fähigkeit, feine Gefühlsregungen in sich wahrzunehmen. Deswegen findet Botanik vorzugsweise in diesem Schuljahr statt. Unter sorgfältiger Führung und Anregung durch die Lehrperson können die Kinder die Fähigkeit entwickeln, Blumencharaktere zu empfinden und auszudrücken oder auch nur Blattformen zu beurteilen. Die Kinder sensibilisieren sich mit diesem Unterricht für allgemein Menschliches, für das, was zwischen den gesprochenen oder geschriebenen Worten vor sich geht. So kann die Pflanzenwelt als eine ausgebreitete menschliche Seele gesehen werden, wodurch eine tiefgründige Beziehung zu den Pflanzen entsteht. Zusätzlich unterstützt dieser Unterricht auch die Ausbildung der Ästhetik. Das ist eine Vorstufe des Intuitiven Denkens.

Die Pflanze bietet wunderbare Möglichkeiten, Begriffen zum Leben zu verhelfen, deren Wesen und Wirkung nicht vordergründig sind, und das sind die Naturelemente Erde, Wasser, Luft, Wärme und Licht. Jedes Kind hat diese Worte im Vokabular, jedoch erst bei der Wirkung auf die Pflanze werden die Begriffe subtil und umfassend. Licht macht nicht mehr einfach hell oder dunkel, sondern es arbeitet an der Formung und Farbgebung der Pflanze mit. Das Element Erde kennt unzählige Qualitäten, welche wiederum mit bestimmten Pflanzen im Einklang sind, oder bestimmte Pflanzen fordern ihre Erdqualität. Luft in Kombination mit Feuchtigkeit und Wärme ist sehr verschieden und gehört so auch zu entsprechenden Pflanzen. Ein anderes sehr wichtiges Thema für die Pflanzenwelt sind die Jahreszeiten, was wieder mit den Elementen zusammenhängt. Der Wandel der Jahreszeiten weist uns darauf hin, dass eine bestimmte einzelne Pflanze nur in ihrem Wandlungsprozess erfasst werden kann, dass eine Pflanze in einem betrachteten Zustand nur einen Augenblick ihres Wesens offenbart. Es muss der ganze Prozess vom Samen zum Keim, zum hochwachsenden Stängel im Rhythmus mit den Blättern, der wachsenden Knospe, der aufgehenden Blüte, der Befruchtung mit der Insektenwelt, dem Verblühen mit dem Reifungsvorgang, der Ausreifung des Samens gesehen werden, um die Pflanze nicht nur als momentanes Bild zu kennen. Aber ohne die elementtragende Umgebung ist die Pflanze noch nicht vollständig. Um eine Pflanze zu erfassen, benötigt man eine sehr lebendige, bewegte Vorstellung, was der entwicklungsmäßigen Situation gerade der Kinder im 5. Schuljahr sehr entgegenkommt. Es hat viel mit der vorstellungsmäßigen Fantasie zu tun, die in diesem Alter ihren Höhepunkt erreicht.

Eine Parallele zur Entwicklung der Pflanze ist die Evolution der Pflanzenwelt, von den niedersten Pflanzen bis zu den höchstentwickelten. Vergleicht man z. B. eine Flechte mit einem Farn, einer Tulpe und einer Sonnenblume, fällt auf, dass ihre Fortpflanzungen auf ganz anderem Niveau vor sich gehen. Wenn die Kinder dann entdecken, welche Organe in Beziehung zur Fortpflanzung fehlen oder vorhanden sind, wird die Evolution ersichtlich. Bei geschickter Gesprächsführung ist es möglich, Beziehung zur Entwicklung des Kindes zu finden. Solche Zusammenhänge sollten nicht intellektuell ausgereizt werden, sondern mehr im Empfindungsmäßigen verbleiben. Die Systematik gehört mehr in das 3. Jahrsiebt.

Die Pflanze hat auch einen deutlichen Zusammenhang mit der Geografie. Solche übergreifenden Zusammenhänge sind sehr wichtig, um späteres vernetztes, Intuitives Denken anzuregen. Die Entdeckung, dass dieselbe Blume in den Bergen im Vergleich zum tiefer gelegenen Flachland größere, kräftigere Blüten bildet im Verhältnis zum Kraut, lässt die Empfindung aufkommen, dass stärkere Beziehung zum Licht vorhanden ist, und dass im Flachland die Pflanze erdiger und wässriger erscheint. Die Kinder lernen den Einfluss der Elemente im Form- und Farbcharakter empfinden. Sie können erleben, dass es die Elemente sind, die sich mit der Meereshöhe verändern. Geografische Orte erhalten oft durch die entsprechende Pflanzenwelt ihren Charakter, so dass eine geografische Reise durchaus an der Wandlung der Pflanzenwelt besprochen werden kann.

Der methodische Hinweis, der schon anlässlich der Naturgeschichten der ersten Schuljahre gegeben wurde, dass die Kinder seelisch vorbereitet werden müssen, bevor man sie zur Beobachtung ins Freie schickt, hat in diesem Alter einen anderen Aspekt (siehe Kapitel 4.4: Stufen des Denkens).

Wenn sich die Kinder im 6. Schuljahr dem 2. Rubikon nähern, kann man durchaus noch Pflanzenkunde betreiben, aber besser nicht mehr sehr lange. Durch die verstärkte Inkarnation verschwindet die seelische Leichtigkeit, um Lebendiges zu empfinden. Damit schwindet sehr oft das Interesse an der Pflanze. Der Inkarnationsprozess beginnt die Knochen zu ergreifen, oder anders ausgedrückt die eigene Geologie. Es geht von der lebendigen, feinfühligen fast materielosen Welt in die harte, tote, fixierte Materie sowie in das mechanistisch klare, festlegende Denken. Es geht hier vor allem um die Unterstützung des erwachenden logischen Denkens (siehe Kapitel 3.3.3).

Schaut man den ganzen Weg der Naturkunde bis hierhin an, sieht man diesen wie folgt: Von der magisch belebten Gesamtnatur, in welcher der Mensch das Zentrum ist, inkarniert sich der Weg über das Seelisch-Astralische in der Tierkunde und das Lebendig-Ätherische in der Pflanzenkunde ins Mineralisch-Tote in der Geologie. Dieser Prozess kann wieder mit den Inkarnationslinien der 2. Grafik gleichgesetzt werden, wobei wir noch nicht ganz in der Kreuzung der Linien angekommen sind. In der Kreuzung der Linien sind wir, wenn wir wieder beim Menschen ankommen. Aber vorher gibt es einen Unterbruch.

Das 7. Schuljahr können wir vergleichen mit dem 3. Schuljahr, den 2. Rubikon mit dem 1. Bei der Betrachtung der Geografie wurde gezeigt, dass beim seelischen Fall aus dem Paradies (1. Rubikon) zuerst die Ankunft auf der Erde realisiert wird (Hausbau, Ernährung, Handwerk), bevor wir in die Ferne schweifen. Nun, im 2. Rubikon, wenn die Kinder nicht nur seelisch, sondern auch physisch aus dem Paradies fallen, also in sich selbst zu landen beginnen, möchten sie nicht nur wie die Kleineren in die Obhut der Erde aufgenommen werden, sondern sie möchten ihre Beziehung zur Welt und der Natur kennen lernen. Bevor also die eigentliche Menschenkunde beginnt, macht es Sinn, Beziehungskunde zu betreiben. Das Thema dieser Arbeit könnte heißen «Mensch und Welt». Es macht dabei keinen Sinn, den SchülerInnen Inhalte zu lehren, sondern darum, dass sie die Beziehungen selber entdecken. Wie stehen die Reiche Mineral, Pflanze, Tier und Mensch im Zusammenhang mit den Natur-Elementen, mit Tod, Leben, Seele, Geist, mit den vier Temperamenten, mit Denken, Fühlen, Wille, mit Tiergruppen wie Huftiere, Raubtiere, Nagetiere, Vögel, mit Pflanzencharakteren, mit Bewusstseinszuständen wie tot, schlafend, träumend und wach usw. Man kann nun an die Tierkunde und Pflanzenkunde erinnern und Entsprechendes im Menschen suchen. Wie steht die Atmung in Beziehung zur Atmung der

Pflanze. Man kann am Beispiel der Atmung entdecken, dass die Pflanze ein umgestülpter Mensch ist: der Mensch hat die Organe mikrokosmisch in sich drin, die Pflanze hat sie makrokosmisch außen. Beispielsweise die Luft wäre die Lunge der Natur, die Sonne das Herz, die Erde der Stoffwechsel, das Wasser das Blut usw. Beim Menschen ist die Zirkulation ein in sich abgeschlossenes System, bei der Pflanze läuft sie vor allem in der Außenwelt ab. Das einzig Innere besteht darin, dass Säfte aufsteigen. Damit das aber geschieht, müssen die in der Außennatur lebenden Organe aktiv werden und die Zirkulation «aufsteigende Säfte, Verdunstung, Wolkenbildung, Regen, Erdreich bewässern» in Betrieb setzen. Die Sonne übernimmt also die Aufgabe des Herzens als Kontrollorgan der Zirkulation. Diese Situation ist ein Bild für Kinder im 1. Jahrsiebt, deren Seelenwelt auch noch nicht abgeschlossen ist, sondern unmittelbar mit der seelischen Umwelt verbunden ist. Der Zusammenhang zwischen Blumen und menschlichen Gefühlen lässt sich nun viel konkreter herleiten als in der 5. Klasse. Es ist ohne weiteres möglich, 300 verschiedene Gefühlsnuancen zu entdecken und damit z. B. Sketchs zu erfinden. Das hat mit dem zu tun, was beim Thema des Dramatisierens beschrieben wurde: die Schüler können jetzt detailliert und objektiviert in sich hinein schauen.

Diese «Mensch und Welt»-Arbeit ist ideal, ohne zu moralisieren, Gesundheits- und Krankheitsfragen zu bearbeiten. Man kann Ernährungsgewohnheiten unter die Lupe nehmen, die Kinder in Supermärkte schicken, um Umfragen zu machen betreffs Bewusstsein des Einkaufens (Achtung, man benötigt Bewilligungen dafür). Man kann Junkfood auf künstliche Inhaltsstoffe anschauen, und wie es wirkt. Beim Thema der Gesundheit stößt man automatisch auf das Thema der Suchtmittel. Es gibt kein idealeres Alter zur Behandlung wie Rauchen und Alkohol, und das darum, weil jetzt das Bedürfnis erwacht, Grenzen zu sprengen und auch anrüchige Dinge auszuprobieren. Es ist auch darum ideal, weil normalerweise noch keine Erfahrungen existieren, die schon suchtartig sind. Denn wenn Jugendliche schon in den Anfängen einer Sucht stecken, hat das Reden nur noch wenig oder keine Wirkung und könnte sogar kontraproduktiv sein, weil sie opponieren müssen. Da sie noch im Gefühlsjahrsiebt leben, bringen rein nüchterne Informationen wenig. Wirkung wird nur über seelische Eindrücke erzeugt. Ich sehe noch, wie Kinder schockiert waren, als ich vor ihnen den Rauch einer Zigarette durch ein weißes Taschentuch blies, dann die Teerspuren darin vorwies und darauf Bilder von Teerlungen zeigte, oder als ein ehemals Alkoholsüchtiger in die Klasse kam und von seinen persönlichen, gesellschaftlichen und beruflichen Problemen in dieser Zeit berichtete. Der Schock, ein sehr tiefgehendes Gefühl, hat Wirkung, aber nicht das Kopfwissen.

Nach dem obengenannten Unterbruch der Abfolge des Naturkundeunterrichts kann der Prozess zum Menschen fortgesetzt werden. Soll die Menschenkunde dem nüchternen, mechanistischen, materialistischen Verständnis des pubertierenden Menschen entsprechen, geht es um feste, mechanisch funktionierende Materie in ihm. Im 8. Schuljahr ist es üblich, das Skelett als Mechanismus und die entsprechenden Kräfte zu untersuchen. Das Thema könnte «Physik des Menschen» genannt werden. Bedingung zum Verständnis ist die Kenntnis der Hebelgesetze in der Physik sowie der Proportion in der Mathematik. Man könnte vermuten, dass dieser Unterricht sehr nüchtern und leblos ist. Die ästhetisch geschulten Schüler sind jedoch fähig, in den Proportionen Interessantes zu empfinden und geistvolle Schönheit zu entdecken. Die Kräfte, die bei verschiedenen Bewegungen auftreten, können erstaunen. Sehr geheimnisvoll ist z. B. die Wirbelsäule. Je nach Belastung ist sie Stütze, Hängebrücke, Bogengewölbe oder Torsionsstab. Sucht man in verschiedenen Bereichen der Wirbelsäule den Zusammenhang zwischen den dort liegenden Organen und der Krümmung der Wirbelsäule sowie den Formqualitäten der entsprechenden Wirbel, erscheint ein höchst interessantes Bild. Man kann zur Empfindung kommen, dass das Skelett ein Abbild der seelischen Tätigkeit des Menschen ist, dass es erst diese seelischen Tätigkeiten ermöglicht. Die fast tote Materie ist eine geistvolle Schöpfung, die den sich dort inkarnierenden Menschen als höheres Wesen überhaupt ermöglicht. Die Halswirbel besitzen von der Seite gesehen eine Wölbung nach vorne respektive nach außen. Dies hat einen Zusammenhang mit der Stimme, die ebenfalls nach außen aktiv ist.

Die Brustwirbel machen einen Bogen nach hinten, also in sich hinein, und wenn wir uns zusammenkrümmen, schließt sich ein Raum ein. Der Raum wird klarer definiert durch die Rippen. Im Brustbereich sind die rhythmischen Organe wie Herz, Lunge, Leber, Niere eingebettet, welche gleichzeitig die Träger der Gefühle sind. Wir wollen unsere Gefühle nicht öffentlich zur Schau stellen, sondern geheim halten. Wirbelsäule und Rippen verschließen und schützen unsere subjektive Welt. Dies darf jedoch nicht vollständig geschehen, denn mit der Umgebung haben wir auch Gefühlsbezug. Die Lendenwirbel sind wieder nach vorne gebogen, was in Bezug zu Ernährung und Stoffwechsel steht. Die Nahrung kommt von außen. Halswirbel sind klein und mit ihren Hohlräumen leicht und luftig. Brustwirbel haben weiche, fließende Formen und entsprechen bewegtem Wasser. Lendenwirbel sind eher eckig, groß und schwer, sie können als erdig kristallin empfunden werden. Eine solche Betrachtung fördert das später frei werdende Intuitive Denken.

Bisher wurde der Weg des Unterrichts vor dem Spiegel der Pubertät beschrieben, von der kompletten Geistgestalt des Menschlichen in der äußeren Naturbetrachtung hinunter zur festen, mineralischen Materie des Skeletts. Im 3. Jahrsiebt soll der Weg wieder zurückgehen, indem der Mensch und die Natur aus der rein materiell physischen Welt sich erweitert und ein vollständiges Wesen wird mit allen Elementen wie Lebenskraft oder Ätherleib, empfindender Seele oder Astralleib und dem nur dem Einzelwesen angehörigen Ich.

Im 9. Schuljahr sind die Jugendlichen noch sehr nah am Spiegel respektive an der praktisch materiellen Welt mit ihrem rationalen Denken. Der Mensch ist noch ein mechanisches Wesen, aber es fehlt die Ursache der Bewegung. Wenn wir das Skelett mit den Muskeln füllen, wird die Mechanik viel kausaler, komplexer und realer. Um diese komplexen Bewegungsvorgänge zu durchschauen, wird die erwachende Fähigkeit benötigt, ganze Kausalketten als Überblick denken zu können. Man kann die Einheit von 8. und 9. Schuljahr in einen Vergleich setzen mit der Geografie. Dort wurde die Geologie mit den Gebirgen der Erde und den Bewegungen durch die Tektonik und den Vulkanismus in die 9. Klasse gesetzt, was beim Menschen dem Skelett und dem Bewegungsmechanismus mit den Muskeln entspricht.

Betreffs 10. Schuljahr schauen wir wie vorher die Beziehung zwischen Erdkunde und Mensch an. Die Parallele zu den Flüssigkeitsströmungen als Lebensgrundlage der Erde ist die Zirkulation der Flüssigkeiten und Stoffe im Menschen. Zirkulation verbindet die inneren Organe, die nun in ihren Funktionen betrachtet werden können. Die Betrachtung der Lebensprozesse erfordert und unterstützt das theoretische Denken. Es macht jedoch auch Sinn, einen Ausblick auf nicht materielle Zusammenhänge zu ermöglichen, indem man mehr in die Seele schaut und Zusammenhänge zwischen Gefühlen und Organen beobachtet. Damit wird von der materiell organischen Seite her ein Bogen eröffnet zur seelisch-astralischen Ergänzung des Menschen. Obwohl das Intuitive Denken noch nicht ganz frei ist, macht es Sinn, diesen Bogen zum Astralischen schon zu schlagen, um zu vermeiden, dass die Organe auf materialistische Weise rein als mechanische Apparate gesehen werden, z. B. das Herz als Pumpe, die Niere als Filter. Man kann solche Zusammenhänge problemlos schon in der 7. Klasse bei «Mensch und Welt» erleben lassen, wo es eben darum geht, den Menschen als vollständiges Wesen und nicht nur als Apparat in den Weltenzusammenhang zu stellen. Ein ganz anderes geeignetes Thema für das 10. Schuljahr ist Kristallografie. Hinter den verschiedenen Aufbauprinzipien der «toten» Welt steckt Geometrie, die ein geistiges Prinzip der Natur ausdrückt.

Das 11. Schuljahr erlaubt nun, den Menschen astralisch zu beleben. Wir haben keine Anthroposophie zu betreiben, aber die Jugendlichen sollten gerade in der Naturkunde zu einem wieder vollständigeren Bild kommen. Vieles, was in der Naturkunde der 4. und 5. Klasse erlebt wurde, kann nun auf der Erkenntnisebene verarbeitet werden unter Benützung des lebendigen, Intuitiven Denkens. In der Pflanze könnte die Metamorphose erarbeitet werden, wie die Pflanze in ihrem Wachstumsprozess sich durch die Elemente hindurcharbeitet von der Erde bis zum Licht. In der Gestaltbetrachtung der Pflanze kann durchaus eine Beziehung zur Astronomie gefunden werden. Hier geht es um astronomische Rhythmen und Formregelmäßigkeiten der Pflanze. Die Zellenlehre sollte ebenfalls nicht als reiner Mechanismus behandelt werden, ohne kosmologische Zusammenhänge mindestens aufleuchten zu lassen. Ein anderes geeignetes Thema ist die Embryologie. Im Prozess des Wachstums des Embryos geschehen zu viele Vorgänge, die nicht mechanistisch-logisch erklärt werden können, so dass man unsichtbare, höhere Kräfte vermuten müsste, die hier wirken. In diesen Themen der 11. Klasse haben wir die Möglichkeit, die Schere der Entwicklung der Inkarnation zu öffnen. Das ist nur dadurch möglich, dass die Jugendlichen eine leichte Exkarnation nach der Vollinkarnation der Pubertät zulassen, um intuitiv Zusammenhänge zu erahnen.

Im 12. Schuljahr sollte der Mensch mit der Natur wieder in den Gesamtzusammenhang gestellt werden, so wie für das Kind des 1. Jahrsiebts alles selbstverständlich eine Einheit war. Nur ist der Prozess jetzt ein synthetisierender Erkenntnisprozess, der ganz individuell mit eigenem Beobachten und Denken kreativ erzeugt werden muss, wenn dieser Vorgang zum Weltbild des Individuums werden soll. Das ist das individualisierte Denken. Ist dieser Erkenntnisvorgang wirklich mit dem ganzen suchenden Menschen, mit seinem Denken, Fühlen und Wollen im Einklang, stellt sich der junge Mensch verantwortungsbewusst in die Welt, Individualität und Welt verbindend und seinen sinnvollen Platz in der Welt findend. Das Bearbeitungsfeld zu der Einheit im Unterricht findet man in der Paläoanthropologie, Natur und Mensch verbindend.

Naturkunde / Biologie

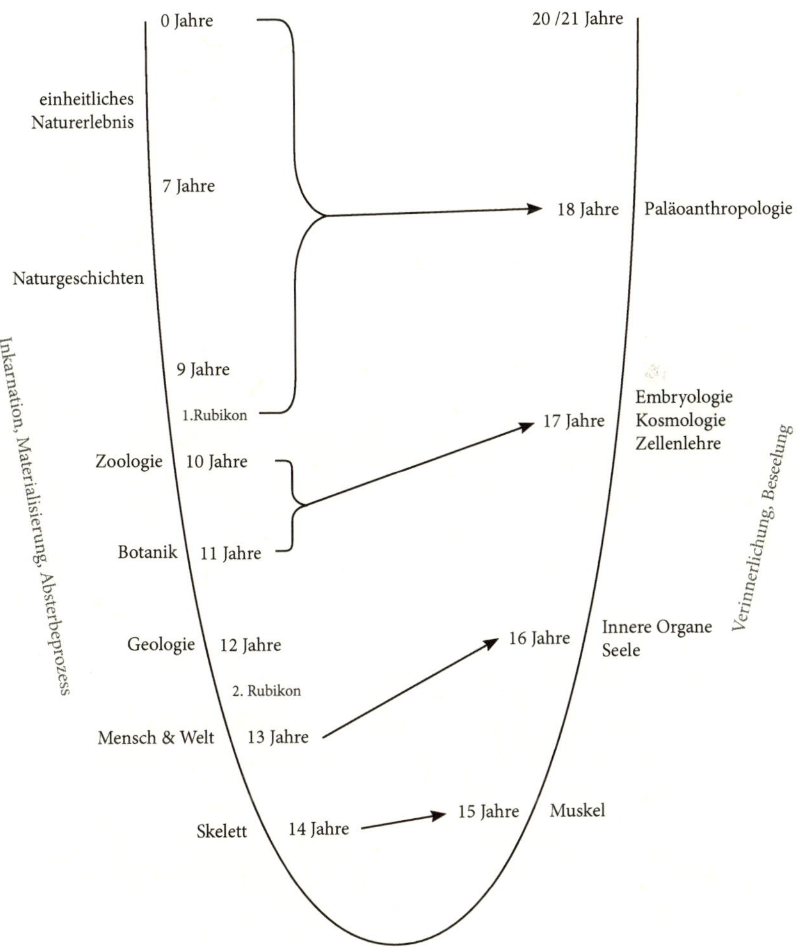

7.4 Mathematik

Welche Fähigkeiten werden durch die Mathematik gebildet? Nicht ohne Grund zählt die Mathematik zu den Geisteswissenschaften und nicht zu den Naturwissenschaften. Mathematik findet rein gedankliche Wege, mit welchen reale Fragen und Zusammenhänge beschrieben und dargestellt werden können. Grundoperationen und höhere Operationen und deren Verläufe werden in klaren Formen erfasst. Es sind reine Gedankengebäude ohne materielle Grundlage. Also ist Mathematik einerseits reine Denkschulung. Auf der anderen Seite ist sie auch ein Instrument, womit materielle Zusammenhänge rein quantitativ ausgedrückt werden können. Mathematik hat eine qualitative und eine quantitative Seite. Durch die quantitative Seite ist sie ein praktisches Werkzeug im alltäglichen Leben und gibt Sicherheit.

Dieses Kapitel möchte nicht lückenlos alle Inhalte beschreiben, die im Laufe der Jahre eingeführt werden, sondern nur einige Beziehungen zu Entwicklungsschritten aufzeigen.

Die Frage der Qualität und Quantität muss zuerst geklärt werden, um die altersmäßige Beziehung beurteilen zu können. Mathematische Operationen sind qualitativer Natur. Der Vergleich von Addition, Multiplikation und Potenz führt uns in völlig andere Bewegung, was den Anstieg der Menge betrifft. Bei konkreten Zahlen erscheinen selbstverständlich auch Quantitäten, also Mengen. Die reine Idee als Formel ist jedoch nur qualitativer Natur. Im 1. Jahrsiebt wird die Welt noch weitgehend qualitativ erlebt. Die Natur, die magisch-lebendig empfunden wird, wird nicht aufgrund der Menge und materiellen Ausdehnung beurteilt, sondern nur aufgrund des empfundenen inneren Wertes. Menge und Maß sind Eigenschaften der irdischen Welt, die den Kindern des 1. Jahrsiebts noch weitgehend fremd sind. Die bereits besprochenen Kinderzeichnungen bestätigen dies in den für die Ewachsenenvorstellung unrealistischen Größenverhältnissen. Kinder können ein Puppenspiel vor einer Puppenbühne anschauen, die uns Erwachsenen störend zu klein wäre. Das spielt den Kindern keine Rolle, wesentlich ist nur, was inhaltlich abläuft, also qualitativ. Auch der Mengenbegriff reicht ziemlich lange kaum über die Zahl drei, dann wird es schon unsicher. Also besteht im 1. Jahrsiebt keinerlei Beziehung zur Mathematik.

Primarlehrkräfte des ersten Schuljahres kennen dieses Problem immer noch sehr gut, denn das 1. Drittel des 2. Jahrsiebts beinhaltet noch stark die Zweiheit der Ausbreitung der Kinder in die magische Welt und der Aufnahme der real-irdischen Welt. Die Vorstellungsfähigkeit erwacht und ist Voraussetzung zum Erfassen von Mengen. Die Abstraktion zur Zahl verlangt Distanz zur Vorstellung, das heißt, das Kind darf nicht sympathisch mit der Vorstellung verschmelzen, obwohl die Zahlen auch Qualitäten besitzen. Es handelt sich um eine Art Antipathie, eine Zurückdrängung. In der Vorstellung müssen sich innere Einheiten bilden, die die Maßstäbe der Zahl sind. Die Erfahrung mit SchülerInnen, die später Probleme mit dem Rechnen haben, zeigt, dass diese meistens nicht genügend gelernt haben, Vorstellungen und Zahlmaßstäbe zu bilden. Darum sind Lehrkräfte allgemein gut beraten, an der Mengenvorstellung in verschiedenen Altersstufen zu arbeiten. Am allerwichtigsten ist dies am Anfang des Rechenunterrichts im 1. Schuljahr. Erfahrungsgemäß funktioniert dies am besten durch viele Mengenschätzungen. Legt man z. B. vor die Kinder 3 verschieden große Häufchen von Steinen und lässt sie die Mengen abschätzen und frägt vielleicht noch, wievielmal größer das größte ist als das kleinste, bilden wir in ihnen den Mengenmaßstab. Dieser Maßstab kann sich nur bilden bei häufiger Wiederholung. Mengen können auch durch willentliche Tätigkeit erarbeitet werden durch Schreiten und Rhythmusspiele. Sehr bekannt ist in den Unterklassen, die Zahlreihen durch Hüpf- und Springspiele über den Willen zu verinnerlichen. Dabei muss man sich wieder bewusst sein, dass Rechnen schließlich ein seelischer Antipathieprozess ist. Ich habe bei vielen Unterrichtsbesuchen verzweifelte Lehrkräfte erlebt, welche die Zahlreihen unzählige Male wiederholt hatten und feststellten, dass die Kinder beim Rechnen nicht mit den Reihen umgehen konnten. Das Problem war fast immer dasselbe, dass diese Hüpfspiele und das Aufsagen der Reihen jeweils auf dieselbe Art durchgeführt wurden, also in schlafendem Willen. Nur durch überraschende Variationen wecken wir die Kinder und bringen sie in eine distanzierte Antipathiehaltung. Auch beim Rechnen müssen wir Willen, Fühlen und Denken aktivieren. Rechnen hat auch mit dem sozialen Leben zu tun und soll selbstverständlicher Teil des täglichen Lebens sein. Darum ist es sehr fragwürdig und wirkt künstlich, wenn die vier Grundoperationen nur separat geübt werden. Die Kinder sollen die Beziehungen zwischen den Operationen und deren Qualitäten erst empfindungsmäßig und dann mathematisch kennen lernen.

Der 1. Rubikon bringt mit der seelischen Ankunft auf der Erde und durch die Distanzierung von der Umwelt Beziehung zur irdischen Distanz respektive zum Maß, und Maß ist Grundlage der Menge. Darum ist das 3. Schuljahr der ideale Zeitpunkt, Maße einzuführen. Zum Distanzmaß haben die Kinder die schnellste Beziehung, denn es ist am direktesten wahrnehmbar. Die eigenen Körpermaße sind ihnen zuerst am nächsten als Vergleich zu irdischen Distanzen, aber um wirklich auf dieser Welt anzukommen, wollen sie die Maße in der Welt der Arbeit anwenden können. Um die Kinder in diese Welt der Ausdehnungen zu integrieren, kann man nicht genug tun, den inneren Maßstab der Orientierung zu bilden, und das durch regelmäßiges Schätzen von Distanzen und Abmessungen. Damit machen wir sie heimisch in der irdischen Welt. Das Messen dient vor allem zur Kontrolle der Schätzungen.

Durch den 1. Rubikon zerbricht die Einheit mit der Welt und der Umgebung, und so bricht auch die Einheit der Zahl. Für die Kinder ist es grundsätzlich kein Problem, Dinge zu halbieren oder zu vierteln, aber der operative Umgang mit Brüchen fordert schon komplexeres Vorstellungsvermögen und mehr Abstraktion. Nur schon der Unterschied zwischen Zähler und Nenner fällt den Kindern sehr schwer, denn die Zahl im Nenner ist ein Umkehrwert. Darum ist es angebracht, mit dem Bruchrechnen bis zum 4. Schuljahr zu warten. Viertklässler können auch darum besser mit dieser Forderung umgehen, weil sie wie am Beispiel des Pendels beschrieben eine übermäßige Inkarnation erleben.

Der 2. Rubikon, im Laufe des 6. Schuljahres, eröffnet für die Mathematik ganz neue Möglichkeiten, oder umgekehrt, die Mathematik kann mit gewissen Disziplinen die Entwicklung dieses Schrittes unterstützen. Mathematik hat, so seltsam es klingen mag, mit der beginnenden Inkarnation in das Skelett zu tun. Damit hängt die schwer verständliche Bemerkung Rudolf Steiners zusammen, dass der Mensch eigentlich mit den Knochen denke. Vielleicht wird es verständlicher, wenn man sagt: Der Mensch braucht für das Denken die Basis der Proportionen des Skeletts. Durch diesen Einzug in das Skelett ergreift der Mensch den Raum. Man kann sagen, dass das Kind vor dem 1. Rubikon die Welt linear ergreift, das heißt es peilt die Dinge von sich aus strahlig an und nimmt neben diesem Strahl oder dieser Linie nicht wahr. Das Kind zwischen den beiden Rubikons hat eine flächige Wahrnehmung und Vorstellung und kann sich eine flächige Landschaft geografisch vorstellen. Nach dem 2. Rubikon lebt es im Raum und kann sich diesen vorstellungsmäßig bilden. Kinderzeichnungen bestätigen dieses Prinzip. Auch in der Mathematik finden wir diese Beziehung: Vor dem 1. Rubikon erlebt das Kind die Zahl auf der linearen Zahlgeraden, nach dem 1. Rubikon erweitert sich das Kind die Welt durch die Maße in die Zweidimensionalität. Durch den gemeinen Bruch und die Dezimalzahl erhält die Linearität ebenfalls eine neue Qualität, die zwar noch linear ist, aber nicht mehr gleichmäßig fortschreitet. Nach dem 2. Rubikon öffnet sich die Tür zur Proportion, was in gewisser Weise ein dreidimensionaler Überblick ist. Die Proportion erfordert Überblick über drei Größen, um die vierte Größe im Verhältnis der vorherigen zu finden. Die Prozentrechnung, die Zinsrechnung sowie der Dreisatz sind Proportionen. Man muss Verhältnisse vorstellungsmäßig vergleichend nebeneinander wachsen oder schrumpfen sehen. Muss ich z. B. 20% von 5000 kg rechnen, kann ich nach Rezept auf 1% zurück rechnen und darauf auf 20% erhöhen. Rechnet man nach Rezept, ist es fragwürdig, ob wir den Vorgang durchschauen. Stell ich mir jedoch die 100%-Säule neben der gleichhohen 5000-kg-Säule vor, sehe ich parallele Schrumpfung. Um diese überblickende Vorstellung zu schulen, hilft wieder zu schätzen, bevor man rechnet. Entwickeln die SchülerInnen die Fähigkeit, die Prozesse vorstellend zu überblicken, unterstützen wir das logische Denken, welches ebenfalls ein vorstellender, überblickender Prozess in Zeitenfolgen ist.

Im 7. und 8. Schuljahr ist es üblich, die negative Zahl, die Potenz, das Radizieren (Quadratwurzel), die Kreisberechnung zu erarbeiten sowie die Algebra einzuführen. Wir können anhand dieser Themen sehen, dass der bildende Sinn der Mathematik von der Anwendung im Leben immer mehr in die Denkbildung übergeht. Für den alltäglichen Gebrauch reicht es, mit den Kenntnissen bis zum 6. Schuljahr umgehen zu können, was für die meisten Menschen zutrifft (man erinnere sich an das Beispiel des Wurzelziehens im Kapitel 3.4.1). Schauen wir die mathematische Regel an, dass z. B. eine negative Zahl mit einer anderen negativen Zahl multipliziert oder dividiert ein positives Resultat ergibt, kann das schwerlich materiell logisch verstanden werden, sondern eben nur rein gedanklich. Diese Themen sind ausgezeichnete Übungsfelder, im Alter des denkenden Fühlens den auf sich selber gerichteten, subjektiven Gefühlsbezug fernzuhalten, um damit das objektive, klare Denken zu schulen. Dies ist ein wichtiger Erziehungsaspekt dieses Alters. Wenn die SchülerInnen in sich entdecken, dass sie die anspruchsvollen Prozesse voll verstehen, löst es in ihnen höhere Gefühle aus wie Begeisterung, Selbstvertrauen, Zuversicht, selber Entdecken zu können usw. Dies sind nicht Gefühle im Dienste der persönlichen Bedürfnisse, sondern im Dienste der Entwicklung und Kultivierung. Die Erarbeitung dieser mathematischen Themen erfordert auch den Drang dieses Alters, Grenzen durchbrechen zu wollen. Hier sind es Grenzen der Anschaulichkeit, die wenigstens teilweise überschritten werden müssen.

Einen besonderen Stellenwert hat die Trigonometrie, die besonders geeignet ist für das 10. Schuljahr, denn sie erfüllt doppelte Funktion. Einerseits befriedigt sie das theoretische Denken dieses Alters, andererseits auch das Nützlichkeitsbedürfnis. Darum macht ein Feldmessprojekt großen Sinn, denn es kombiniert die beiden beschriebenen Funktionen des Sinns der Mathematik. Die Jugendlichen möchten je länger je mehr ihren Weg in die Arbeitswelt finden. Darum ist es nicht empfehlenswert, das Feldmessen nur als Trockenübung in einem Übungsterrain durchzuführen, sondern einen öffentlichen Auftrag zu suchen, sei es ein Forstweg, ein Privatweg, eine historische Stätte usw. Die Erfüllung eines öffentlichen Projekts ist verpflichtend.

Die Infinitesimalrechnung entspricht dem Entwicklungsschritt nach der Pubertät. Zum Verständnis des Differentials und Integrals muss das Denken in Bereiche gehen, die nicht mehr materiell-räumlich vorstellbar sind. Man befindet sich im reinen Denken, das eine höhere Welt aufblitzen lässt. Dabei kann es sich nur um das Verständnis der Idee handeln, denn um zur Anwendbarkeit vorzudringen, bräuchte es schon fast ein Studium.

7.5 Vom Formenzeichnen zur Geometrie

Die Geometrie erfüllt ebenfalls die beiden Funktionen: Bildung des Denkens sowie der Anwendbarkeit im Leben, wobei Ersteres deutlich wichtiger ist als die Anwendung. Im Gegensatz zur Mathematik wird die Geometrie im alltäglichen Leben nicht benötigt, sondern ist nur in speziellen Fällen gefordert. Bei der Geometrie ist der Vorstellungsanteil noch höher als bei der Mathematik, man kann sie auch eine Schulung der bewegten Vorstellung nennen. Im Waldorflehrplan besteht jedoch noch ein ganz anderer Zusammenhang. Geometrie beschäftigt sich mit Formen und deren Gesetzmäßigkeiten. Formen besitzen allerdings nicht nur geometrische Regeln und Gesetze, sondern auch Qualitäten. Dies hat mit der Ausbildung der Ästhetik zu tun. Z. B. den Charakter einer Blume zu erkennen, heißt die Kombination von Farbe und Form in ihrer Qualität zu empfinden. Zur Ausbildung der Ästhetik gehören Formempfinden, Farbempfinden und Tonempfinden (Musik). Geruch und Geschmack gehören auch dazu, spielen aber eine untergeordnete Rolle. Sie sind subjektiver und dadurch unmittelbar Teil des Menschen, des Subjekts. Die Wahrnehmung von Form, Farbe und Ton kann durch Schulung objektiviert werden. Darum setzt in der Waldorfschule die Bildung des Formempfindens gleich im 2. Jahrsiebt an mit der Disziplin «Formenzeichnen». Die Methodik beginnt wie gewohnt mit der willentlichen Tätigkeit, also mit dem Zeichnen. Dabei wird auf zwei Elemente Wert gelegt: auf die Schönheit und auf die Genauigkeit, die Schönheit als Mittel zur Bildung der Ästhetik, die Genauigkeit als Vorbereitung, später geometrische Regeln zu erkennen. Zeichnet man möglichst genau (immer von freier Hand) einen Kreis oder ein Dreieck, erfüllt man unbewusst die Regeln, indem man die Regelmäßigkeit zu erfüllen versucht. Dabei erlebt sich das zeichnende Kind als Mitte der Form, und es nimmt vorstellend in jedem Moment des Zeichnens Maß an seiner Vorstellung oder am vorgegebenen Teil der Form, um die oft vorhandene Symmetrie zu realisieren. Die Tätigkeit des Zeichnens einer Form geschieht unter der Koordination von Vorstellung, Bewegungssinn, Wahrnehmung und «Messen». Diese Koordination ist jedoch nur gewährleistet, wenn die ganze Linie in einer Bewegung ausgeführt, also die Form nicht in einzelnen Strichen zusammengesetzt wird. Die durchgezogenen Linien können mehrmals nachgezeichnet werden, eventuell mit verschiedenen Farben. Dadurch wird die Kombination von Bewegung und Vorstellung sicherer und die Schönheit gesteigert.

Die Fülle der möglichen Formen, die man zeichnen kann, ist unerschöpflich. Dabei gibt es Formprinzipien, die mit der Entwicklungsstufe zu tun haben. Diese Beziehungen sind nur allgemeine Beispiele. Im 1. Schuljahr, mit dem Eintritt in den Schulunterricht, findet bei den Kindern eine physische Streckung in die Vertikale statt. Das hat mit der vertikalen Symmetrie einen Zusammenhang. Die Lehrperson zeichnet z. B. eine vertikale Symmetrieachse. Nun zeichnet sie daneben eine Seite der Form und lässt die Kinder die Form vervollständigen. Dadurch wird einerseits das Harmonieempfinden gestärkt, andererseits auch der Wille. Denn das Harmoniebedürfnis enthält den Drang, die Form zu vervollständigen nach dem Prinzip, dass starke Gefühle zum Willen drängen (Figuren A).

Im 2. Schuljahr sind die Kinder, wie bei den Ausführungen zum Erzählstoff beschrieben, schon näher am irdischen Leben. Dadurch ist die vertikale Symmetrie ein geeignetes Übungsfeld. Sie fordert mehr vorstellungsmäßige Umstellung als die horizontale Symmetrie. Die Kinder, die sich in der Vertikalen empfinden, müssen und können sich vorstellungsmäßig drehen (Figuren B).

Im Rubikon des 3. Schuljahres empfinden sich die Kinder mehr in sich drin, in ihrem Zentrum, was Kreisformen und der Zentralsymmetrie entspricht. Kreisformen und ihre Variationen haben in jedem Alter einen Sinn. Da die Kinder die Welt nun im Vergleich zu sich selber erleben, Innenwelt gegen Außenwelt, wird ihr neuer Standpunkt bei Zentralsymmetrien nur gestärkt, wenn sie beim Ergänzen einer vorgegebenen Viertelsform im Achsenkreuz das Blatt nicht drehen, sondern ihren Standpunkt beibehalten. Die ausgeführte Form ist zwar aus ästhetischen

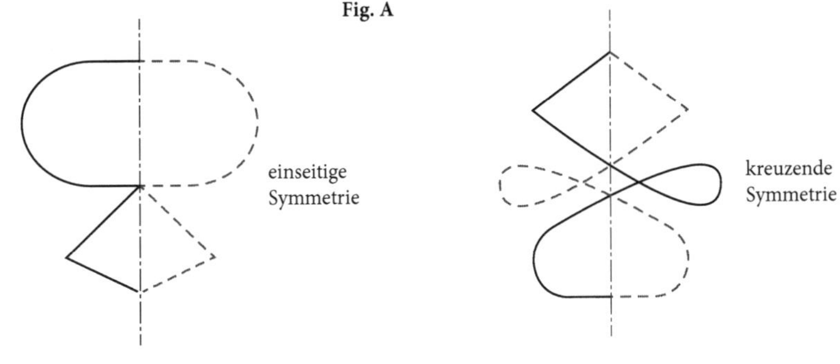

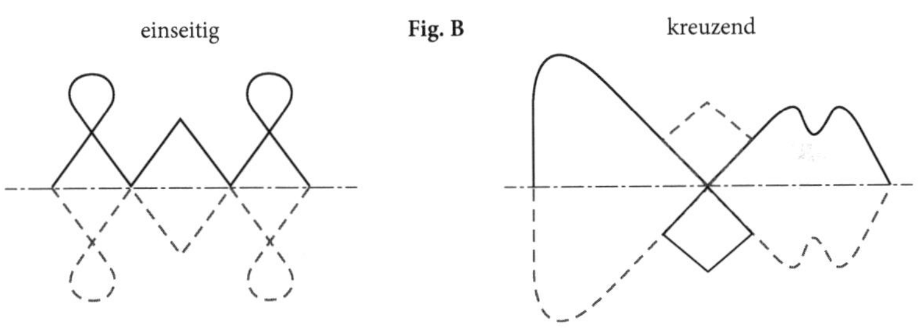

Gründen wichtig, aber noch wichtiger ist der Prozess (Figuren C). Ein anderes Formprinzip ist sehr geeignet für die Kindheitsmitte ab dem 3. Schuljahr, nämlich die Metamorphose (Figuren D). Gibt man eine Form vor, auf welche meistens symmetrisch Kräfte einwirken, haben die Kinder die Aufgabe, weitere Momente der Verwandlung zu zeichnen, so dass eine Serie entsteht. Damit werden zwei Fähigkeiten gebildet: Erstens beginnen die Kinder Bildekräfte im Pflanzen- und Tierreich zu empfinden, was eine gute Grundlage für die Tierkunde des 4. Schuljahres und vor allem für die Pflanzenkunde des 5. Schuljahres ist. Andererseits wird die Empfindung für Zukunftsimpulse geweckt. Es ist eine Art bedingte Fantasie oder Vorbereitung der Kreativität, welche sich in den Strom der Forderungen und Notwendigkeiten der Welt einfügt. Ein drittes Thema für das 3. Schuljahr sind Bandformen, die selbstverständlich schon vorher und auch nachher Sinn machen (Figur E). Die Bandformen haben mit der inneren Beweglichkeit zu tun und unterstützen lebendiges Denken. Auf der anderen Seite stärken sie auch den Willen respektive die Beharrlichkeit, an einer Sache zu bleiben und nicht nachzulassen (siehe Formbeispiele).

Fig. C

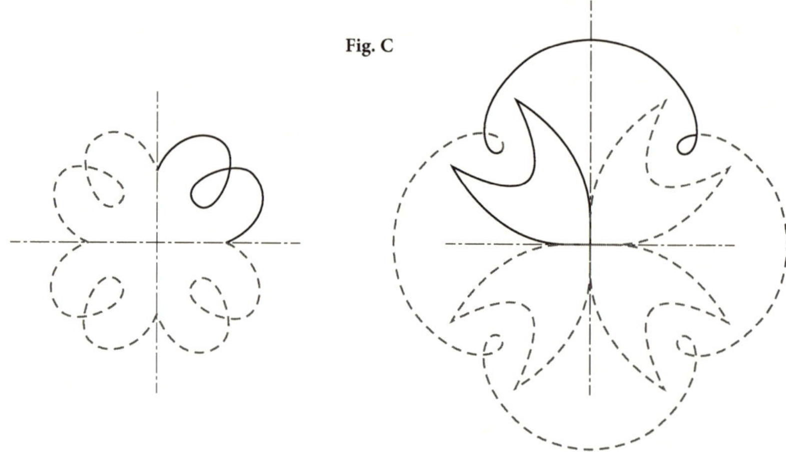

Das 4. und 5. Schuljahr, die Kindheitsmitte, ist geeignet, das Formenzeichnen langsam in die Geometrie übergehen zu lassen. Durch die Lebendigkeit dieses Alters sind die Kinder offen und interessiert, komplexe verschlungene Formen zu zeichnen, ob es dreiteilige, vierteilige oder mehrteilige sind. Neben phantasievollen Formen, die die Kinder auch selber erfinden können, sollen immer mehr Formen erscheinen, die aus der Geometrie stammen und regelmäßig sind, Dreiecke, die sich durchdringen, Rechtecke, die sich über das Quadrat umwandeln, Quadrate, die ineinander stecken, Sechsecke, die verschiedenste Dreiecke enthalten usw. Es sollten alle geometrischen Formen in den Figuren gefunden werden können. Wichtiger denn je ist nun die Genauigkeit, was nur dann Sinn macht, wenn noch immer freihändig gezeichnet wird. Durch genaues Abschätzen werden die Regeln empfunden und später erfasst. Nun geht es konkret um den Prozess Wollen – Fühlen – Denken = Zeichnen – Formqualität empfinden und benennen – Gesetze entdecken.

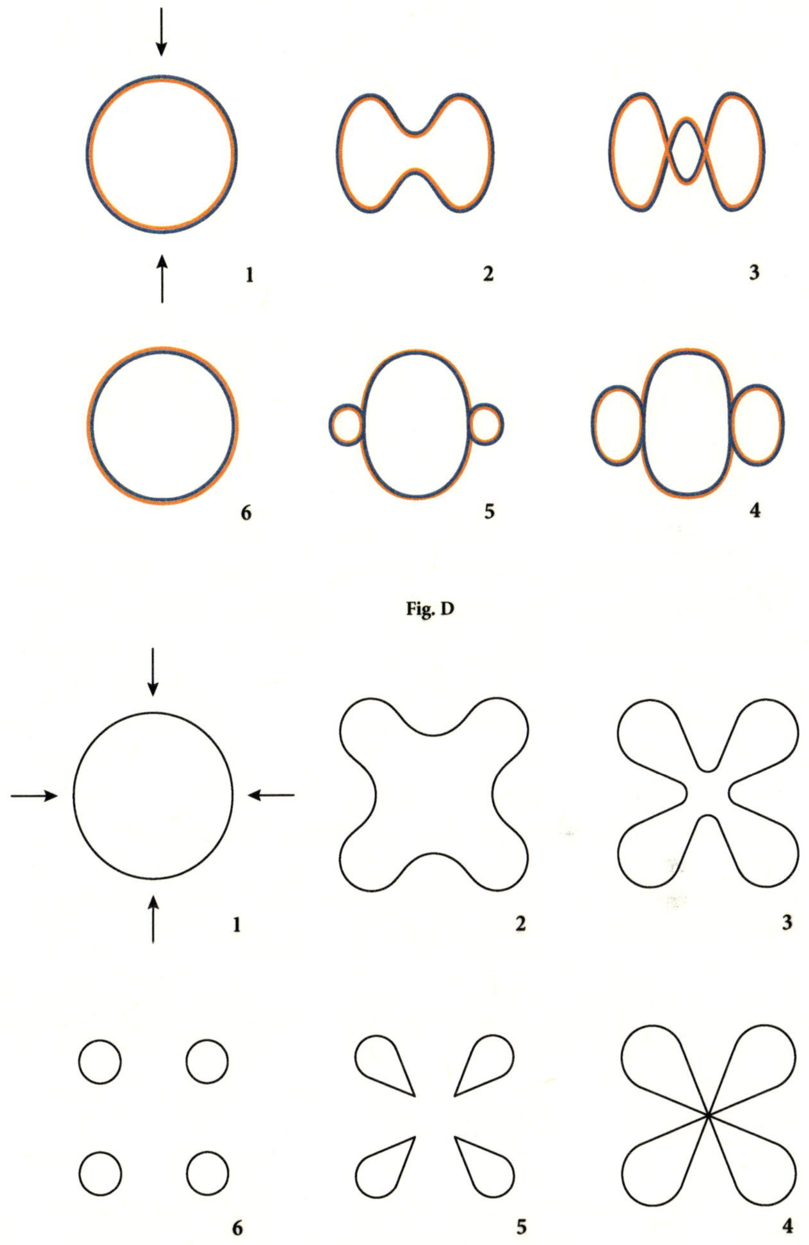

Fig. D

Fig. E

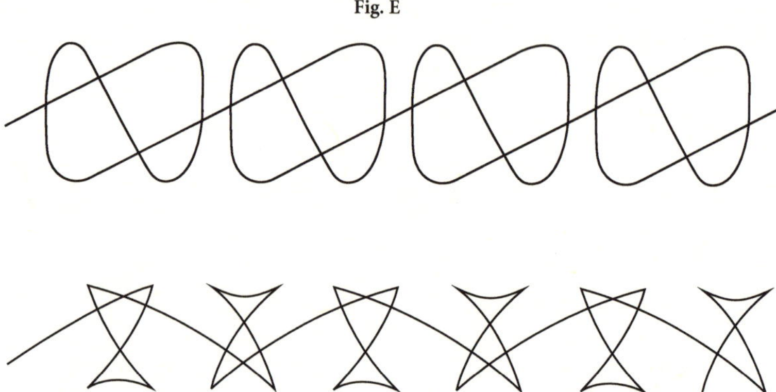

Hier zwei Beispiele, wie es gemeint ist. In der exakt gezeichneten Figur F lasse man die Kinder alle möglichen Formen finden. Sie werden gleichseitige Dreiecke verschiedener Größe entdecken, Rhomben, Rhomboide, Trapeze verschiedener Größe, ein Sechseck. Die Namen werden erst nach deren Entdeckung genannt. Dann geht es darum, die Anzahl jeder Figur zu suchen. Es wird z. B. nicht einfach sein für die Kinder, die 9 Rhomben oder die 12 Trapeze zu finden. Schlaue Kinder werden vielleicht ein System entdecken, um die Anzahlen zu finden, was mit der Dreizahl des Dreiecks zu tun hat. Man kann die Figur mehrmals mit entsprechenden Färbungen zeichnen, so dass sehr schöne Bilder entstehen. Will man die Variationsmöglichkeit steigern, kann man das Dreieck vergrößern (Figur G).

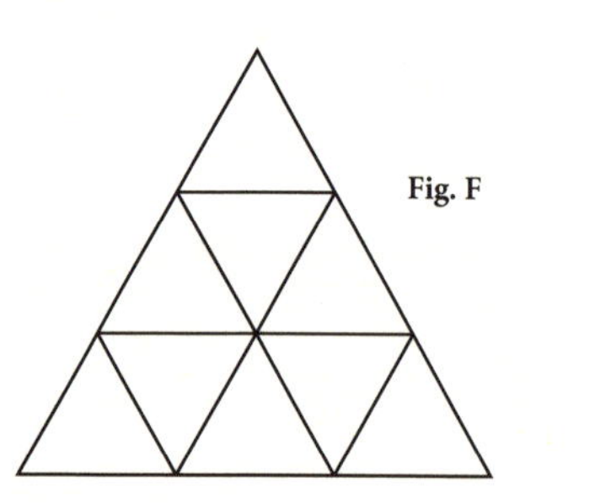

Fig. F

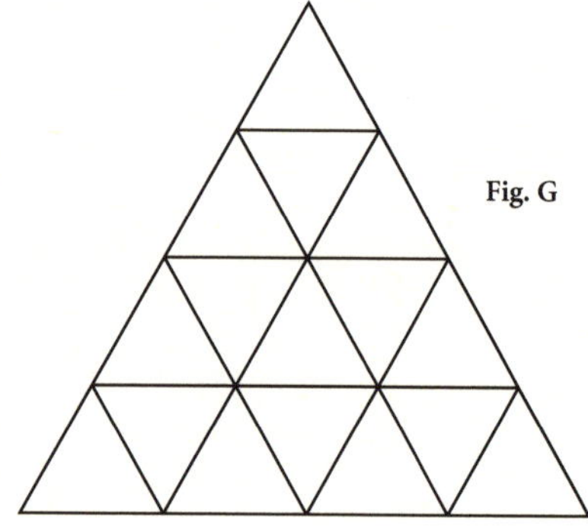

Fig. G

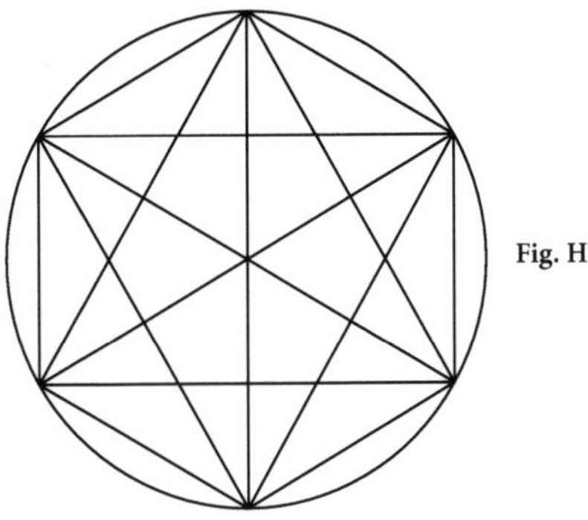

Fig. H

In der Figur H findet man Sechsecke, gleichseitige, stumpfwinklige, gleichschenklige und rechtwinklige Dreiecke verschiedener Größen. Beobachtet man sich beim Suchen, kann man entdecken, dass man nur sieht, was man sich vorstellt. Diese Arbeit ist eine intensive, kreative Vorstellungsschulung, was die später benötigte Grundhaltung beim wissenschaftlichen Forschen ist. Eine andere sehr ergiebige Form sind Quadrate, die 45° verdreht und kleiner werdend ineinander gezeichnet werden, um noch Quadrate, Rechtecke und Trapezoide zu finden. Diese Arbeit ist besonders geeignet für das 5. Schuljahr. Es wäre dabei noch nicht altersgemäß, gleich die geometrischen Regeln zu erarbeiten. Bevor man diesen Schritt tut, ist es wesentlich, dass die Kinder die Figuren willentlich und künstlerisch gefühlsmäßig verinnerlichen. Hebt man die Dinge zu direkt in den Kopf, werden sie abstrahiert respektive von sich weggewiesen.

Nun erscheint der 2. Rubikon mit der gesteigerten, aber fixierteren Vorstellung, der nüchterneren Wahrnehmung und der sachlich realistischeren Logik. Im 6. Schuljahr können und sollen wir den Kindern mit dem geometrischen Zeichnen nachhelfen, wirklich in den Prozess der Klarheit und dadurch Exaktheit einzudringen. Jetzt ist es Zeit, mit Geometriewerkzeugen umgehen zu lernen und genau zu arbeiten, was ihnen sehr schwer fällt. Die Art, wie man das Werkzeug führt, beinhaltet schon geometrische Regeln. Bis die Kinder z. B. einen Winkel richtig übertragen oder parallele Linien sauber und exakt zeichnen können, kann es erstaunlich lange dauern. Jetzt ist ihr Denk- und Vorstellungsvermögen bereit, die Gesetzmäßigkeiten der in der 5. Klasse gefundenen geometrischen Formen gedanklich zu erkennen, und jetzt sollen sie auch geometrische Figuren nach gegebenen Maßen konstruieren. Das setzt sich in der 7. und 8. Klasse mit steigendem Schwierigkeitsgrad fort. Zu den Kenntnissen der Regeln der Figuren kommen die geometrischen Örter hinzu. Konstruiert man mit geometrischen Örtern, wird die Vorstellung noch mehr gefordert, denn diese sind gedachte Linien, ob Geraden oder Kreise, deren Kombination reale Punkte und dadurch Formen erscheinen lassen. Ein Beispiel einer Aufgabe: Konstruiere einen Kreis von 2 cm Radius, welcher einen gegebenen Kreis von 3 cm Radius und eine Gerade außerhalb des Kreises berührt, die 2,5 cm Abstand vom gegebenen Kreis entfernt ist (Figur I). Beim Konstruieren muss der oft einzig mögliche Ablauf entdeckt werden, um die Aufgabe lösen zu können. Dieser besteht hier in der Kombination zweier geometrischer Örter.

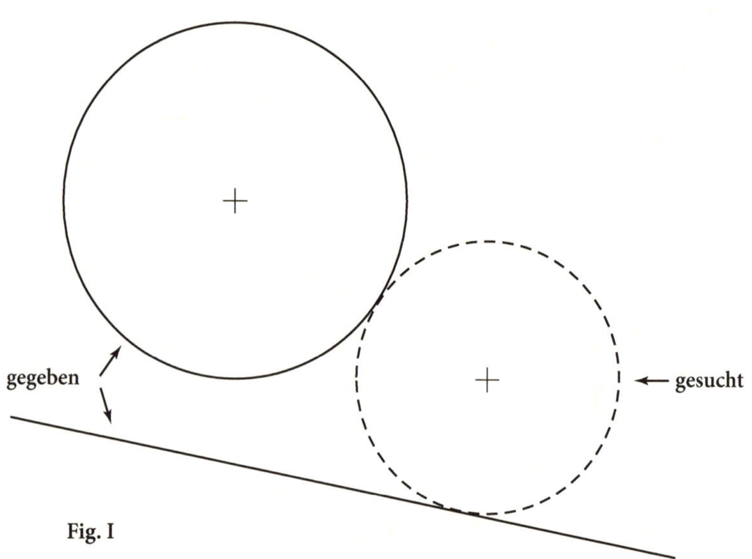

Fig. I

Ein sehr wichtiges Thema für dieses Alter ist das Beweisen, z. B. der Beweis der Winkelsumme im Dreieck oder Vieleck, des rechtwinkligen Dreiecks im Halbkreis (Thaleskreis), des pythagoreischen Lehrsatzes usw. Führt man mit Sechstklässlern den pythagoreischen Lehrsatz zeichnerisch durch, sind wir noch an der Schwelle des 2. Rubikon, wo noch künstlerische Logik erlebt wird. Ein echter Beweis ist dies noch nicht. Mathematische Beweise in der 7. und 8. Klasse haben eine wichtige Funktion im Alter des denkenden Fühlens. Die Logik wird zur Absolutheit erhoben, und persönliche Empfindungen haben gar nichts mehr zu suchen. Die SchülerInnen müssen beim Verständnisprozess ihre Natur komplett zurückdrängen und rein denkendes Kulturwesen werden. Damit erden die jungen Menschen ihr Denken und erlangen Sicherheit. Auf gewisse Weise ist jede Konstruktionsaufgabe in dem Moment, wo die einzig mögliche Lösung gefunden wird, ein Beweis und hat Absolutheitsanspruch.

Im 3. Jahrsiebt fließen Geometrie und Mathematik in vielen Bereichen zusammen. Dies geschieht besonders in der Trigonometrie und im 11. Schuljahr in der analytischen Geometrie, in welcher der Raum aus im räumlichen Koordinatensystem gedachten Punkten aufgebaut wird. In der darstellenden und projektiven Geometrie kommt das gedanklich Vorgestellte noch in Bewegung, was das freie Denken des suchenden Menschen unterstützt und mehr dem 12. Schuljahr entspricht.

7.6 Physik

Wie das Wort sagt, geht es um die Zusammenhänge der rein physischen Welt, der Materie an sich. Es handelt sich um die leblose, feste Materie, welche der Grund ist, auf dem das Leben wirken kann. Was bringt die Physik dem heranwachsenden Menschen für seinen Lebensweg? Der Mensch kann sich nur dann der materiellen Welt gegenüber sinnvoll und verantwortungsvoll benehmen, wenn er diese physische, physikalische Welt und deren Zusammenhänge kennt. Man denke nur an die Energiefrage oder an die Umweltfrage. Da die Technik angewandte Physik ist, können wir diese auch nur wirklich verantwortungsvoll anwenden, wenn wir sie so viel wie möglich durchschauen. Mit der immer komplexeren Technik ist dies je länger je weniger möglich, und wir müssen uns ernsthaft fragen, wie weit die Technik uns dient und wie weit wir sie bedienen, das heißt auch ihr dienen. Dies zeigt sich auch darin, dass wir in vielen Bereichen von der Technik abhängig sind. Unverstandene Technik übt Faszination aus, welche die Tendenz hat, Höheres zu suggerieren, dass sie Menschliches oder Übermenschliches zu leisten vermag. *Dazu ein Beispiel aus dem Unterricht. Als in den 90-er Jahren der Computer als persönliches Werkzeug zum Hausgebrauch aufkam, waren die OberstufenschülerInnen so fasziniert davon, dass viele ihre Epochenhefte zu den Physikepochen nur noch mit diesem Werkzeug schreiben wollten, und zwar inklusive Skizzen. Diese Zeichnungen waren mangels entsprechendem Programm meistens hässlich und manchmal unverständlich. Das Seltsamste war jedoch, dass es das Mehrfache an Zeit verschlang, als eine Handskizze zu erstellen. Nachdem ich jeweils im 11. Schuljahr eine Epoche in Digitaltechnik durchgeführt hatte, indem die SchülerInnen in Gruppen einen einfachen Rechner zum Funktionieren brachten, verschwand die Faszination. Die Hefte und Zeichnungen wurden wieder mehrheitlich von Hand gemacht.*

Mindestens so wichtig wie die Kenntnisse für das Leben sind wieder die inneren Fähigkeiten, an denen man mit der Physik arbeiten kann. Die Physik scheint geradezu für die Entwicklung gewisser Denkformen wie gemacht zu sein, so vor allem das kausale, das praktisch-nützliche und das theoretische Denken, aber in Ansätzen auch das lebendige und das individualisierte Denken. Sie ist geradezu ideal dafür, den SchülerInnen im prozessualen Vorgehen zu zeigen, wie man schnelle Vorurteile vermeidet durch strikte Trennung von reiner Beobachtung mit urteilsfreier Beschreibung und dem Prinzip des Schlüsse-Ziehens. Dieses Vorgehen ist ganz besonders wichtig in der Phase des «Denkenden Fühlens», im letzten Drittel des 2. Jahrsiebts, wo Sympathie und Antipathie immer miturteilen wollen. Da wirkliche Urteilsfähigkeit erst im 3. Jahrsiebt zur Verfügung steht, kann die Physik in dieser Entwicklungsphase als Vorbereitung und Hinführung zum sachlichen Urteilen benützt werden.

Wie schon im Kapitel 5 im Fall 1 beschrieben, sind spielende Kinder willentlich mit Physik beschäftigt, ohne es zu wissen. Der Umgang mit Physik fängt mit der physischen Geburt an. Kriechen und sich Erheben ist angewandte Physik. Jede Eigenbewegung und spätere sportliche Tätigkeit fördert die Beherrschung physikalischer Gesetze im eigenen Leib. Solange der eigene Körper mit den physikalischen Gesetzen kämpft, stecken wir zu stark im Willen, als dass wir Bewusstsein für die Gesetze haben könnten. Dazu braucht es Distanz zu den Vorgängen und zur Tätigkeit. Spielt das Kind mit Gegenständen, nimmt es das den Gesetzen widersprechende Fehlverhalten unmittelbar wahr und korrigiert es, bis seine Konstruktion die Gesetze erfüllt. Spannt es z. B. eine Wäscheleine von einem Schrank an einen Stuhl, und der Stuhl kommt ins Rutschen, wenn es Wäsche aufhängt, wird es vielleicht ein Gewicht auf den Stuhl legen oder ein anderes Kind auffordern, sich darauf zu setzen. Damit hat es die Reibung des Stuhls erhöht, was Stabilität zur Folge hat. Das Kind entwickelt dabei das Gespür dafür, was sich durch das erhöhte Gewicht am Boden verändert. Vielleicht kommt es auch auf die Idee, eine Gummimatte oder ein raues Schleifpapier unter die Stuhlbeine zu legen, wobei es auch in dieser Variante um das Prinzip der Reibung geht. Auf jeden Fall geht es um Ursache und Wirkung, also um Kausalität. Spielende Kinder werden niemals erklären können, wie die zeitliche Logik verläuft, aber in der Empfindung leben die Zusammenhänge sehr sicher und werden zur Erfahrung. Die Erfahrung ist ein Zusammenspiel von anfänglichem Willen (Tätigkeit) und empfindendem Erlebnis. Diese Erfahrungen sind die spätere sehr wichtige Grundlage für den erkennenden Physikunterricht, der das Denken fördern soll.

Wirklichen Physikunterricht zu betreiben macht erst Sinn, wenn die Kinder in ihrer Physis ankommen, also mit dem 2. Rubikon. Vorher ist die Betrachtung der reinen Materie für die Kinder der fantasievollen Entwicklungszeit hinderlich und zu leblos; sie könnte die Fantasie abtöten. Die Bilder, die die Kinder vor dem endgültigen Einzug der Seele in den Leib in sich tragen, müssen noch beweglich bleiben dürfen, sollen empfindungsmäßig durchsetzt und frei wandelbar sein. Mit dem Einzug der Seele ins Skelett werden die Bilder skelettartiger, also fixierter, aber eben auch exakter. Es entwickelt sich ein fotografisches Erinnern, was Voraussetzung ist für wissenschaftliches Forschen. Beobachten die SchülerInnen einen Versuch, den sie danach beschreiben sollen, müssen sie die Bilder erstens fixieren können und zweitens in die richtige Zeitenfolge stellen. Damit wird der Verlauf eines Vorgangs festgehalten. Das ist die Grundlage des Ursache-Wirkungsdenkens.

Anhand physikalischer Beobachtungen des 6. bis 8. Schuljahres und der Schlüsse, die daraus gezogen werden, können wir sehen, dass es erst anfänglich zu bewussten Erfahrungen der materiellen Welt führt. Erst nach und nach sind die Kinder fähig, zu erklären, wieso sich eine Sache entsprechend verhält. Z. B. in der Akustik können die Kinder des 6. Schuljahres aus der Beobachtung zum Schluss kommen, dass kleine Flöten höhere Töne erzeugen als große. Erklärbar wird es aber erst im 8. Schuljahr, wenn Versuche mit dem Resonanzrohr gemacht werden, wo aufgrund der Kenntnis der Schallgeschwindigkeit und aus der Länge des Rohres, in welchem ein bestimmter Ton entsteht, Schlüsse auf Luftschwingungen und deren Wellenlänge gezogen werden können.

Das kausale Denken ist sich in dieser Phase am Entwickeln und muss sich in der Pubertätszeit festigen. Das 6. Schuljahr ist noch eine Übergangszeit aus dem lebendigeren Erleben in ein nüchternes Betrachten der Welt der Phänomene. Die Kinder erleben vor dem 2. Rubikon, wie das bei der Mathematik beschrieben wurde, die Welt mehr qualitativ und noch wenig quantitativ. Nun geht es durch die Physik in die Quantität, aber erst nach und nach. Darum ist es angebracht, vom Erlebnisbereich des künstlerischen Tuns in die distanzierte Beobachtung überzugehen. Dazu ist die Akustik im Zusammenhang der Musikinstrumente geeignet. Um nicht direkt Instrumente auf die physische Tonerzeugung zu reduzieren, kann man zuerst Klangqualitäten suchen und beschreiben, ob das mit Instrumenten oder mit irgendwelchen klingenden Gegenständen gemacht wird. Da können Töne warm, hart, fröhlich, witzig, dumpf, nervös, klar, ruhig usw. sein. Man wird bald einen Zusammenhang entdecken, dass hohe Töne untereinander verwandte Klangqualitäten besitzen und tiefe ebenfalls. Das ergibt einen Übergang zu den tonerzeugenden Schwingungen, die von der Größe abhängig sind. Das Monochord, wo eine einzelne Saite in ihrem Schwingverhalten in Beziehung zur Länge untersucht wird, zeigt den Zusammenhang von Saitenlänge und Tonhöhe zuerst musikalisch, jedoch noch nicht wirklich quantitativ physikalisch. Die Kinder können entdecken, dass wenn man zum Grundton der gegebenen Saite durch Verkürzung der Saite die Oktave sucht, dass sie bei halber Saitenlänge gehört wird. Das ist musikalisch hörend gefunden, aber noch ergibt sich nicht der Zusammenhang, dass nun die Saite doppelt so oft pro Sekunde schwingt. Die Anzahl der Schwingungen gehört in den Bereich der quantitativen Physik, von der die Kinder noch recht weit entfernt sind. In der Optik, der Lehre des Lichtes, wäre es auch nicht sinnvoll, sofort optische Gesetze anzupeilen, denn Licht ist ein zu geistvolles Lebenselement für die Kinder. Man kann sie bewusst erleben lassen, wie sie seelisch und physisch vom Licht abhängig sind, indem man sie einige Minuten in die absolute Dunkelheit setzt und dann sehr langsam hinter ihnen Licht aufblenden lässt. Am besten geschieht das in einem ihnen möglichst unbekannten Raum mit verschiedenen Farben. Sie sollen erleben, wie viel Licht es braucht, um sichere Wahrnehmungen zu machen, welche Farben zuerst und zuletzt wahrgenommen werden usw. Das Spiel mit Schatten bringt die Kinder näher an den Charakter der Lichtausbreitung. Ebenfalls sehr geeignet ist die Wärme, um vom subjektiven Empfinden zur objektiven Temperatur zu schreiten. Mit Phänomenen der Elektrostatik und des Magnetismus können Versuche gemacht werden, da diese im Alltag bekannt sind. Dabei geht es ums Probieren, so wie Kinder dieses Alters die Welt erforschen wollen, aber ohne den Anspruch, Gesetze zu finden. Mit den Phänomenen zu spielen weckt man das Bedürfnis zu verstehen.

Im 7. Schuljahr wird es Zeit, dass die SchülerInnen, wie bei der Geometrie beschrieben, nicht mehr mit Kenntnissen zufrieden sind, sondern mit der Logik dem «Warum» nachgehen. Warum verhält sich eine physikalische Situation entsprechend der Beobachtung? Die Freude über eine Überraschung darf nicht mehr allein befriedigen, sondern die Überraschung sollte Unruhe erzeugen, denn Unverständliches gehört in den Bereich des Mythos und entspricht keineswegs dem Entwicklungsprozess in die materielle Realität. Macht man im 6. Schuljahr gerne noch Experimente, die vor allem erfreuen und Verwunderung zurücklassen, so sollte man sich jetzt hüten, Experimente vorzuführen, die außerhalb jeglicher Erklärungsmöglichkeit der Kinder sind. Sehr geeignet sind Beobachtungen am Spiegel, um den Mythos zu überwinden. Der «virtuell» hinter dem Spiegel wahrgenommene Raum verliert seine vermeintlich aktive Rolle, wenn er als Spiegelung aufgezeichnet wird, das heißt wenn die Wahrnehmung allein mit dem reellen vorderen Raum erklärt wird. Das virtuelle Bild im Spiegel soll entmythologisiert und entlarvt werden als Illusion. Ausnahmen von unerklärbaren Experimenten sind solche, mit welchen man bewusst machen will, dass weitere Untersuchungen nötig sind, um eine Sache zu verstehen. Ziel ist es dann, Fragen in den Seelen zu erzeugen, die bewusst mitgenommen werden, vielleicht auch in das nächste Schuljahr. Wenn die Lehrperson solche Fragen offen lässt, muss sie sich fragen, ob sie selber die Antwort kennt. *Dazu ein deutlich sprechendes Erlebnis aus dem Unterricht. In einer Physikepoche einer 7. Klasse hatte ich einen Praktikanten, der in gemeinsamer Vorbereitung mit mir den Unterricht führte. Auf eine Frage eines Schülers antwortete er: «Das wird in der Oberstufe behandelt», was durchaus korrekt war. Der fragende Schüler ärgerte sich heftig und erzeugte einen Aufruhr durch die ganze Klasse. Der arme Mann kam ins Stottern, so dass ich ihn befreien musste und den Unterricht übernahm. Der Aufruhr legte sich mit dem leicht veränderten Satz meinerseits: «Diese Frage wird in der Physikepoche der 10. Klasse zum Thema Mechanik ergründet. Uns fehlen noch gewisse mathematische Kenntnisse zum Verständnis.»* Was steckte als Unterschied hinter den beiden Antworten? Die Schüler hatten Vertrauen in meine Antwort, weil sie merkten, dass ich die Gründe und die Antwort kenne. Sie merkten beim Praktikanten, dass er eine Ausrede gesucht hatte. Die SchülerInnen beginnen nach und nach aus dem reinen Autoritätsalter mit grenzenlosem Personenvertrauen auszusteigen und wenden sich zunehmend der Sachautorität zu. Der Praktikant konnte auch die nächsten Tage den Unterricht nicht mehr übernehmen.

Ein zentrales Thema des 7. Schuljahres sind mechanische Hebelkräfte, die im eigenen Körper im Zuge der verstärkten Inkarnation empfunden werden. Gibt man den SchülerInnen die Aufgabe, sehr große Gewichte zu bewegen, kann man schließlich beobachten, wie sie selbstentdeckte Kraftverstärkungen mit Vergnügen anwenden, ja sogar genießen. Dabei kann man wieder erfahren, dass die Kinder noch teilweise im Qualitätsalter des 2. Jahrsiebts leben. Sie können durch Versuche durchaus die

Hebelgesetze finden; aber damit quantitativ rechnen fällt ihnen noch sehr schwer. Es macht durchaus Sinn, im Qualitativen zu bleiben und das Rechnen für später aufzubewahren. Ähnliches ist zu sagen betreffs Wärmephänomene. Untersucht man die Wärmeleitfähigkeit verschiedener Materialien, geht es darum, ein Gespür, aber auch ein Bewusstsein für Materialqualitäten zu entwickeln. Wie verschieden verhalten sich Kupfer, Eisen, Glas, Holz im Bereich der Wärmeleitung, wie ist der Zusammenhang mit den mechanischen Qualitäten. Hinzu kommt die Wärmeausdehnung als Kriterium. Wie sehr verschieden ist die Ausdehnung von festen, flüssigen und gasigen Materialien, z. B. Luft. Wie sind die Kräfte geartet, die durch die Dehnung erzeugt werden, was hat das beim Bauen für Auswirkungen. Als große Überraschung taucht die Tatsache auf, dass Flüssigkeiten nicht komprimierbar sind, und dass Gase sich um das X-Fache ihres Grundvolumens ausdehnen und durch ihre Komprimierbarkeit große Drücke entwickeln. Dabei tauchen Lebensfragen auf im Zusammenhang mit warmen und kalten Getränken in geschlossenen Gefäßen. Die Physik sollte möglichst viel mit alltäglichem Gebrauch zu tun haben und nicht in abstrakte Theorien münden. Die Physik dient wie kaum ein anderes Fach als direkte Einführung in die irdische Welt der Materie. Abstrakte Theorien haben eher die Tendenz, die Kinder von der irdischen Wirklichkeit wegzuführen.

Im 8. Schuljahr nähern wir uns der Schwelle zur rein quantitativen Physik, aber noch ist die Qualität von Phänomenen wichtig, die die Empfindung anspricht. Wir können uns mit Fragen beschäftigen, deren Beantwortung schon die Kombination mehrerer Phänomene erfordern. Z. B. die Frage, wieso ein Ton eines Instrumentes hörbar ist, erfordert einige Untersuchungen. Zuerst brauchen wir die Beobachtung, dass ein Tongeber im steigenden Vakuum unhörbar wird, was den Schluss ziehen lässt, dass die Luft das übertragende Medium sein muss. Dann taucht die Frage auf, wie schnell sich der Ton fortbewegt, was wieder experimentell nachgewiesen werden kann. Noch ist aber unbekannt, wie die Luft es bewerkstelligt, einen Ton zu übertragen. Resonanzversuche zeigen einen Weg auf, wie durch Schlüsse Antworten gefunden werden können. Eine schwingende Stimmgabel auf einem Resonanzkasten erregt nur dann eine andere Gabel, wenn sie die gleiche Frequenz besitzt. Also muss die Luft ebenfalls in Schwingung versetzt werden. Versetzt man einen großen Lautsprecher mit tiefer Frequenz, z. B. 20 Hz, in Schwingung, lassen sich mit der Hand vor dem Lautsprecher Druckwellen wahrnehmen. Das bereits erwähnte Resonanzrohr ist ein oben offenes dickes Glasrohr mit Wasser gefüllt. Befestigt man darüber eine Stimmgabel und schlägt sie immer wieder an und lässt das Wasserniveau langsam absinken, wird der Ton bei einer bestimmten Wasserstandhöhe viel lauter. Kehrt die Druckwelle in dem Augenblick zurück, wenn die untere Gabelzinke gerade nach oben schwingt, sind die Gabelbewegungen und die reflektierten Druckwellen in Resonanz. Nun lässt sich aus der Rohrlänge zwischen Stimmgabel und der Wasseroberfläche die Wellenlänge berechnen und aus dieser und der Schallgeschwindigkeit die Frequenz bestimmen. Man sieht, dass der Prozess sehr komplex ist, um das Prinzip des Schalls wirklich zu verstehen. Dieses Vorgehen zeigt, dass rein qualitatives Erleben und Verstehen nicht mehr ausreicht, die Zusammenhänge ganz zu verstehen.

Ein verwandtes Thema ist der Luftdruck, ein Phänomen, das man nur indirekt wahrnehmen kann. Wie ist es möglich, dass man mit einem ins Wasser getauchten Rohr, wenn man es oben mit der Hand schließt, eine Wassersäule hochheben kann? Wie hoch kann man eine solche hochheben? Wieso wird eine Plastikflasche, welche man in den Bergen ausgetrunken und danach wieder verschlossen hat, zusammengedrückt, wenn man zuhause ist? Auch bei diesem Thema wird es deutlich, dass wirkliche Beantwortung der Fragen nur befriedigend möglich ist, wenn man zu absoluten Zahlen vordringt. Dasselbe gilt, wenn das Thema des Tiefendrucks im Wasser bearbeitet wird. Obwohl bei diesen Themen die Quantitäten respektive Zahlen Bestandteil der Erkenntnisse sind, sollte der qualitativen Seite noch Gewicht gegeben werden. Man kann sehr schnell die Freude am Forschen verderben, wenn viele Rechnereien gefordert werden, denn die SchülerInnen leben noch im denkenden Fühlen. Noch deutlicher wird dies, wenn elektrische Phänomene bearbeitet werden. Man kann die SchülerInnen in ihrer Entwicklung mit Forschern wie Edison oder Marconi vergleichen, die rein empirisch arbeiteten und experimentierten und keine Theorien suchten. Fast alles, was diese Leute entdeckten, hatte einen praktischen Sinn. Wenn man die Jugendlichen dazu bringt, ein selbstgebautes Elektromotörchen zum Laufen zu bringen, hat man große Genugtuung ausgelöst und viel erreicht.

Mit dem 9. Schuljahr treten wir ins 3. Jahrsiebt ein, und damit in eine Physik, die wissenschaftlicheren und quantitativeren Charakter hat. Erinnern wir uns, dass die Jugendlichen im Nützlichkeitsdenken stecken, also noch nicht wirklich für Theorien bereit sind. Also geht es um angewandte Physik, die jedoch auch die Aufgabe hat, das rein logische Denken zu schulen, und zwar in ganzen Kausalketten. Die allgemeine Angabe im Waldorflehrplan ist die Behandlung der Dampfmaschine. Als relativ junger Lehrer war für mich die Angabe, Maschinen zu behandeln, sehr verständlich; aber die veraltete Dampfmaschine hatte für mich keine Aktualität mehr. Ich wollte gleich zum Verbrennungsmotor und zur Turbine schreiten, bis es mir klar wurde, dass diese neueren Maschinen schnell behandelt sind und keineswegs diese Möglichkeiten der Denkschulung hergeben. Die Dampfmaschine entpuppte sich als ideal, die Verhältnisse der Energieumwandlungen von Eis, Wasser und Dampf und deren Druckverhältnisse voll zu erfassen, und zwar auch quantitativ. Durch dieses Verständnis lassen sich viele Schlüsse für sinnvolles Verhalten beim Kochen ziehen, vor allem im Umgang mit der Energie. In diesem Schuljahr geht es mehr denn je um physikalische Lebenspraxis, um echte Nützlichkeit.

Das 9. Schuljahr ist ein ideales Alter für Technologieunterricht. Thema kann der Bau einfacher elektrischer Schaltungen sein, oder das Verständnis für Abläufe in der Fertigung von Textilien, Papier usw. Auch hier geht es in erster Linie um die Logik in komplexen Kausalketten, motiviert durch die Verwendbarkeit.

Im 10. Schuljahr, in welchem sich das Denken von der Materie zu lösen beginnt und dadurch Ideen theoretischer Art entdeckt werden können, eignet sich vor allem das Feld der Mechanik als Forschungsgebiet. Bearbeitet man das Thema der Kräftevektoren (aufeinander wirkende Kräfte verschiedener Richtungen), z. B. bei Baumaschinen wie Krane, oder beim Brückenbau, so benützen wir noch die aus dem kindlichen

Spiel errungene Kräfteempfindung. Das ist die Grundlage, um zu entscheiden, ob es sich um Zug- oder Druckkräfte bei Brückenstreben handelt. Die Ermittlung der quantitativen Kräfte mit grafischer Methode ist ebenfalls noch nicht theoretisch, sondern empirisch. Geht man über zur Berechnung mit Trigonometrie, wandeln wir das noch empirische Vorgehen in ein theoretisches.

Wirklich in den Bereich der Theorie können wir in der Dynamik vordringen. Gerade durch die erwachende Fähigkeit, rein gedanklich Theorien zu entwickeln, macht es Sinn, ausnahmsweise vom Prinzip des Vorgehens abzuweichen: Experiment → Beobachtung → Schluss ziehen → Formel ableiten. Es ist nun mit der erwachten Denkfähigkeit möglich, das Prinzip auf den Kopf zu stellen und rein gedanklich als Erstes eine Formel zu entwickeln, so z. B. für das Fallgesetz. Der Weg eines fallenden Gegenstandes errechnet sich aus der gemessenen Zeit im Quadrat mal die Erdbeschleunigung geteilt durch zwei. Diese Formel lässt sich aus dem Geschwindigkeits-Zeitdiagramm ablesen durch Erstellen einer Tabelle für den Weg nach jeder Sekunde. Voraussetzung ist natürlich, vorher das Prinzip der Beschleunigung kennen zu lernen. Danach lässt sich durch das Experiment und durch Messungen die gefundene Formel bestätigen. Erfahrungsgemäß löst dieses Vorgehen bei vielen SchülerInnen Begeisterung aus dadurch, dass Vertrauen in das eigene Denken entsteht, in ein objektives Denken, das unabhängig von persönlichen Interessen ist. Hier leuchtet zum ersten Mal etwas wie innere Freiheit auf, Freiheit von der eigenen organischen und seelischen Natur, Hinwendung zur menschlichen Kreativität des Denkens.

Im 11. Schuljahr setzt sich dieser Prozess fort. Das sich entwickelnde Intuitive Denken ist noch freier als das theoretische. Nicht nur das intellektuelle Denken wird zum freien Instrument, sondern auch die Gefühlswelt, wenn die Ästhetik genügend entwickelt ist. Die Kombination resultiert im Intuitiven Denken. Dadurch wird die Kreativität völlig freigesetzt, das heißt der Mensch kann zum Schöpfer werden. In der Physik können wir uns nun mit Dingen beschäftigen, deren Ursachen nicht materiell wahrnehmbar sind, sondern nur deren Wirkung. Da bieten sich die Elektrizität sowie die Radioaktivität an. Versucht man elektrische

Phänomene wie elektrostatische Wirkungen zu erklären, kommt man nicht darum herum, gedanklich Mechanismen zu entwickeln, mit welchen man die beobachteten Phänomene erklären kann. Diese Mechanismen sind frei erfundene Modelle, was ein kreativer Prozess ist. Diese Modelle sind Ersatzwelten, die fähig sind, Voraussagen zu machen, welche Effekte zu erwarten sind bei bestimmten Einrichtungen. Es steckt ein zweifaches Anliegen darin, die SchülerInnen selber Erklärungsmodelle finden zu lassen: einerseits wird die Kreativität gefördert, andererseits wird das Wesen des Modelldenkens voll erfasst. Werden nämlich den Jugendlichen Modelle als Lehrstoff vermittelt, ist die Wahrscheinlichkeit sehr groß, dass diese als materielle Wirklichkeit verstanden werden und nicht als Ersatz für die Wirklichkeit, die wir nicht kennen. Durch das Lehren von Modellen findet nicht Befreiung des eigenen Denkens statt, sondern dogmatische Festlegung, also das Gegenteil. Der ungeeignetste Zeitpunkt, um Modelle zu lehren, ist das Alter von 14/15 Jahren, also das Alter des Nützlichkeitsdenkens. Damit soll nicht ausgedrückt sein, dass die jungen Menschen das gängige Denken und Vorstellen nicht kennen sollen, sondern dass sie deren Wesen klar kennen und kritisch bleiben.

Das 12. Schuljahr, der Schulabgang, soll zum individualisierten Denken anregen. Dieses Denken soll möglichst von Freiheit geprägt sein, von eigenen Erkenntnissen. Die wissenschaftliche Haltung sollte frei von Glauben sein; sie sollte den Drang beinhalten, verstehen zu wollen. Man kann eine wissenschaftliche Theorie erst mit gutem Gewissen vertreten, wenn sie auf Erkenntnis beruht und nicht auf Vertrauen in die Forschungsresultate anderer Menschen, die man nicht wirklich versteht. Im Mindesten soll das kritische Bewusstsein vorhanden sein, dass man sich auf unsicherem Boden bewegt, wenn man sich mit gängigen Theorien beschäftigt. Die kritische Haltung gegenüber den Vorstellungen, die man in der Welt vertritt, sollte im 12. Schuljahr durch den Unterricht entstehen. Dazu dient im Waldorflehrplan die Untersuchung eines Wissenschaftsstreits betreffs optischer Theorien, indem die dazugehörigen Versuche durchgeführt werden. Interessant dabei ist, dass die jungen Menschen sich selber dabei beobachten können, dass die Tendenz entsteht, während des Untersuchungsvorgangs Partei zu ergreifen. Dies bedeutet, dass Sympathie und Antipathie mitzuspielen beginnen, was uns von der Objektivität wegführt. Das Ziel ist also eine zweifache Kritik: kritische Haltung gegenüber der Naturwissenschaft und kritische Haltung sich selber gegenüber. Das Ziel drückt sich in einem Schlusssatz aus, welchen ein Zwölftklässler im Nachwort in seinem Arbeitsheft schrieb: «*Alles das lehrt mich, dass ich nur dem eigenen Denken vertrauen darf.*»

Danksagung

Ich bedanke mich sehr bei folgenden Personen: Meiner Frau Beatrice Zimmermann für aktive Mitgestaltung des ersten Jahrsiebts, für die Durcharbeitung des ganzen Buches sowie die zur Verfügung gestellte Märchenliste. Esther Kurath für die kritische Bearbeitung und Anregungen, Basil Bachmann für die Gestaltung der grafischen Darstellungen.

Zum Autor

Nachdem der Autor jahrelang als Telekommunikationsingenieur gearbeitet hatte, studierte er Waldorfpädagogik. Während 37 Jahren war er Waldorflehrer, fast in allen Fächern. 1993 begann er in Mexiko als Tutor in verschiedenen Waldorfschulen zu arbeiten: in Mexiko, Guatemala, Costa Rica und Spanien. Im Jahr 2001 initiierte er die Eröffnung eines Waldorfseminars in Mexiko und ist bis heute als Dozent in der Ausbildung von Waldorflehrern tätig.

Märchen-Auswahl-Liste

Gebrüder Grimm (Manesse Ausgabe)
nach persönlichen Kriterien von Beatrice Zimmermann
für den Gebrauch im Kindergartenalter

Nr.	Seite	Titel	klein ab 4	mittel 4–5	groß 5–7	1. Kl. ab 7	Bemerkungen
1.	21	Der Froschkönig		×			Gut geeignet. Stimmungsvoll. Eigensinn wird korrigiert
2.	26	Katze und Maus in Gesellschaft		-- n e i n --			Lüge und Falschheit werden belohnt!
3.	30	Marienkind			×		Notorische Lügner werden Korrigiert; therapeutisch anzuwenden
4.	37	Märchen von einem, der auszog das Fürchten …				×	Für Deftige, Furcht wird überwunden
5.	53	Der Wolf und die 7 jungen Geißlein	×				Deftig, geht aber gut aus
6.	59	Der treue Johannes				×	Treue, Verschwiegenheit als Hauptqualitäten
7.	70	Der gute Handel				×	Ziemlich langes Märchen
8.	76	Der wunderliche Spielmann		-- n e i n --			Faulheit und Lüge werden belohnt
9.	81	Die 12 Brüder			×		Sehr lang
10.	88	Das Lumpengesindel			Ev.		Ev. für FASTNACHT
11.	91	Brüderchen und Schwesterchen			×		Ziemlich lang
12.	102	Rapunzel			×		Stimmungsvoll, etwas stark am Schluss
13.	108	Die drei Männlein im Wald		×			Gut geeignet für WINTER
14.	116	Die drei Spinnerinnen		-- n e i n --			Faulheit und Lüge werden belohnt
15.	120	Hänsel und Gretel		×			Dramatisch

Nr.	Seite	Titel	klein ab 4	mittel 4–5	groß 5–7	1. Kl. ab 7	Bemerkungen
16.	132	Die drei Schlangenblätter			×		Untreue, Falschheit, Lüge werden bestraft
17.	138	Die weisse Schlange		×			Schön
18.	144	Strohhalm, Kohle und Bohne		-- n e i n --			Eher zu den Fabeln zu zählen. 2. Klasse Ev. Fastnacht
19.	146	Von dem Fischer un syner Fru			×		Plattdeutsch, sehr lang. Unzufriedenheit wird kuriert
20.	158	Das tapfere Schneiderlein			×		Für schlaue Schulreife
21.	172	Aschenputtel			×		Gut geeignet für PFINGSTEN, etwas lang
22.	184	Das Rätsel				×	Für Große, die schon Zusammenhänge erfassen
23.	188	Von dem Mäuschen, Vögelchen u. d. Bratwurst		-- n e i n --			Unzufriedenheit führt zum Tod
24.	191	Frau Holle			×		Gut geeignet für HERBST oder WINTER
25.	196	Die sieben Raben		×			Gut geeignet
26.	200	Rotkäppchen		×			Stark
27.	207	Die Bremer Stadtmusikanten			×		Für humorvolle Schulreife
28.	212	Der singende Knochen		-- n e i n --			Zu naturalistisch
29.	215	Der Teufel mit den 3 goldenen Haaren				×	Lange, komplizierte Abläufe und Zusammenhänge.
30.	225	Läuschen und Flöhchen		-- n e i n --			Bessere Version im KiGa-Büchlein. Rhythmus und Wiederholung
31.	228	Das Mädchen ohne Hände		-- n e i n --			Der Teufel ist zu stark gezeichnet; sonst ev. ja
32.	237	Der gescheite Hans		-- n e i n --			Etwas dämlich
33.	241	Die drei Sprachen				×	Ev. für Schulreife
34.	244	Die kluge Else		-- n e i n --			Etwas dämlich
35.	249	Der Schneider im Himmel		-- n e i n --			Legende: 2. Klasse
36.	253	Tischlein deck dich …			×		Etwas derb. Für Starke

Nr.	Seite	Titel	klein ab 4	mittel 4–5	groß 5–7	1. Kl. ab 7	Bemerkungen
37.	270	Daumensdick			×		Bessere Version im KiGa-Büchlein
38.	279	Die Hochzeit der Frau Füchsin		-- n e i n --			Etwas moralische Ehegeschichten um Tod und neue Freier
39.	283	Die Wichtelmänner Märchen 1 ja (2+3 nein)	×				Wichtelmännlein helfen dem Schuhmacher
40.	288	Der Räuberbräutigam		-- n e i n --			Viel zu direkt brutal, blutrünstig
41.	294	Herr Korbes		-- n e i n --			Viel zu direkt brutal, blutrünstig
42.	296	Der Herr Gevatter		-- n e i n --			Unmotiviert, unmenschlich
43.	298	Frau Trude		-- n e i n --			Ungehorsam wird bestraft. Viel Moralin
44.	299	Der Gevatter Tod		-- n e i n --			Legende: 2. Klasse
45.	305	Daumerlings Wanderschaft		-- n e i n --			Bessere Version im KiGa-Büchlein
46.	312	Fitschers Vogel		-- n e i n --			Zu blutrünstig, Plattdeutsch
47.	317	Von dem Machandelboom		-- n e i n --			Zu blutrünstig, Plattdeutsch
48.	331	Der alte Sultan		×			Für Schlaue
49.	335	Die sechs Schwäne		×			Für kluge, Schulreife
50.	343	Dornröschen		×			Sehr schön für SOMMER
51.	349	Fundevogel			×		Verwandlung, List, Sieg
52.	352	König Drosselbart			×		Spott, Hochmut werden korrigiert
53.	359	Schneewittchen		×			Ziemlich lang, WINTER
54.	374	Der Ranzen, das Hütlein und das Hörnlein		-- n e i n --			Tischlein deck dich ist besser
55.	383	Rumpelstilzchen		×			Sehr schön für HERBST
56.	388	Der liebste Roland		-- n e i n --			Etwas sonderbar
57.	394	Der goldene Vogel			×		Für Schulreife, sehr lang

Nr.	Seite	Titel	klein ab 4	mittel 4–5	groß 5–7	1. Kl. ab 7	Bemerkungen
58.	406	Der Hund und der Sperling	-- n e i n --				Zuviel Rache, keine Verzeihung
59.	410	Der Frieder und das Catherlieschen	-- n e i n --				Lang und blöd, zuviel Dummheit
60.	420	Die zwei Brüder			×		Sehr lang, für MICHAELI geeignet
61.	451	Das Bürle	-- n e i n --				Lug und Trug bewirken Reichtum
62.	459	Die Bienenkönigin		×			Sehr gut geeignet
63.	462	Die drei Federn		×			Sehr gut geeignet
64.	466	Die goldene Gans			×		Ziemlich lang, lustig
65.	472	Allerleirauh			×		Ziemlich lang
66.	480	Häsichenbraut	-- n e i n --				Plattdeutsch
67.	481	Die zwölf Jäger			×		Ziemlich lang
68.	486	Der Gaudeif und sein Meester	-- n e i n --				Plattdeutsch
69.	489	Jorinde und Joringel		×			Sehr schön / SOMMER
70.	493	Die drei Glückskinder	-- n e i n --				Etwas skurril
71.	497	Sechse kommen durch die Welt			×		Sehr lang, ev. für FASTNACHT
72.	504	Der Wolf und der Mensch	-- n e i n --				Fabel: 2. Klasse
73.	506	Der Wolf und der Fuchs			×		Gier, Dummheit werden bestraft
74.	509	Der Fuchs und die Frau Gevatterin	-- n e i n --				Fabel: 2. Klasse
75.	510	Der Fuchs und die Katze	-- n e i n --				Fabel: 2. Klasse
76.	513	Die Nelke				×	Kompliziert im Ablauf
77.	519	Das kluge Gretel	-- n e i n --				Lug und Betrug
78.	523	Der alte Grossvater und der Enkel	-- n e i n --				2. Jahrsiebt

Nr.	Seite	Titel	klein ab 4	mittel 4–5	groß 5–7	1. Kl. ab 7	Bemerkungen
79.	524	Die Wassernixe			×		Überwinden von Angst, ev. therapeutisch anwendbar
80.	525	Von dem Tode des Hühnchens		-- n e i n --			Zu traurig, alles stirbt
81.	528	Bruder Lustig		-- n e i n --			Legende: 2. Klasse, viel zu lang
82.	545	De Spielhansl		-- n e i n --			Legende: 2. Klasse
83.	549	Hans im Glück			×		Märchen eines ganz Zufriedenen
84.	558	Hans heiratet		-- n e i n --			Eigenartige Brautschau
85.	560	Die Goldkinder			×		Sehr lang
86.	567	Der Fuchs und die Gänse		-- n e i n --			Fabel: 2. Klasse
87.	568	Der Arme und der Reiche				×	Legende: 2. Klasse
88.	574	Das singende springende Löweneckerchen				×	Lang, kompliziert, MICHAELI
89.	583	Die Gänsemagd				×	Lang, kompliziert
90.	5	Der junge Riese				×	Lang, kompliziert
91.	16	Dat Erdmänneken				×	Lang, kompliziert
92.	23	Der König vom goldenen Berg				×	Lang, kompliziert
93.	32	Die Rabe			×		Lang, kompliziert
94.	43	Die kluge Bauerntochter			×		Für schlaue Schulreife. Humorvoll
95.	48	Der alte Hildebrand		-- n e i n --			Ehebruchvorbereitung m. Pfarrer
96.	54	De drei Vügelkens				×	Plattdeutsch, Lang
97.	59	Das Wasser des Lebens				×	Lang, kompliziert
98.	68	Doktor Allwissend				×	Glück und Naivität verhelfen zu Ruhm
99.	71	Der Geist im Glas				×	Lang

Nr.	Seite	Titel	klein ab 4	mittel 4–5	groß 5–7	1. Kl. ab 7	Bemerkungen
100.	79	Des Teufels russiger Bruder	-- n e i n --				Teufelsgeschichte, noch zu früh
101.	84	Der Bärenhäuter	-- n e i n --				Teufelsgeschichte, noch zu früh
102.	92	Der Zaunkönig und der Bär	-- n e i n --				Fabel: 2. Klasse
103.	95	Der süsse Brei	×				Sehr geeignet für Kleine. Nichts Bedrohliches
104.	97	Die klugen Leute	-- n e i n --				Beschreibung von sehr viel Dummheit
105.	102	Märchen von der Unke	-- n e i n --				3 schwer durchschaubare Unkengeschichten
106.	105	Der arme Müllersbursch und das Kätzchen		×			Sehr schön. HERBST
107.	110	Die beiden Wanderer	-- n e i n --				Etwas skurril
108.	128	Hans mein Igel			×		Verwandlung zum Menschen (ähnlich wie Eselein)
109.	136	Das Totenhemdchen	-- n e i n --				Sinnige Geschichte: 2. Klasse Totes Kind kann keine Ruhe finden
110.	138	Der Jude im Dorn	-- n e i n --				Leicht antisemitisch
111.	144	Der gelernte Jäger			×		Lang, kompliziert
112.	154	Der Dreschflegel vom Himmel	-- n e i n --				Etwas skurril
113.	155	De beiden Künigeskinner				×	Lang, kompliziert
114.	167	Vom klugen Schneiderlein			×		Für Schlaue
115.	172	Die klare Sonne bringt's an den Tag	-- n e i n --				Mordgeschichte
116.	174	Das blaue Licht				×	Lang, kompliziert
117.	181	Das eigensinnige Kind	-- n e i n --				Moralin
118.	182	Die drei Feldscherer	-- n e i n --				Skurril
119.	186	Die sieben Schwaben	-- n e i n --				Schildbürgereien
120.	191	Die drei Handwerksburschen	-- n e i n --				Teufelsbund

Nr.	Seite	Titel	klein ab 4	mittel 4–5	groß 5–7	1. Kl. ab 7	Bemerkungen
121.	196	Der Königssohn, der sich vor nichts fürchtet				×	Lang, kompliziert
122.	204	Der Krautesel				×	Für anspruchsvolle Schulreife
123.	215	Die Alte im Wald		×			Geheimnis- und stimmungsvoll
124.	219	Die drei Brüder		-- n e i n --			Übertrieben hochstilisierte Fähigkeiten. Ev. Therapeutisch für Bluffer
125.	221	Der Teufel und seine Grossmutter		-- n e i n --			Teufelspakt
126.	226	Ferenand Getrü und Ferenand Ungetrü				ev.	Plattdeutsch, lang
127.	233	Der Eisenofen			×		Hier sucht einmal die Königstochter ihren Geliebten
128.	242	Die faule Spinnerin		-- n e i n --			Lob der Faulheit
129.	245	Die vier kunstreichen Brüder			×		Extrem spezielle Fähigkeiten überwinden Drachen
130.	253	Einäugelein, Zweiäugelein und Dreiäugelein			×		Gequälte kommt zu Glück, die andern zu Strafe
131.	264	Die schöne Katrinelje und Pif Paf Poltrie		-- n e i n --			Ev. Fastnacht
132.	266	Der Fuchs und das Pferd		-- n e i n --			Fabel: 2. Klasse
133.	268	Die zertanzten Schuhe			×		Ein alter Soldat erlöst Königstöchter
134.	274	Die sechs Diener			×		Ziemlich lang
135.	284	Die weisse und die schwarze Braut		-- n e i n --			Betrug und Mord
136.	291	Der Eisenhans			×		Ziemlich lang
137.	303	De drei schwatten Prinzessinnen		-- n e i n --			Plattdeutsch
138.	306	Knoist un sine der Sühne		-- n e i n --			Plattdeutsch
139.	306	Dat Mäken von Brakel		-- n e i n --			Plattdeutsch
140.	307	Das Hausgesinde		-- n e i n --			Plattdeutsch
141.	308	Das Lämmchen und Fischchen		-- n e i n --			Ziemlich deftige Stiefmuttergeschichte

Nr.	Seite	Titel	klein ab 4	mittel 4–5	groß 5–7	1. Kl. ab 7	Bemerkungen
142.	312	Simeliberg		×			Sehr geeignete Räubergeschichte
143.	315	Up Reisen gohn		×			Plattdeutsch
144.	316	Das Eselein		×			Verwandlungsgeschichte
145.	322	Der undankbare Sohn		-- n e i n --			Geiz wird bestraft.
146.	322	Die Rübe			×		Grosszügigkeit wird belohnt, Gier auf lustige Art bestraft
147.	327	Das junggeglühte Männlein		-- n e i n --			Legende: 2. Klasse
148.	329	Des Herrn und des Teufels Getier		-- n e i n --			Legende: 2. Klasse
149.	331	Der Hahnenbalken		-- n e i n --			Gegenseitiges Bloßstellen
150.	333	Die alte Bettelfrau		-- n e i n --			Fahrlässigkeit führt zum Tod einer Bettlerin
151.	333	Die drei Faulen		-- n e i n --			Faulheit führt zum Erbe
152.	334	Die zwölf faulen Knechte		-- n e i n --			Faulheit wird beschrieben
153.	338	Das Hirtenbübchen				×	Für Schlaue
154.	341	Die Sterntaler	×				Sehr geeignet für ganz Kleine
155.	343	Der gestohlene Heller		-- n e i n --			
156.	344	Die Brautschau		-- n e i n --			
157.	345	Die Schlickerlinge		-- n e i n --			
158.	346	Der Sperling und seine vier Kinder		-- n e i n --			Tiergeschichte
159.	350	Das Märchen vom Schlauraffenland		-- n e i n --			Übertriebene Schlaraffenlandschilderung
160.	352	Das dietmarsische Lügenmärchen		-- n e i n --			Skurril. Ev. therapeutisch bei starkem Lügen
161.	353	Rätselmärchen		-- n e i n --			Ganz kurzes Rätsel. Erst ab 9 Jahren
162.	353	Schneeweisschen und Rosenrot		×			Sehr geeignet. Stimmungsvoll

Nr.	Seite	Titel	klein ab 4	mittel 4–5	groß 5–7	1. Kl. ab 7	Bemerkungen
163.	363	Der kluge Knecht	-- n e i n --				Lob des Ungehorsams
164.	364	Der gläserne Sarg				×	Sehr lang
165.	375	Der faule Heinz	-- n e i n --				Lob der Faulheit
166.	379	Der Vogel Greif			×		Berndeutsch, ev. MICHAELI, lang
167.	388	Der starke Hans			×		Für Kämpferische, stark, sehr lang
168.	398	Das Bürli im Himmel	-- n e i n --				Legende: 2. Klasse
169.	399	Die hagere Liese	-- n e i n --				Ehezwist
170.	401	Das Waldhaus		×			Stimmungs- und geheimnisvoll. Liebevoller Umgang mit Tieren
171.	410	Lieb und Leid teilen	-- n e i n --				Ehezwist
172.	413	Der Zaunkönig	-- n e i n --				Sinnige Geschichte: 2. Klasse
173.	417	Die Scholle	-- n e i n --				Sinnige Geschichte: 2. Klasse
174.	418	Rohrdommel und Wiedehopf	-- n e i n --				Sinnige Geschichte: 2. Klasse
175.	419	Die Eule	-- n e i n --				Schildbürgerei: 4. Klasse
176.	432	Der Mond	-- n e i n --				Legende: 2. Klasse
177.	426	Die Lebenszeit	-- n e i n --				Sinnige Geschichte 2. Klasse
178.	428	Die Boten des Todes	-- n e i n --				Wie ein Mensch die Boten nicht erkennt
179.	431	Meister Pfriem	-- n e i n --				Ev. als Therapie für Besserwisser
180.	436	Die Gänsehirtin am Brunnen			×		Sehr lang
181.	453	Die ungleichen Kinder Evas	-- n e i n --				Legende: 2. Klasse
182.	456	Die Nixe im Teich				×	Ziemlich lang
183.	465	Die Geschenke des kleinen Volkes			×		Korrektur von Habgier

Nr.	Seite	Titel	klein ab 4	mittel 4–5	groß 5–7	1. Kl. ab 7	Bemerkungen
184.	469	Der Riese und der Schneider				×	Für Witzliebende
185.	472	Der Nagel	-- n e i n --				Fahrlässigkeit führt zu grossem Verlust
186.	473	Der arme Junge im Grab	-- n e i n --				Armer Junge wird ausgenützt, stirbt
187.	478	Die wahre Braut				×	Lang
188.	490	Der Hase und der Igel	-- n e i n --				Plattdeutsch
189.	497	Spindel, Weberschiffchen und Nadel		×			Führen den Freier ins Haus
190.	501	Der Bauer und der Teufel	-- n e i n --				Sinnige Geschichte: 2. Klasse
191.	503	Die Brosamen auf dem Tisch		×			Lustig
192.	503	Das Meerhäschen		×			Gut geeignet. Hilfe von verschonten Tieren
193.	509	Der Meisterdieb	-- n e i n --				Zu lang
194.	620	Der Trommler				×	Ziemlich lang
195.	535	Die Kornähre	-- n e i n --				2. Klasse
196.	536	Der Grabhügel	-- n e i n --				Ab 9 Jahren
197.	542	Oll Rinkrank	-- n e i n --				Plattdeutsch
198.	545	Die Kristallkugel		×			Ereignisreich
199.	549	Jungfrau Maleen		×			Pendant zum Kinderlied: Kling, klang Gloria ...
200.	559	Der Stiefel von Büffelleder				×	Für deftige Kinder
201.	564	Der goldene Schlüssel		×			Klein, rätselhaft